创业管理系列丛书　第二辑

社会资本、创业机会与新企业初期绩效

杨　俊　著

南开大学出版社
天　津

图书在版编目(CIP)数据

社会资本、创业机会与新企业初期绩效 / 杨俊著.
—天津：南开大学出版社，2013.7
(创业管理系列丛书.第2辑)
ISBN 978-7-310-04223-4

Ⅰ.①社… Ⅱ.①杨… Ⅲ.①社会资本—关系—企业管理—研究 Ⅳ.①F270

中国版本图书馆CIP数据核字(2013)第132653号

南开大学出版社出版发行
出版人:孙克强
地址:天津市南开区卫津路94号　邮政编码:300071
营销部电话:(022)23508339　23500755
营销部传真:(022)23508542　邮购部电话:(022)23502200
*
河北昌黎太阳红彩色印刷有限责任公司印刷
全国各地新华书店经销
*
2013年7月第1版　2013年7月第1次印刷
230×155毫米　16开本　15.375印张　252千字
定价:33.00元

如遇图书印装质量问题,请与本社营销部联系调换,电话:(022)23507125

本书出版得到国家自然科学基金重点项目“新企业创业机理与成长模式研究”（项目编号：70732004）、国家自然科学基金青年项目“创业团队的形成过程理性及其绩效作用机制研究”（项目编号：70792050）、教育部人文社会科学青年基金项目“新企业生成过程中创业者关系网络利用方式的前置因素与绩效作用机制研究”（项目编号：09YJC630132）的资助。

总　序

创业管理研究的兴起与进展

20世纪80年代以来，社会转型和新技术的快速发展与普及应用引发了新一轮创业热潮，创业活动日趋活跃，成为经济发展和社会进步的重要推动力量，包括德鲁克在内的许多著名学者都呼吁重视和发展创业型经济，并得到各国政府的高度重视。除一直把创新与创业精神作为重要战略优势的美国外，欧盟于2003年明确指出当前的政策挑战是识别和塑造繁荣创业活动氛围的关键因素，政策措施应根植于推动欧盟的创业活动水平，采取最有效措施来鼓励创业活动并推动中小企业成长，连多年强调"拿来主义"的日本也把重视创新和创业作为推动经济转型和国家竞争优势的重要手段。改革开放以来，创业活动已经成为推动我国经济发展的内生力量，成为激发民间活力的重要形式，成为促进就业的重要途径，也必将成为推动自主创新和发展高科技产业、现代服务业等高端产业的重要力量。创业活动是创业者在风险和不确定性环境中识别和把握机会、获取利润并谋求成长的过程，其重要性、独特性和复杂性要求学术界积极开展创业研究工作，长期重视大企业管理实践的管理研究也开始关注企业生命周期前端的创业活动。创业研究从宏观层面转向了微观层次，更多地关注创业与新企业发展过程中的管理问题。

创业活动因其机会导向、不拘泥于资源约束条件下的快速行动、富于创新并积极承担风险等本质特点而不同于常规的企业经营活动，创业活动的独特性引起了现代管理理论特别是战略管理学者的兴趣和关注，创业研究已形成一股强劲浪潮并进入管理学领域的主流研究范畴，创业研究成为管理学界发展速度最快的学科领域之一。我国相关学术界也及时关注到创业研究的重要性，部分重点大学相继组织召开学术研讨会，倡导并积极推动国内的创业研究工作。其中影响较大的有“首届创业学暨企业家精神教育研讨会”（南开大学，2003）、“人力资源与创业管理研讨会”（浙江大学，2004、2005、2006）、“亚洲创业教育会议”（清华大学，2005）、“创新与创业国际研讨会”（吉林大学，2005）、“创业研究与教育国际研讨会”（南开大学与百森商学院，2006）等。研讨会的召开使学术界对创业的研究已从比较陌生发展到广泛重视的阶段，创业研究已经成为管理学领域学术研讨会的重要主题，在国内凝聚了研究单位相对集中同时合作交流紧密的研究队伍。这支研究队伍对国外创业研究进展进行了及时的跟踪和梳理，关注我国创业活动并开展实证研究，取得了丰硕的研究成果。

创业研究的学术贡献

经过这些年的发展，创业研究取得了显著的学术贡献，我认为至少表现在以下三个方面：

首先，创业特质论的主导地位遭遇严重挑战，关注创业过程的研究主张受到重视。长期以来，学术界重点关注“谁是创业者”的问题，尝试区分创业者与非创业者、创业者与管理者以及创业者群体之间的差异，识别创业者在成就欲望、风险承担倾向等方面的独特人格心理特质，挖掘成功创业者所具有的品质或特质，其基本判断是创业成功与否取决于创业者的个性特质甚至是天赋如何。Gartner（1988）在系统总结创业特质论研究成果的基础上，认为关注创业者特质的研究没有出路，提出创业研究应关注创业者行为并挖掘创业过程规律的主张。此后，创业研究开始从关注创业者特质转向关注创业过程，从将创业视为随机性偶然事件转变为可以管理并且需要管理的系统性活动过程，极大地推动了创业研究的进步。创业研究更加关注组织、过程、行为等问题，创业活动有其内在规律并可以被管理的思想成为主流。管理理论突破了长期以现存企业特别是大企业为研究对象、旨在帮助企业实现扩张和发展的研究框架，开始关注企业生命周期前端的活动，从创业活动中挖掘企业竞争优势的来源，极大地丰富和拓展了管理研究的范畴。

其次，创业行为特殊性和内在规律的研究取得显著进展。研究发现，创业者在意图形成、机会发现、机会开发等创业过程中体现出某些独特的行为特征，这些行为特征有助于我们深入了解创业行为和新企业的生成过程。在这里，特别值得关注的是弗吉尼亚大学副教授、诺贝尔经济学奖得主赫伯特·西蒙教授的学生 Saras Sarasvathy 博士在 20 世纪末针对创业行为提出的手段导向性理论（Effectuation theory）。该理论的决策原则体现在：（1）基于可承受的损失（Affordable loss）而不是预期回报（Expected returns）进行决策；（2）强调建立战略伙伴关系而不是进行竞争分析；（3）利用而不是规避偶然事件。之后，她不断提炼二者的区别，形成较为系统的观点。Sarasvathy 博士的理论观点可能会成为创业研究领域最主要的理论贡献，该理论观点对管理学教材长期讲授的“目标设定—计划—组织—实施—控制”流程形成了巨大的挑战。

最后，提炼出创业导向的基本维度。创业导向（Entrepreneurial orientation），是对创业精神、创业型组织等相关研究的提炼。公司创业导向来源于战略研究学者对战略决策模式的研究，战略决策可以由不同的维度构成，不同的战略决策维度又构成了不同的战略决策模式，如适应型、计划型和创业型等。创业导向概念的提出引起了学者的极大关注，是国内在创业领域研究最为深入的问题之一，大家结合不同国家的实际情况尝试提炼创业导向的基本维度，围绕创业导向与企业绩效关系开展实证研究，共同认识到由创新（Innovation）、超前行动（Proactiveness）、风险承担（Risk-taking）等维度所构成的创业导向在当今竞争激烈的环境下对提升企业绩效和竞争力所起到的积极作用，为管理职能和手段的创业化（如创业型战略、创业型营销、创业型组织、创业型领导等）提供了理论基础。创业导向的研究吸收了创业研究的成果，也把创业研究成果积极推广到大公司和组织日常管理工作中，使得创业研究不仅在学术层面融入主流管理领域，也融入了主流管理实践中。积极开展组织和管理变革，追求创新性、灵活性，提高承担风险的能力以及快速反应能力，尝试管理职能和手段的创业化、公司创业实践等可能是信息社会管理模式的主要体现形式。

策划出版创业管理著作系列的目的

由上述分析可以看出，创业研究作为管理学界的一个重要研究领域将得到更好的发展。在这样的背景下，经过与南开大学出版社经济管理类编辑胡晓清先生多次讨论交流，决定策划出版创业管理著作系列，目的在于：

（1）**推动和深化创业研究**。从最近的研究情况看，我们有理由相信，在已经取得的成果的基础上，创业研究必将在创业决策、创业行为等领域丰富管理学知识，并进一步做出学术贡献。出版学术界特别是国内学者创业研究方面的最新研究成果，将有助于推动和深化我国的创业研究工作。

（2）**挖掘创业研究贡献**。在我国，改革开放与经济转轨使长期被约束的创业潜能得以释放，但发展并不平稳，创业者的创业活动经历了投机性机会的驱动，因制度环境的制约而出现戴"红帽子"、偏重短期行为、模仿性竞争、注重关系等情况，因此，研究我国的创业活动，关注"创业形态是否因制度环境的不同而不同"、"我国创业机会是如何变迁以及在机会变迁情况下的创业形态如何变化"、"哪些特殊的制度因素决定中国转型经济条件下的创业、创业的成功以及失败"等问题，必将有助于丰富创业理论、推动创业理论创新。近年来，国内学者在创业研究方面越来越关注我国创业的独特情境问题，取得了一些高质量的研究成果，已引起国外专家同行的重视，不少专业性杂志专门出版中国创业专刊。出版创业管理著作系列，有助于总结和提炼创业研究的学术贡献。

（3）**促进学术研究成果的实践应用**。学术研究需要追求创新和学术贡献，也需要把学术贡献运用于实践中，这在国内鼓励创业、强调以创业带动就业、全面推动创业教育的大环境下，显得尤为重要。学术界在这方面承担着不可推卸的责任。另外，创业研究不单纯是为了解释创业行为的内在规律，更重要的意义在于挖掘竞争优势的深层次来源，将创业精神与技能运用于既有企业（包括大公司）的管理实践中。这些年来，公司创业、社会创业实践越来越丰富，已经取得了很好的效果。出版创业管理著作系列必将促进学术研究成果的推广应用。

创业管理著作系列的组成

创业管理著作系列在选题方面将是开放的，我们初步计划关注以下几方面的选题：首先是学科基础方面的选题，这方面的选题侧重于创业研究的平台建设。其次是国内学者特别是年轻学者的最新研究成果。再次是创业管理方面的教材和通俗性的读物，这方面的著作将更加注重面向创业教育和实践的应用。最后是介绍国外最新研究成果的著作。

到目前为止，创业管理著作系列已经组织出版了 4 部著作，分别为《创业管理研究型案例》（2009 年）、《创业导向、公司创业与价值创造》（2009 年）、《新创企业的企业家》（2009 年）、《创业研究经典文献述评》（2010 年）。这些著作的出版，在推动创业领域的理论和质化研究方面发挥了一定作用，同时在引入优秀的博士学位论文和各类基金课题的研究成果，进而深化国内创业研究方面起到一定的推动作用。

此次，我们再次组织出版的《社会资本、创业机会与新企业初期绩效》和《新技术企业市场进入战略决策机制研究》，这两本著作是国内年轻学者的优秀博士论文。其中，《社会资本、创业机会与新企业初期绩效》是在杨俊博士学位论文的基础上修改而成，其博士学位论文获得了全国百篇优秀博士学位论文奖；《新技术企业市场进入战略决策机制研究》是在田莉博士学位论文的基础上修改而成，获得过南开大学优秀博士学位论文。

我们坚信，创业管理著作系列的出版能够为推动国内创业研究的发展做出贡献，希望广大读者关心该著作系列，也为该著作系列推荐优秀的著作，以便更好地研究创业，更好地服务于创业实践。

张玉利

2012 年 5 月

前 言

当今中国，正处于转变经济发展方式和产业结构优化升级的关键时期。国外发展实践反复表明，经济发展和产业升级在根本上依赖于高技术、高附加值、高成长潜力的高端创业活动的繁荣。如果说创业和新企业推动了改革开放进程的话，在改革开放新的历史阶段，创业和新企业的重要性将得到进一步彰显，鼓励创业和新企业是事关国计民生的重大战略问题。

社会资本是创业活动赖以发生并向前推进的关键资源，社会网络不仅是创业机会的主要来源，而且是获取创业必需资源的重要渠道。创业实质上是创业者利用、维持和建构社会资本从而收获创业绩效的行为过程。甚至有学者指出，如果创业研究不关注创业者社会资本，就像没有限定假设条件的经济学模型一样可笑，从社会资本视角剖析创业活动无疑更有助于把握多彩创业现象的共性规律。但是，社会资本与创业关系研究兴起以来，长期立足于探索“社会资本能否改善创业绩效”，反复验证各种网络变量与创业绩效之间的数量关系，目的在于认识和理解社会资本对于促进创业绩效的贡献，但并没有取得实质性进展。直到20世纪末期，随着过程视角下创业研究的不断拓展和深化，少数研究才深入到行为层面剖析社会资本促进创业活动开展的作用机制，开始分析“社会资本如何影响创业绩效”这样的深层次问题，研究成果仍亟待进一步深化。

在我国，创业活动在推动改革开放进程及经济社会发展中发挥了重要作用。制度转型与东方文化塑造了我国独具特色的创业活动。改革开放初期的“红帽子”、上世纪90年代快速成长企业的猝死、今天的“中国式创新（Chinnovation）”等具有鲜明中国特色的现象为创业研究提出了新的要求并提供了新的研究对象。跳出以西方创业实践为基础的创业理论框架，认真审视东方创业和西方创业的异同，深入理解东方创业管理模式，并以此为契机进一步补充和完善处于发展阶段创业管理基础理论，是我们共同面临的研究机遇和挑战，更是一种责任。与西方社会不同，中国社会是关系型社会。中国以“关系”为纽带的社会形态提供了社会资本研究的沃土。“关系”在中国社会的经济社会生活中扮演着至关重要的角色。明确认识在我国情境下社会资本对创业活动的作用机理，有助于创业者更加理性地利用、维持和建构“关系”，为创业服务，也有助于谋求理论创新。

因此，本书基于过程视角下创业研究的前沿问题，选择社会资本理论为基础，考察了创业者社会资本如何促进创业活动发生与开展的作用机制，论证了创业者社会资本构成与创业机会创新水平之间的作用关系，社会资本嵌入行为层面影响新企业初期绩效的作用机制，以及在特定机会条件下有助于改善新企业初期绩效的社会资本利用方式，从而更清晰地展示在我国情境下创业行为的社会属性及内在规律，为相关部门的政策制定以及创业实践提供理论指导和实践启示。

本书依托 119 份有效问卷，采用因子分析、多元回归分析等分析方法对相关假设进行了实证检验。主要发现和结论如下：

第一，社会资本是影响创业者识别创业机会创新水平的重要因素之一。社会交往面广、交往对象趋于多样化、与高社会地位个体之间关系密切的创业者更容易发现创新性更强的机会。在机会识别过程中，创业者更善于撬动网络资源而非仅依靠在网络中的位势优势去发现更具有创新性的机会。除了网络结构指标，网络资源变量更应该引起机会发现研究的重视。

第二，对于人力资本构成不同的创业者，社会资本与创业机会创新性之间的关系呈现出不同的特点。相对于人力资本较低的创业者，人力资本水平较高的创业者更容易从高密度的网络结构发现创新性更强的机会，而难以借助更广泛的网络联系发现更富于创新性的机会。这意味着，创业者先前的工作经验并不能直接促进创业者发现创新性更强的机会，甚至有可能不利于创业者发现更具有创新性的机会。相关研究应该重新审视创业者先前经验在机会发现过程中的角色。

第三，社会资本并非直接作用于新企业初期绩效，而是嵌入到活动层面对创业绩效发生作用。在创业过程中，所利用关系资源更丰富的创业者更容易整合到更充裕的创业资源，新企业初期绩效表现相应更好。尽管所利用关系强度更高的创业者往往能以更快的速度整合创业资源，但并不能确保创业者能够迅速应付创业初期的资源需求，并不会显著改善新企业初期绩效。

第四，社会资本的不同构成维度在创业过程的不同阶段扮演着不同角色。在机会识别阶段，善于动用网络资源与结构优势的创业者更容易看到创新性机会。而一旦进入机会开发阶段，利用结构优势虽然能提升创业者获取创业资源的速度，但并不能保证创业者获取足够数量的资源。而更善于撬动网络资源的创业者则能利用更多的资源支持水平，并在很大程度上影响到创业成败与绩效表现高低。

第五，创业者依据机会特征适当选择社会资本利用方式有助于创业成功。在创业过程中，创业者遵照着双重逻辑来利用社会资本为创业服务。一方面注重利用创业前已存在网络所承载的社会资源为创业服务；另一方面也积极探索并建立新的网络联系人来为创业服务。利用创业前已存在的网络资源有助于改善短期创业绩效，探索新联系人则难以改善短期绩效，但在面对高创新性机会时，探索并建立新联系人则很可能贡献于短期绩效。

本书的价值和创新之处主要体现在以下四个方面：第一，将网络资源纳入分析框架并验证了其重要作用，弥补了已有研究过分关注网络结构而忽视网络内容对创业活动影响的缺陷，有助于深化社会网络视角下的创业研究成果。第二，基于要素互动的过程视角揭示了社会资本影响创业绩效的作用机制，有助于解决社会资本与创业绩效之间关系含混不清的问题。第三，验证了社会资本利用方式的区分维度及其对创业绩效的作用机制，为未来研究从战略层面去考虑创业者选择、配置并利用网络的行为逻辑与创业绩效之间的复杂作用关系奠定了微观知识基础。第四，在理论上澄清了什么样的人更容易看到创新性机会，有助于谋求鼓励并扶持具有创新潜力的创业活动的针对性政策措施，对我国产业转型、自主创新以及相关政策制定有着突出的现实借鉴意义。

本书共分为七章。第一章绪论部分交待了研究目标和内容，研究意义、研究方法等，并从总体上介绍了整个研究的框架体系。第二章文献综述部分阐述了研究的理论情境、理论基础的选择依据以及所依托的知识基础。第三章在概念化创业活动并阐述关键概念内涵的基础上，从社会资本理论视角构建了研究的理论模型，并阐述了研究设计思路。第四章提出了创业者社会资本构成与创业机会创新水平之间作用关系的理论假设，利用调查数据进行了实证检验。第五章阐述了社会资本利用水平、资源整合效率和效果、新企业初期绩效三个关键概念之间的理论联系并构建出相关理论假设，利用调查数据进行了实证检验。第六章围绕社会资本利用方式、创业机会、新企业初期绩效三者之间的理论联系提出了相关理论假设，并利用调查数据进行了实证检验。第七章对全文进行总结和展望，归纳出全文的主要研究结论，提出论文的主要创新点，并指出不足和改进的方向。

希望本书的出版能够对我国创业实践能力的提升有所裨益，对相关研究有所贡献，更希望通过本书来抛砖引玉，使得我国在这一领域的研究能够涌现出更好、更多的新成果。

杨　俊

2012 年 5 月于南开园

目 录

第一章　绪论……1
第一节　研究背景……1
第二节　研究问题与研究价值……7
第三节　研究内容与研究方法……12
第四节　研究过程与基本结构……15
第二章　文献综述……19
第一节　过程视角下的创业研究……19
第二节　社会资本与创业关系研究……36
第三节　社会资本理论研究……46
第四节　现有研究评述及对本研究的启示……61
第三章　理论模型与研究设计……64
第一节　相关概念探讨……64
第二节　理论推导与模型构建……81
第三节　研究设计与研究流程……88
第四章　创业者社会资本构成与创业机会特征……99
第一节　理论推导与假设构建……99
第二节　变量测量与分析方法……104
第三节　结果与讨论……115
第四节　简要总结……125
第五章　社会资本利用水平与新企业初期绩效……127
第一节　理论推导与假设构建……127
第二节　变量测量与分析方法……132
第三节　结果与讨论……144

第四节　简要总结……155
第六章　社会资本利用方式与新企业初期绩效……157
第一节　理论推导与假设构建……157
第二节　变量测量与分析方法……163
第三节　结果与讨论……171
第四节　简要总结……178
第七章　结论与展望……180
第一节　主要结论……180
第二节　主要创新点……183
第三节　理论与实践启示……185
第四节　局限性与未来的研究方向……189
参考文献……191
附录……209
后记……224

表目录

表 2.1　过程视角下创业研究的文献发表量……24
表 2.2　所选择文献的分布情况……32
表 2.3　理论研究与实证研究的分布情况……33
表 2.4　实证研究类型的分布情况……34
表 2.5　研究主题的时间分布……35
表 2.6　社会资本的定义……56
表 2.7　社会资本的测量指标……60
表 3.1　加特纳所做的创业概念表述研究……65
表 3.2　创业者概念的构成维度……69
表 3.3　新企业发展初期阶段的关键资源……79
表 3.4　定性和定量研究设计的比较……89
表 3.5　调查问卷发放与回收情况……94
表 3.6　样本特征的描述性统计……95
表 3.7　条目鉴别能力分析表……96
表 3.8　研究目的与分析技术……98
表 4.1　创业机会创新水平的测量条目描述……106
表 4.2　创业机会创新水平的因子分析结果……107
表 4.3　网络资源的测量条目描述……109
表 4.4　网络资源的因子分析结果……110
表 4.5　控制变量的简化结果及取值标准……111
表 4.6　主要研究变量的描述性分析……112
表 4.7　调节效应分析方法……113
表 4.8　主要研究变量的相关系数矩阵……116
表 4.9　社会资本构成及其他变量对机会创新水平的层级回归结果…117
表 4.10　研究假设的检验情况……120

表 5.1　新企业绩效测量维度与指标 ······ 133
表 5.2　本研究使用的新企业初期绩效测量指标 ······ 134
表 5.3　新企业初期绩效的因子分析结果 ······ 135
表 5.4　关系强度的测量条目描述 ······ 136
表 5.5　关系强度的因子分析结果 ······ 137
表 5.6　关系资源的测量条目描述 ······ 138
表 5.7　关系资源的因子分析结果 ······ 138
表 5.8　资源整合行动效率的描述性统计 ······ 140
表 5.9　资源整合行动效果的条目描述 ······ 141
表 5.10 主要研究变量的描述性分析 ······ 142
表 5.11 主要研究变量的相关系数矩阵 ······ 145
表 5.12 社会资本利用水平及其他变量对总体绩效水平的回归结果 ··· 146
表 5.13 社会资本利用水平对资源整合效果的回归结果 ······ 148
表 5.14 社会资本利用水平对资源整合效率的回归结果 ······ 149
表 5.15 资源整合效率与效果中介效应的检验 ······ 151
表 5.16 资源整合效果中介效应的检验 ······ 151
表 5.17 研究假设的检验情况 ······ 152
表 6.1　社会资本利用方式的测量条目描述 ······ 165
表 6.2　社会资本利用方式的测量条目的描述性统计 ······ 165
表 6.3　社会资本利用方式的探索性因子分析结果 ······ 166
表 6.4　条目修正后的探索性因子分析结果 ······ 167
表 6.5　社会资本利用方式的验证性因子分析结果 ······ 168
表 6.6　主要研究变量的描述性分析 ······ 170
表 6.7　主要研究变量的相关系数矩阵 ······ 171
表 6.8　社会资本利用方式及其他变量对总体绩效水平的层级回归结果 ······ 173
表 6.9　研究假设的检验情况 ······ 175
附录 B 不同来源样本的同质性检验结果 ······ 216
附录 C 关系强度、关系资源与中介变量的定序回归模型 ······ 217
附录 D 关系强度、关系资源与资源整合效率的定序回归模型 ······ 218
附录 E 假设检验情况表 ······ 219

图目录

图 1.1　创业活动的漏斗效应……2
图 1.2　创业研究逻辑的钟摆模型……3
图 1.3　创业活动的基本分析框架……5
图 1.4　研究的基本理论模型……13
图 1.5　研究的技术路线……16
图 1.6　本书逻辑结构示意图……17
图 2.1　过程视角下创业研究的定位与焦点……25
图 2.2　社会资本理论的主要贡献者与视角……47
图 2.3　外部社会资本视角的主要观点……50
图 2.4　内部社会资本视角的主要观点……53
图 3.1　创业活动的概念化模型……67
图 3.2　创业机会的连续体……75
图 3.3　新企业资源获取与开发及作用效果的动态过程……77
图 3.4　创业资源理论内涵的归纳逻辑……78
图 3.5　创业过程的行为顺序……80
图 3.6　本研究的理论模型……88
图 4.1　调节变量的识别标准与分类……114
图 4.2　人力资本的交互作用斜率图……124
图 5.1　中介变量示意图……143
图 5.2　中介回归技术的步骤……143
图 6.1　创业机会创新水平的交互作用斜率图……175

第一章 绪 论

创业和新企业已成为推动经济社会发展的主要力量，在激发创新与促进就业等方面的贡献越来越突出。在这样的背景下，如何鼓励创业和培育新企业成长就成为了当前学术界和实践界共同关注的热点课题。作为本书的起点，本章提出了所探索的研究问题并阐述了其理论与实践价值，在此基础上，进一步介绍了研究内容与研究方法，最后概括了全书的逻辑结构和框架体系。

第一节 研究背景

在当今时代，这样的现象随处可见：随着一项新技术或新发明出现，有的人很快就接触到了新技术或新发明的信息，并敏锐地解读了蕴含于其中的商业机会。于是，他迅速通过一切可能的手段和途径去整合资源，如果幸运的话，他会赢得成功并造就新的财富神话。而此时，旁观者或者质疑自己为什么没有看到如此重要的商业机会；或者因为自己曾经有过类似想法却没有付诸实践而懊悔不已；或者冷静思考着如何追随成功者的脚步。事实上，早在20世纪30年代，美国经济学家约瑟夫·熊彼特（Joseph Schumpeter）就在《经济发展理论》一书中通过这个简单现象揭示了经济发展周期性变动背后的深刻逻辑：创业者的创新行动是商业周期性运行和经济发展的原动力。他们利用新知识或新发明创造出一种新的生产函数，把一种从未有过的生产要素和生产条件的新组合关系引入经济系统，从而创造性地打破市场均衡、推动经济增长。

创业活动因其财富创造潜力而独具魅力。在技术变化日新月异、消费需求瞬息万变、市场竞争动态复杂的今天，创业活动的魅力更是得到了超乎想象的释放。创业和新企业已替代大企业成为推动经济增长、促进劳动力就业、提高创新水平的主力军，与之相呼应，各国政府将营造创业环境、鼓励创业活动和培育新企业提升到关系国计民生的战略高度。除了一直把创新与创业精神作为重要战略优势的美国，欧盟也于 2003 年明确指出当前的政策挑战是识别塑造繁荣创业活动气氛的关键因素，政策措施应根植于推动欧盟创业活动水平，采纳最有效措施来营造创业活动并推动新企业成长①。连一向强调“拿来主义”的日本也把重视创新和创业作为推动经济转型和塑造国家竞争优势的重要手段。

但在现实世界里，选择创业绝非易事，成功创业更是难上加难。并非所有个体都可能感知机会从而成为创业者，即使在创业精神最为活跃的美国，在 2006 年，每百名劳动力中也只有 10 余人参与创业活动。即使成为创业者，也不是每个人都能成功地创建新企业，跨越迈向创业成功的第一关。在美国，不到 50%的创业者能成功创办新企业。即使新企业创办成功，有少数新企业创造了财富神话，大多数新企业仍不得不以失败而告终，仅有不到 20%的新企业能够度过 5 年的光阴。不难发现，创业过程犹如漏斗一般，在每个阶段都会淘汰掉大部分参与者，只有剩下的少数幸运儿才能够享受到成功的荣耀。换句话说，无数人打算创业，但仅有少数人能够看到机会，在看到机会后能够真正创建新企业的人更少，在创办出新企业的人中，仍有大部分以失败告终，创造财富神话的人更是微乎其微，见图 1.1。

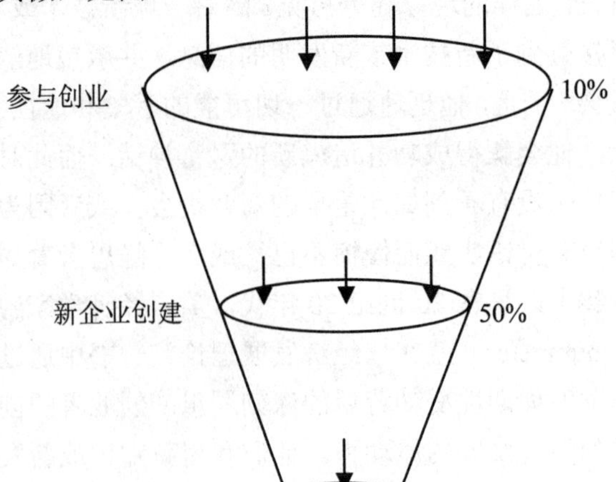

图 1.1　创业活动的漏斗效应

资料来源：本研究根据相关资料整理。

---

① European Commission. Entrepreneurship in Europe. Green Paper. Brussels: European Commission, 2003.

少数成功新企业的卓越价值创造以及大量失败新企业的巨额成本激励学者们不断从微观层次探索的一个基本问题是：为什么少数人能发现机会并成功开发机会价值，而大多数人却失败[①]。正如莎伦·阿瓦瑞日（Sharon A. Alvarez）和洛厄尔·布森尼兹（Lowell W. Busenitz）于2001年所指出的那样，创业研究与战略研究之间是一体两面的关系，两者都以解释绩效差异为最终目标。所不同的是，战略研究关注的是“企业之间为什么会存在绩效差异”，而创业研究关注的是“个体创业活动之间为什么会存在绩效差异”[②]。在过去数十年的理论探索过程中，如同战略管理研究发展过程中所经历的钟摆模型一样，创业研究逻辑仍然在个体决定论与环境决定论之间摇摆不定，并最终回归到立足于“个体—环境”互动的过程研究视角，大致可以划分为三个阶段，见图1.2。

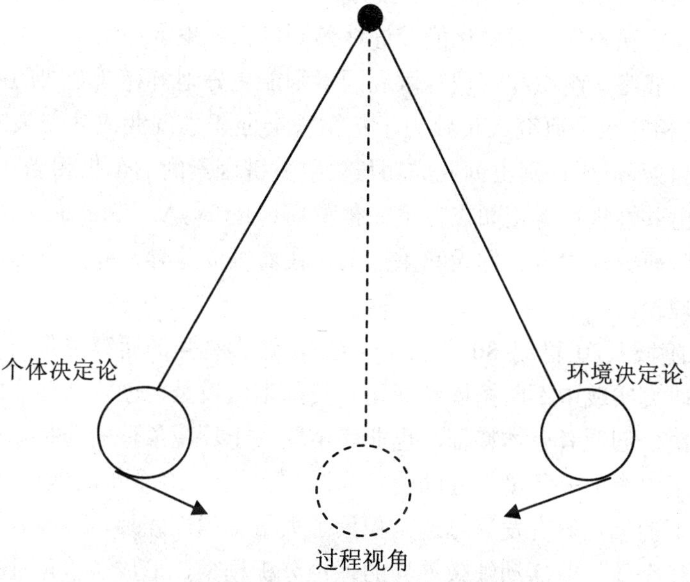

图 1.2 创业研究逻辑的钟摆模型

资料来源：本研究设计。

第一阶段（20世纪50年代至20世纪80年代初），个体决定论占据主导地位，认为选择成为创业者并赢得创业成功完全取决于创业者独特

① Shane, S., Venkataraman, S. The promise of entrepreneurship as a field of research. Academy of Management Review, 2000, Vol. 25, Issue 1: 217~226.

② Alvarez, S.A., Busenitz, L.W. The entrepreneurship of resource-based theory. Journal of Management, 2001, Vol.27, Issue 6: 755~775.

的人格心理特征。在此期间，大量来自心理和行为科学领域的学者关注“谁是创业者”的问题，尝试区分创业者与非创业者、创业者与管理者以及创业者群体之间的差异，识别创业者在成就欲望、控制源、风险承担倾向等方面的独特人格心理特质。但学者们长达20余年的理论探索并不尽如人意，不仅没有勾勒出创业者轮廓，甚至将创业者描绘为充满矛盾的超现实人物，逐渐被研究人员所摈弃。

第二阶段（20世纪80年代），随着种群生态理论渗透到创业研究领域，环境决定论成为创业研究的主导逻辑，认为创业成败取决于外部环境选择而非创业者的主观能动性。这些研究发现了两条重要结论：一是可用于现有组织扩张或新组织创建的机会来自于技术或人口特征变化，识别机会所必需的知识与开发机会必需的资源在人群中呈现为非均衡分布，机会最可能出现在那些处于信息源位置的个体身上[①]；二是技术或人口特征等宏观条件因素变化能较好地预测国家或地区内组织诞生率变化，而诸如战略、组织和管理等微观因素则能更好地解释新企业的存活率[②]。与之相呼应，研究人员致力于从微观层面识别创业成功与失败的关键决定因素，但所识别出创业成功与失败关键因素的清单仍相当冗长，难以归纳出共性规律。正如杰弗里·蒂蒙斯（Jeffry A. Timmons）所指出的，这些研究在内容、假设和重点上存在着很大差异，并没有形成揭示本质的理论[③]。

第三阶段（20世纪80年代末至今），过程视角的研究主张引起重视，并在研究实践中不断拓展和深化。其基本假设是，创业活动成败既非完全取决于创业者个体特征，也非完全取决于环境条件的选择，而是取决于基于“个体—环境”互动的行为过程。经过20余年的理论探索，过程视角下的创业研究发展迅速，积累了大量累积性碎片，逐渐勾勒出有助于解释个体创业活动绩效差异的理论分析框架，形成了“创业是个体、机会、环境与过程之间动态匹配互动的行为过程”的共识性判断。其中，个体与环境互动产生特定属性的机会，从而经过机会评价、资源整合等一系列活动过程创建出新企业并收获创业绩效，见图1.3。

---

① Brittain, J.W., Freeman, J.H. Organizational proliferation and density dependent selection. In: Kimberly, J.R., Miles, R.H, eds. The Organizational Life Cycle (pp. 291~338). San Francisco: Jossey-Bass, 1980.

② Carroll, G.R., Delacroix, J. Organizational mortality in the newspaper industry of Argentina and Ireland: An ecological approach. Administrative Science Quarterly, 1982, Vol. 27, Issue 1: 169~198.

③ Timmons, J.A. New venture creation: Methods and models. In: Kent, C.A., Sexton, D.L., Vesper, K.H. eds. Encyclopedia of Entrepreneurship (pp.126~138), Englewood Cliffs, NJ: Prentice-Hall, 1982.

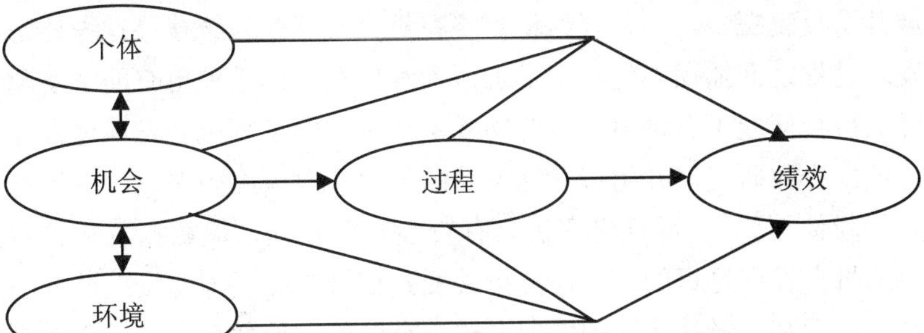

图 1.3　创业活动的基本分析框架

资料来源：Davidsson, P. The entrepreneurial process as a matching problem. In proceedings of academy of management conference, Hawaii, U.S.A., 2005: 33.

基于上述分析框架，个体如何与环境互动识别机会，以及在特定个体、环境与机会条件下，创业者如何选择更有助于提升创业绩效的行为组合过程自然成为过程视角下的创业研究必须解决的核心问题。随之而来的是，大量研究人员开始关注这些问题，相继采纳制度理论、社会资本理论、复杂理论、资源基础理论等各种理论与方法来解释创业现象，开展了系列化研究工作并取得了不少创新性成果，推动创业研究朝理论构建与学科整合方向深化，不断分解出一些看似简单却极富挑战性的深层次研究问题。这至少表现在以下四个方面：

第一，为什么有的人更容易看到创新性机会而另一些人则发现的是模仿性机会？主流观点将个体发现机会归结为创业警觉，即个体对为满足市场需求及未充分使用资源或能力的敏感力①，并进一步识别了个人特质、先前知识与经验、社会网络关系等可能影响个体创业警觉的前因变量②。但是，大多数研究将创业机会抽象为一般性概念，仍停留在解释“为什么某些人能发现机会而其他人却不能”的层面，反复验证上述前因变量与个体机会发现可能性之间的定量关系，对“什么因素导致个体往往更容易发现特定属性的机会”问题还没有引起足够重视，理论深度明显不够。

第二，什么样的发现方式更有助于发现什么样的机会？对于机会发

① Kirzner, I. Entrepreneurial discovery and the competitive market process: An Austrian approach. The Journal of Economic Literature, 1997, Vol. 35, Issue 1: 60~85.

② Ardichivili, A., Cardozo, R., Ray, S. A theory of entrepreneurial opportunity identification and development. Journal of Business Venturing, 2003, Vol. 18, Issue 1: 105~123.

现方式，已有研究围绕“什么样的发现途径更容易导致机会发现”问题展开了反复探索，但研究结论始终在机会发现是系统搜寻过程还是偶然发现过程之间摇摆不定。事实上，探索什么样的途径更有助于发现什么样的机会问题更有价值，更有助于从理论层面挖掘机会发现过程本质。目前，少数研究已开始着手这方面的努力，发现经由偶然发现识别的机会创新性更强①。尽管研究仍具有较强的探测性，但意味着学者们已开始从机会发现过程的一般性分析转变到挖掘机会类型与发现过程匹配关系，探索和解释什么样的发现方式更有助于发现什么样的机会是机会发现方式研究的重点发展方向。

第三，在特定初始条件下，创业者选择什么样的行为方式更有助于提升创业绩效？不少研究人员致力于归纳创业者在创业过程中所从事的活动数量、时机与顺序特征，目的在于从行为层面更细致地刻画创业过程，试图从多彩的创业实践中归纳出最理想的行为过程模式。出人意料的是，这些研究几乎得出了相同的结论，即创业是线性过程与非线性过程交织的复杂活动过程，难以描述和归纳出一般性的行为模式。具体而言，一方面，创业者所实施活动的线性叠加能提高成功创建新企业的可能性，表现为创业过程的线性特征；另一方面，非线性特征夹杂于创业过程，存在着十余种彼此矛盾的行为顺序，很难识别出创业过程的阶段性发展历程②。事实上，创业是高度依赖情境的复杂活动，简单归纳创业过程中的创业者行为规律的研究思路并没有触及到创业现象的本质，剖析特定情境条件下什么样的行为过程更有助于提升创业绩效也许更贴近多彩的创业实践。

第四，创业者特征通过什么途径作用于创业绩效？已有研究阐述了创业者人力资本、社会资本、财务资本、成长愿望、机会成本等方面的特征与创业绩效之间的数量关系，但并没有取得一致性结论。以创业者社会资本为例，有的研究认为创业者社会资本能提升创业绩效，有的研究认为创业者社会资本的作用尚不明确，而有的研究甚至发现社会资本并不能提升创业绩效③。这意味着，创业者特征与创业绩效之间可能并

---

① Smith, B. The search for and discovery of different types of entrepreneurial opportunities: The effects of tacitness and codification. In: Zahra, S.A., et al., eds. Frontiers of Entrepreneurship Research. Wellesley, MA: Babson College, 2005.

② Liao, J., Welsch, H. The temporal patterns of venture creation process: An exploratory study. In: Bygrave, W., et al., eds. Frontiers of Entrepreneurship Research, Wellesley, MA: Babson College, 2002.

③ Witt, P. Entrepreneurs' networks and the success of start-ups. Entrepreneurship and Regional Development, 2004, Vol. 16, Issue 5: 391~412.

非直接的线性作用关系，未来研究应深入到行为层面挖掘创业者特征影响创业绩效的作用机制，这有助于从更微观的角度把握创业者、创业行为与创业绩效之间的复杂联系[①]。

综上所述，过程视角已成为创业研究的主导逻辑，经过20余年的理论探索，过程视角下的创业研究已取得了很大进步。研究视角更加微观，更注重从行为层面剖析创业者、机会、环境以及过程之间的匹配关系内涵，研究实践正在不断拓展和深化，引发了一系列值得进一步挖掘的深层次研究问题，这构成了本研究所依托的重要背景。

第二节 研究问题与研究价值

正如前一节所阐述的，过程视角下的创业研究日渐深入，已识别出了一些极富挑战性的深层次研究问题，在研究实践层面，学者们正竞相采纳制度理论、复杂理论、认知理论、社会资本理论等众多理论视角来探索并解释复杂的创业现象，力图对上述研究问题予以更加清晰的理论阐释。其中，制度理论视角下的研究将创业视为创业者采纳恰当行动为创业活动构造合法性从而收获创业绩效的过程，致力于从行为层面剖析创业者合法化行动与战略在应对外部环境中的制度压力以及改善创业绩效中的角色；立足于复杂理论视角的研究人员将创业视为创业者与外部环境动态互动的自组织过程，致力于归纳创业者的动态行为过程规律；认知理论视角下的研究试图在识别创业者认知方式独特性的基础上，挖掘创业者认知特征如何经由影响其行为方式选择作用于创业绩效；社会资本视角下的研究将创业视为一种网络化活动，旨在挖掘社会资本在促进创业活动中的角色，阐述社会资本改善创业绩效的作用机制。

尽管不同理论视角有助于从不同角度剖析创业现象的不同侧面，但本研究选择从社会资本理论视角来审视创业活动。理由在于：第一，社会资本是创业活动赖以发生并向前推进的关键资源，社会网络不仅是创业机会的主要来源，而且是获取创业必需资源的重要渠道。创业实质上是创业者利用、维持和建构社会资本从而收获创业绩效的行为过程[②]。

---

① 杨俊，张玉利. 国外PSED项目研究评述及其对我国创业研究的启示. 外国经济与管理，2007, 7: 1~9.

② Larson, A., Starr, J.A. A network model of organization formation. Entrepreneurship Theory and Practice, 1993, Vol. 17, Issue 2: 5~15.

如果创业研究不关注创业者社会资本，就像没有限定假设条件的经济学模型一样可笑[①]，从社会资本视角剖析创业活动无疑更有助于把握多彩创业现象的共性规律。第二，社会资本与创业关系研究兴起以来，研究长期立足于探索"社会资本能否改善创业绩效"，反复验证各种网络变量与创业绩效之间的数量关系，目的在于认识和理解社会资本对于促进创业绩效的贡献，但研究并没有取得实质性进展[②]。直到20世纪末期，随着过程视角下创业研究的不断拓展和深化，少数研究才深入到行为层面剖析社会资本促进创业活动开展的作用机制，开始分析"社会资本如何影响创业绩效"这样的深层次问题，研究成果仍亟待进一步深化。第三，中国以"关系"为纽带的社会形态提供了社会资本研究的沃土，"关系"在中国社会的经济社会生活中扮演着至关重要的角色，对创业者更是如此。从这一点出发，明确认识社会资本对创业活动的作用机理更有助于创业者更加理性地利用、维持和建构"关系"为创业服务。

总体来看，社会资本与创业关系研究起源于学者们对创业者所嵌入社会网络结构与创业绩效关系的考察，随着过程视角下创业研究的不断拓展，到目前已经开始逐渐朝向剖析创业者社会网络结构以及网络嵌入性资源对机会发现、资源获取乃至创业绩效的作用关系演化[③]，提出了一些非常有价值的研究问题。对于机会发现活动而言，大多数研究立足于从社会资本视角阐述"为什么有的人能发现机会而另一些人却不能"的起始性问题，反复验证了关系强度、网络密度、网络规模等网络结构变量与机会发现可能性之间的定量关系。事实上，创业机会往往以信息形式浮现于经济系统中，谁能够发现机会往往取决于其能否及时获取承载创业机会的信息。从这一点出发，作为承载机会信息来源的重要渠道，社会资本不仅影响着创业者获取承载机会信息的可能性，而且在很大程度上影响着其所能从网络中摄取到的信息属性和质量，从而可能决定其所发现的机会特征。但对于创业者社会资本构成与所发现机会特征之间的内在联系，仍没有引起足够重视。

对于资源获取活动而言，超越创业资源主要来自于社会网络的基本共识，研究停留于阐述什么样的网络更有助于带来特定的创业资源，但

---

① Johannisson, B. Business formation: A network approach. Scandinavian Journal of Management, 1988, Vol. 31, Issue 4: 88.

② Witt, P. Entrepreneurs' networks and the success of start-ups. Entrepreneurship and Regional Development, 2004, Vol. 16, Issue 5: 391~412.

③ Hoang, H., Antoncic, B. Network-based research in entrepreneurship: A critical review. Journal of Business Venturing, 2003, Vol. 18, Issue 2: 165~187.

因研究所选择的资源差异导致了研究结论之间的矛盾性，并没有得出一般性的结论。有的研究认为以强关系为主要成分的紧密型网络更有助于创业者获取风险资本①；另一些研究则认为以弱关系为主的松散网络结构更有助于创业者获取无形资源，因为结构松散的网络能够促进创业者更广泛地搜寻关键资产持有者，有助于创业者获取生产知识和互补性技术等关键的无形资源②。事实上，资源获取并非是目的，而是创业者开发机会价值的必要手段，单纯刻画不同资源的整合途径可能会陷入难以穷尽的困境。换言之，较挖掘社会资本与资源获取之间的关系而言，从行为层面构建、验证并比较“社会资本→资源获取→创业绩效”的作用关系链条更有助于识别创业者如何利用社会资本获取资源从而收获创业绩效的本质规律。

对于社会资本与绩效关系而言，尽管存在社会网络关系有益于创业活动的经验判断，但研究结论却彼此矛盾，甚至相互冲突，并没有就社会资本与创业绩效的内在联系取得共识性结论，研究设计有待进一步改善。根据霍华德·阿尔德瑞奇（Howard E. Aldrich）等学者的推断，“与生活中的其他事物相同，黄金分割点可能位于中部”，可能存在着权变因素调节着网络与创业绩效之间的作用关系，有待于在认识创业本质的基础上，识别并验证权变因素对网络与绩效之间作用关系的影响机制③。更为重要的是，近期研究已发现，不同机会所对应的开发过程各不相同④。既然利用社会资本是创业者向前推进创业活动的重要途径，在开发特定机会时，创业者选择恰当的方式利用社会资本可能会更有助于改善创业绩效，而这并没有引起学者们的足够重视。

基于上述分析，本研究依据创业是创业者、机会、环境与过程之间动态匹配过程的基本判断，紧扣过程视角下创业研究所引发的前沿问题，站在社会资本理论视角探索创业者、机会以及行为之间的作用关系及其对新企业初期绩效的影响机制。具体而言，本研究假设创业者往往更容

---

① Shane, S., Cable, D. Network ties, reputation, and the financing of new ventures. Management Science, 2002, Vol. 48, Issue 3: 364~381.

② Elfring, T., Hulsink, W. Networks in entrepreneurship: The case of high-technology firms. Small Business Economics, 2003, Vol. 21, Issue 4: 409~422.

③ Aldrich, H.E., Reese, P.R. Does networking pay off? A panel study of entrepreneurs in the research triangle. In: Churchill, N.S., et al., eds. Frontiers of Entrepreneurship Research (pp. 325~339), Wellesley, MA: Babson College, 1993.

④ Samuelsson, M. Creating new ventures: A longitudinal investigation of the nascent venturing process. Doctoral dissertation. Jönköping: Jönköping International Business School, Sweden, 2004.

易识别特定而非其他机会，特定机会需要相应的开发过程与之匹配才更有助于收获创业绩效，认为创业是创业者动用、维持和建构社会资本来发现机会并获取开发机会所必需资源从而收获绩效的行为过程[①]，重点探索以下三个基本问题：第一，创业者社会资本构成如何决定其所识别的创业机会特征？第二，作为机会开发过程的重要环节，创业者在资源整合活动中所利用社会资本水平如何影响到新企业初期绩效？第三，对于不同的创业机会，创业者社会资本利用方式是否存在差异，又在多大程度上影响着新企业初期绩效？

从理论角度看，本研究有三点重要价值。首先，创业是个体及其创业团队不拘泥于资源约束的创业机会发现与把握并创造价值的行为过程，创业活动与价值创造之间的“黑箱”是创业研究仍未揭开的理论难题[②]。作为创业活动实现价值创造的关键环节，如果不识别新企业生成之前活动过程的内在规律，就不可能解释创业活动与价值创造之间的复杂关系，更谈不上如何管理创业活动以谋求积极的价值创造。与之相呼应，本研究一方面从要素间匹配角度挖掘了创业者社会资本构成与所感知机会特征的内在联系，一方面从行为层面考察了创业者社会资本利用特征与方式对新企业初期规模与绩效的影响。这不仅有助于深入认识社会资本与创业机会、乃至后续机会开发活动之间的复杂联系，而且有助于归纳在新企业生成过程中的资源整合行为的内在规律，从而贡献于创业管理理论体系的微观知识基础。

其次，本研究还有助于进一步深化有关社会资本与创业活动关系的研究成果。尽管长期存在着网络有助于创业活动开展的经验性判断，但研究始终未能就网络如何促进创业活动的作用机制予以系统阐释。问题的关键在于以往研究过分沉迷于简单验证社会资本相关变量与机会发现可能性以及创业绩效之间的定量关系，而忽视了从识别创业活动本质出发去梳理社会资本对创业活动的作用途径。本研究立足于过程视角下创业研究的前沿问题，将创业视为个体、机会、环境和过程之间的动态匹配过程，探索创业者社会资本构成与所识别机会特征的匹配关系，并进一步挖掘不同机会条件下，社会资本利用方式与创业绩效之间的复杂作用关系。这不仅有助于从微观角度揭示社会资本如何引发创业活动以及

① Larson, A., Starr, J.A. A network model of organization formation. Entrepreneurship Theory and Practice, 1993, Vol. 17, Issue 2: 5~15.

② Van de Ven, A.H., Engleman, R.M. Event- and outcome-driven explanations of entrepreneurship. Journal of Business Venturing, 2004, Vol. 19, Issue 3: 343~358.

引发什么样的创业活动，而且有助于深入到行为层面解释社会资本促进创业活动的作用机制，推动社会资本与创业活动关系研究朝过程视角进一步拓展和深化。

最后，本研究还可能为探寻企业异质性资源的深层次来源提供新思路。尽管从创业过程角度探索企业异质性资源来源已成为学者们的共识，但已有研究过分重视市场预期等经济因素的作用，而忽略了社会结构的角色。例如，阿瓦瑞日和布森尼兹于 2001 年撰文推导了从资源价值预期异质性到企业资源异质性转化的逻辑：创业者独特的认知结构导致其对能够发现蕴涵于经济主体之间资源价值预期差异中的创业机会，因为开发创业机会不仅需要特定的有形资源，而且需要独特的无形资源（知识），从而最终导致了新企业之间的资源异质性[①]。从这一点出发，本研究从社会资本视角去探索创业者、机会、资源与新企业初期绩效之间的复杂联系，还有助于启发未来研究去进一步探索社会结构在塑造企业异质性资源中的角色。即个体所嵌入社会结构的异质性决定了其社会资本的异质性，从而导致个体因容易获取特定信息而发现异质性的创业机会，进一步地，个体社会资本异质性还决定着其资源整合效率和效果的差异，从而导致创业者所构筑新企业资源基础之间的异质性。

从实践价值角度看，本研究可能为创业管理和创业环境建设带来相关启示。在创业管理层面，创业实践是充满挑战与风险的复杂行为过程，创业者需要在非常短的时间内将创意转变为可开发的创业机会，并迅速整合资源以实现创业机会价值。对于创业者来说，时间既是朋友，又是敌人，如何在有效的时间里进行最有效的活动往往是决定创业成功的关键。创业者资源匮乏的事实进一步加剧了这个问题的重要性，因为创业者根本没有资源可浪费，浪费就可能意味着失败。正因为此，创业成败的关键并非是“你是谁”，而在于“你认识谁”，以及“你选择动用了谁”。从这一点出发，本研究能够为打算创业与正在创业的个体提供有益的启示，对于打算创业的个体而言，可以通过客观评价自身的社会资本从而做出更理性的创业抉择。虽然我们鼓励创业活动，但也不主张豪赌与盲目，尤其是在我国当前社会保障体系还不健全的条件下，这一点更为重要。对于正在创业的个体而言，本研究可以提供“在既定创业机会条件下，如何有效管理并利用社会资本以提高创业成功率”的行动思路与

① Alvarez, S.A., Busenitz, L.W. The entrepreneurship of resource-based theory. Journal of Management, 2001, Vol.27, Issue 6: 755~775.

逻辑。

在创业环境建设层面，大量理论和实践已经表明，有形的基础设施建设固然重要，但是针对创业者个人的软环境建设才是创业环境建设的突破口。但是，在中国，重视投资环境建设的政策惯性延续到了当今的创业环境建设，尤其是从哪些方面着手以及如何着手建设软环境方面更是认识匮乏。这也许正是人们意识到创业环境建设的重要性但又感觉无从下手的主要原因。如果说个体社会资本构成是决定其成为创业者的充分条件并影响着所识别的创业机会特征，并且个体社会资本利用方式依赖于创业机会属性并存在客观规律，那么，就意味着提高地区或国家层次的社会资本水平就构成创业环境建设的重要环节。弗朗西斯·福山（Francis Fukuyama）有关信任水平与经济发展之间关系的研究为此提供了理论依据[①]，而我国江浙地区以密集家族企业网络为特征的地区社会资本在塑造"浙江神话"中发挥的重要作用则为此提供了现实证据。从这个意义上讲，本研究通过细致刻画创业机会、创业者社会资本构成、利用水平与方式与新企业初期绩效之间利用水平、利用方式与新企业初期绩效之间的复杂关系，能为创业环境的软要素建设提供重要的思路和启示。

第三节　研究内容与研究方法

基于对研究问题的界定，本研究计划达成下述目标并重点研究下述三方面内容。

一、研究内容

本研究计划达到的研究目标是，选择新企业创业者为研究对象，深入挖掘并揭示社会资本在促进创业活动发生与开展中的角色，站在社会资本理论视角揭示创业活动关键要素之间匹配的作用机理。具体而言，本研究力图揭示创业者社会资本、创业活动与新企业初期绩效之间的关系链条，构建可用于多维度比较研究的"社会资本→创业活动→绩效"传导机制模型。在此基础上，提炼创业者社会资本对所发现机会特征的深层次作用关系，从行为层面识别有助于提升创业绩效的社会资本利用

① Fukuyama, F. Trust: The social virtues and the creation of prosperity. New York: Free Press, 1995.

方式，丰富和完善创业研究的基本框架和微观知识基础，将研究成果转化为创业管理实践，为相关政府部门制定政策提供决策参考。

图 1.4 是本研究的基本理论模型。本研究认为来自于创业者社会资本构成决定着其所识别的机会特征，从而塑造创业活动得以发生的初始条件。在机会开发过程中，社会资本可能通过两个途径作用于创业绩效，第一条路径是创业者利用社会资本水平经由资源整合效率与效果影响创业初期绩效的中介作用关系；第二条路经是创业者利用社会资本方式经由创业机会特征的调节作用从而影响创业初期绩效的调节作用关系。基于此，本研究主要围绕以下三个方面的内容展开：

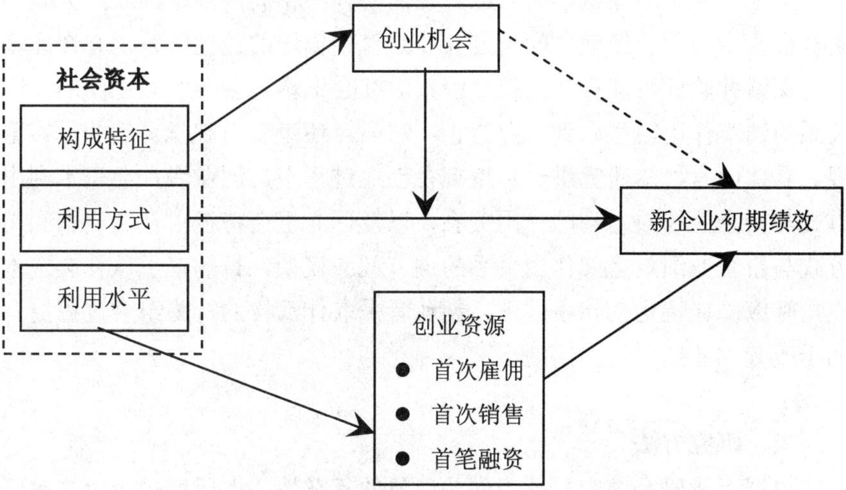

图 1.4　研究的基本理论模型

第一，超越社会资本与机会发现可能性之间关系的讨论，本研究进一步探索创业者社会资本构成特征与其所识别创业机会特征之间的内在联系，旨在回答“为什么有的人更容易看到创新性机会而另一些人则发现的是模仿性机会”的问题。具体而言，本研究认为与信息解读能力相比，获取承载机会信息对于机会发现而言更加关键，进一步地，创业者社会关系网络是承载机会信息的重要来源，那么，创业者社会资本构成必将制约着其所能从关系网络中摄取到的信息数量和质量，从而会最终影响其所识别到的机会特征。基于这个判断，本研究系统剖析并利用实证数据检验创业者社会资本构成变量与所识别机会特征之间的复杂作用关系，同时探索了人力资本对创业者社会资本构成变量与所识别机会特征之间作用关系的调节效应。

第二，超越网络支持水平与新企业绩效正相关的基本判断，进一步探索影响创业者获取网络支持表现差异的前因变量，构建并检验网络支持水平对前因变量与创业绩效之间关系的中介作用模型。具体而言，依据核心创业资源大都来自于社会关系网络的基本结论，本研究认为在资源整合过程中，创业者社会资本利用水平会影响其资源整合行动的效率和效果，从而最终影响新企业绩效，系统剖析并利用实证数据验证社会资本利用水平变量经由资源整合效率和效果从而作用于新企业初期绩效的中介效应模型，试图回应“社会资本如何作用于创业绩效”的问题，目的在于澄清社会资本与创业绩效之间关系仍旧含混不清的现实状况。

第三，基于不同机会所对应开发活动各不相同的基本判断，大胆判断社会资本与创业绩效之间可能并非是直接作用的线性关系，并在此基础上探索并验证可能存在的权变因素对社会资本与创业绩效之间的作用关系的调节作用模型，到目前为止，这一点还没有引起学者们的足够重视。具体而言，本研究进一步挖掘在创业过程中，创业者社会资本利用方式与新企业绩效之间的作用关系，以及创业机会特征对社会资本利用方式与新企业绩效之间作用关系的调节效应模型，目的在于从社会资本视角呼应“在特定初始条件下，创业者采取什么样的行为组合过程更有助于改善创业绩效”的问题。

二、研究方法

根据上述研究内容，基于创业现象的复杂性，本研究采用了文献研究与实证研究相结合的方法来探索所提出的研究问题。

20 世纪 80 年代以来，创业研究文献飞速增长，呈现出了数量大、主题广、内容散等特点。如果要从众多看似矛盾、甚至相互冲突的文献之中把握能体现创业本质的研究问题，寻求有助于解释并预测创业现象的研究设计与研究方法，文献研究就具有非常重要的价值。基于此，作者利用长达 2 年的时间在多个中英文数据库中广泛搜集、阅读、梳理、总结、评价相关研究文献，形成了对创业现象的基本理论判断，识别有助于挖掘创业现象本质、解释创业现象内部关键要素之间作用关系的理论视角和研究变量，构建了研究所依托的基本理论模型框架。

在此基础上，本研究采纳实证研究来检验所提出的理论模型。实证研究有助于检验已有理论的解释力，也有助于探索尚未引起关注的新问题，从而产生新的理论等。实证研究是在理论演绎的基础上，对现象内外部关系进行“量”的分析和考察，针对将要研究的问题构建一个测量工具，通过资料数据整理出数据资料，并利用统计工具来验证理论框架中的各关系假设，寻找有决策意义的结论。在本研究中，首先针对理论模型中所涉及的构面、概念以及变量的理论内涵予以深度挖掘，并借鉴已有研究文献来识别与之相匹配的变量测量方式，以此为依托，利用便利性抽样的方法，面向新企业创业者发放并回收调查问卷，进而利用对调查数据的统计分析来检验所演绎出的理论假设。在数据分析方法层面，针对研究变量的统计，主要采用了因子分析、相关分析以及信度检验等统计手段；对于假设检验而言，主要采纳了调节回归技术与中介回归技术，并根据变量特征选取了一般线性回归和定序回归模型来检验所提出的具体理论假设。

当然，本研究的文献研究是和实证研究紧密结合的。这是因为文献研究和实证研究的结果正好从不同的侧面，即从理论与实践（点与面）、一致性与复杂性、横向与纵向、前景与背景等方面，对研究现象进行全方位、多角度的研究分析，因此，将两种方法有机结合便可以使结果更具说服力和科学性。

第四节 研究过程与基本结构

本研究的技术路线如图 1.5 所示。

第一阶段的工作是在 2006 年 12 月至 2007 年 4 月进行，主要是进行相关文献的梳理。作者对创业研究的发展历程、社会资本理论、过程视角下创业研究、社会资本与创业关系研究进行了大量的文献梳理与总结工作，阶段性的研究成果先后发表在《外国经济与管理》、《研究与发展管理》等管理类核心期刊上。

第二阶段的工作主要是在 2007 年 4 月至 6 月进行，主要是进行探测性调研。作者借助参与科技部中国科学技术促进发展研究中心与挪威 FAFO 国际应用科学研究所联合研究项目“中国西部中小企业技术创新与制度创新”的机会，对中国西部地区的一些创业者进行了访谈，搜集了大量宝贵的一手材料，对所研究现象有了一些感性认识，并佐证或修正了理论上的一些想法。在此期间，通过电子邮件方式向霍华德·阿尔德瑞奇等海外知名创业学者请教，获得宝贵的信息，拓宽了研究思路，进一步完善了理论想法与研究设计，对部分内容进行了修正，初步拟定了问卷的量表内容。

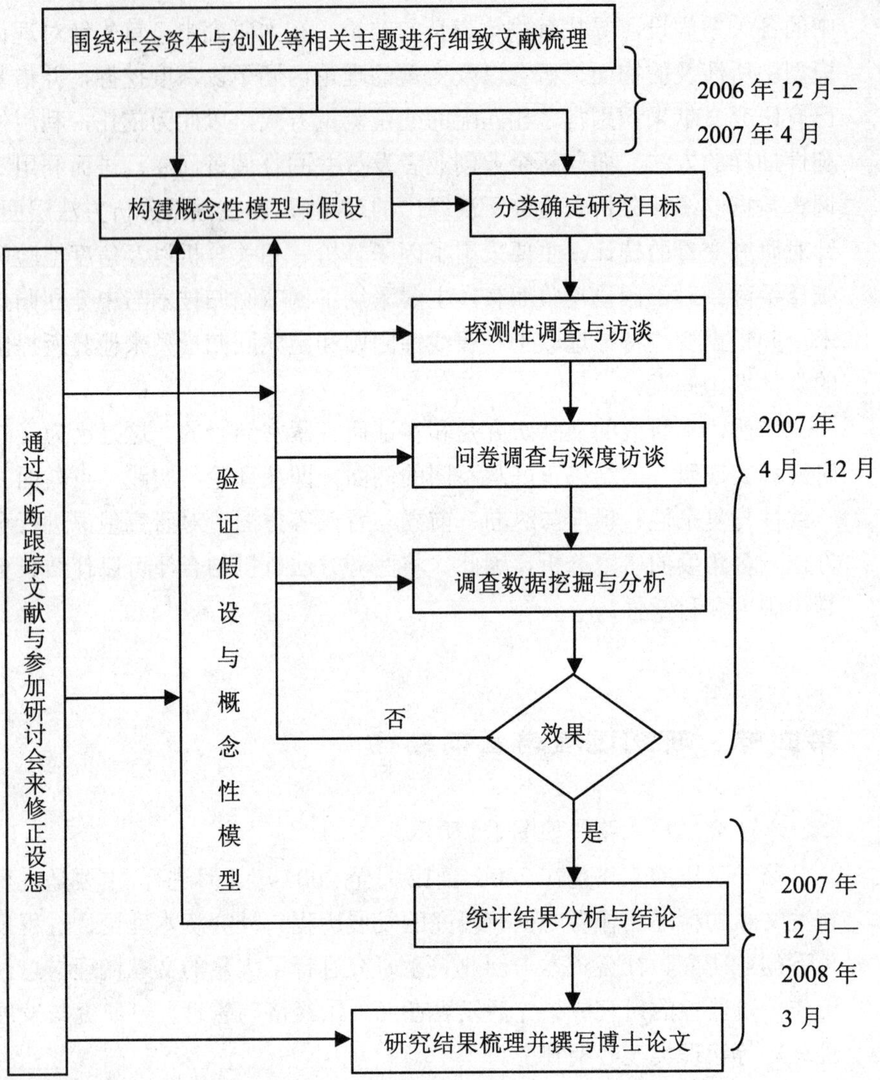

图 1.5 研究的技术路线

第三阶段是2007年10月至12月进行，基于便利性抽样的原则，主要在天津市、山东省、内蒙古自治区、浙江省等地区开展面向新企业创业者的问卷调查，得到了119份有效问卷。

第四阶段主要在2007年12月至2008年3月进行，主要是从总体上梳理文献，分析数据，撰写论文等工作。

基于上述技术路线，本书总共分为七章内容，各章之间的逻辑关系及其所要解决的关键问题可以用图1.6表示如下。

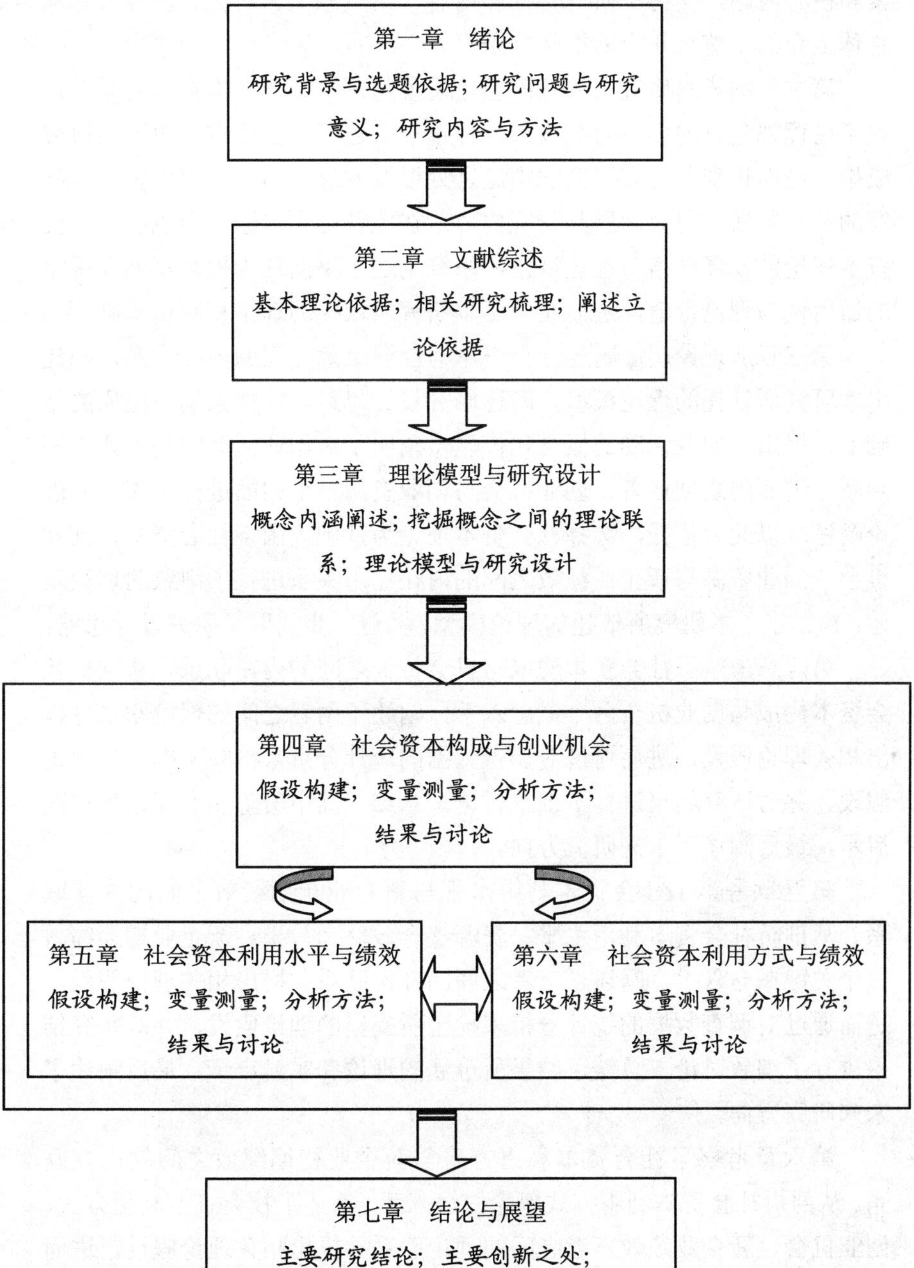

图 1.6　本书逻辑结构示意图

第一章，绪论。本章依据特定的研究背景，提出了本研究的逻辑线索和核心问题，交待了研究目标和内容，研究意义、研究方法等，并从总体上介绍了整个研究的框架体系。

第二章阐述本研究所依托的理论情境与理论基础。本章首先系统梳理了过程视角下的创业研究成果，并重点评述了社会资本视角下的研究成果，进而识别了已有研究的不足之处以及发展方向，从而引出了本研究的基本判断、研究问题与研究内容。在此基础上，进一步概括了社会资本理论的发展脉络与理论视角，系统阐述了不同理论视角对创业现象的适用性与理论价值，进而明确了本研究所依托的理论和知识基础。

第三章从理论层面阐述社会资本与创业绩效之间的内在联系，构建出本研究所依托的理论模型，阐述研究设计思路。在抽象创业现象的基础上，提出了创业活动的概念化模型，阐明了对创业活动的基本认识和判断，进而围绕创业者、创业机会与创业资源三个构面进行了深入的理论阐述。以此为依托，选择社会资本理论为基础，围绕社会资本、创业机会、创业资源与新企业绩效之间的内在作用关系进行了细致的理论阐述，构建出了本研究所依托的理论模型，并进一步阐明了研究设计思路。

第四章考察了社会资本构成与机会特征之间的内在联系。从剖析社会资本构成与创业机会两个概念入手，阐述了两者之间的理论联系并提出相关理论假设，进而通过对调查数据的统计分析来检验所提出的理论假设，并对研究结果进行了细致讨论，总结了其中所蕴涵的理论和实践启示，最后阐述了未来研究方向。

第五章考察了社会资本利用水平与新企业初期绩效之间的内在联系。从剖析社会资本利用水平、资源整合效率和效果、新企业初期绩效三个关键概念入手，阐述了三者之间的理论联系并提出相关理论假设，进而通过对调查数据的统计分析来检验所提出的理论假设，并对研究结果进行了细致讨论，总结了结果所蕴涵的理论和实践启示，最后阐述了未来研究方向。

第六章考察了社会资本利用方式与新企业初期绩效之间的内在联系。从剖析社会资本利用方式概念内涵入手，阐述了社会资本利用方式、创业机会、新企业绩效三者之间的理论联系并提出相关理论假设，进而通过对调查数据的统计分析来检验所提出的理论假设，并对研究结果进行了细致讨论，总结了结果所蕴涵的理论和实践启示，最后阐述了未来研究方向。

第七章对全书进行总结和展望。归纳出全书的主要研究结论，提出本研究的主要创新点，并指出存在的不足和有待进一步改进的方向。

第二章 文献综述

第一章阐明了研究问题、研究目标与研究内容，在此基础上，开展系统的文献研究是验证理论与完善理论的必要环节。本章首先概述了过程视角下的创业研究的发展历程及最新进展，概括了本研究所嵌入的理论情境；接着，综述社会资本与创业活动关系的研究，识别已有研究的不足与存在的研究机会，从而导出了本研究的切入点；最后，对社会资本理论研究的发展脉络与主要观点进行了较为全面的评述，阐明了本研究所依托的知识基础。

第一节 过程视角下的创业研究

尽管创业研究直到最近才开始备受关注，并成为最具有发展潜力的研究领域，但事实上，它有着非常悠久的理论传统和研究历史。在微观层次，早期研究致力于挖掘创业者的人格心理特征，试图回答“谁是创业者”，但研究结果并不尽如人意，从而逐渐被学者们所摒弃；到 20 世纪 80 年代末期，创业研究迅速转向探索创业过程规律，过程视角下的创业研究迅速占据主导地位，立足于挖掘创业过程中的创业者行为规律，在此后的二十多年里，涌现出了大量创新性研究成果，极大地推动了创业研究的进步。下面，本研究将详细阐述过程视角下创业研究的发展历程、研究现状与发展趋势，概括本研究所嵌入的理论情境，为后续理论模型构建奠定知识基础。

一、过程视角下创业研究的发展历程

20 世纪 70 年代中期，西方经济开始发生根本性转变，知识与技术

替代资本和劳动力成为经济增长的主要推动力①，以规模和范围经济见长的大企业遭遇严重危机，创业活动和小企业蓬勃发展，在就业②、创新③和区域发展④等方面贡献突出，创业现象才开始引起格外关注。特别是20世纪80年代以后，第三次科技革命引起了技术进步特征的变化，进一步强化了创业和小企业在经济系统中的重要角色⑤。此后，创业研究开始蓬勃发展，从宏观层次关注创业的经济功能迅速转向注重从微观层次提炼创业活动的科学规律。

在微观层次，早期研究继承熊彼特等学者对创业者的生动描述，认为创业是少数人天赋使然的特殊活动的观点，聚焦于"谁是创业者"的问题，尝试区分创业者与非创业者、创业者与管理者以及创业者群体之间的差异，识别创业者在成就欲望、风险承担倾向等方面的独特人格心理特质。在他们看来，创业不可学习，更难以教授，创业者的荣耀并非常人可及，因为要成为创业者，个体必须具备一些独特的天赋特征：创造私人王国的梦想和意愿……征服欲望、战斗的渴望、证明自己更强的渴望、成功的追求，并非局限于胜利果实，而在于成功本身……享受创造某事或仅仅是释放自身精力和天分的乐趣⑥。但是，创业特质论长达20余年的理论探索并不尽如人意，不仅没有勾勒出创业者轮廓，甚至将创业者描绘成充满矛盾的超现实人物。正如威廉·加特纳（William B. Gartner）所指出的那样："创业者具备着数量惊人的特质和特征，这些研究汇总的创业者'心理轮廓'往往将其描述为超现实的人物，充满着矛盾，具备所有这些特质的个体必然成为超凡脱俗的天人⑦。"

20世纪80年代后期，一些学者开始反思创业特质论并思索创业研究的突破方向。其中，加特纳在系统总结创业特质论研究成果的基础上，

---

① Solow, R.M. A contribution to the theory of economic growth. Quarterly Journal of Economics, 1956, Vol. 70, Issue 1: 65~94.

② Birch, D.L. The job generation process. Cambridge, MA: MIT Program in Neighborhood and Regional Change, 1979.

③ Acs, Z.J. The changing structure of the US economy: Lessons from the steel industry. New York: Praeger, 1984.

④ Piore, M.J., Sabel, C.F. The second industrial divide. New York: Basic Books, 1984.

⑤ Carlsson, B. The rise of small business: Causes and consequences. In: Adams, W.J., eds. Singular Europe, economy and policy of the European community after 1992. Ann Arbor: MI: University of Michigan Press, 1992.

⑥ Schumpeter, J.A. Entrepreneurship as innovation. In: Swedberg, R., eds. Entrepreneurship: The Social Science View (pp. 51~88). New York: Oxford University Press, 2000.

⑦ Gartner, W.B. Who is an entrepreneur is the wrong question. American Journal of Small Business, 1988, Vol. 12, Issue 4: 21.

指出创业者之间或新企业之间的差异并不比创业者与非创业者之间或新企业与非新企业之间的差异来得小，认为关注创业者特质的研究没有出路，进而提出了创业研究应关注创业者行为并挖掘创业过程规律的主张[①]；威廉·拜格列夫（William D. Bygrave）和查尔斯·霍夫（Charles W. Hofer）借用战略管理领域的发展历程进一步强化了创业研究从特质论转向关注创业行为和过程的必要性，指出战略管理起源于“总经理角色和职能”总结，但长达30多年的努力并没有取得实质性突破，随着钱德勒和安索夫等学者的奠基性著作问世，战略管理于20世纪60年代中期开始从关注“总经理角色和职能”转向探索“组织战略过程”，战略管理领域因此而在后续20年里飞速发展，迅速成为成熟的独立学术领域[②]。

此后，过程视角得到创业领域学者的普遍认同，并很快替代创业特质论成为创业领域的主导思潮。但是，作为鲜为人知的现象，采用什么样的手段才能识别创业行为特征并提炼创业过程规律就成为亟需解决的首要难题。为此，在此后的十余年间，学者们开展了大量的理论和实证探索努力，概括起来，主要包括以下四个方面的内容[③]：

第一，澄清了过程视角下创业研究的价值和定位。加特纳将创业定义为新企业创建过程，认为从个体（谁在创建新企业）、环境（创业活动所处的情境）、组织（拟创建的新企业性质）和过程（新企业的创建过程）四个维度的交互作用关系出发可以较系统地描述并解释创业活动，并指出创业研究应以过程维度为突破口，关注创业者为谋求新企业创建而开展的行为和活动特征与创建过程本身的内在规律[④]；1988年，杰罗姆·卡兹（Jerome Katz）和加特纳在《美国管理学评论》上发表“形成中组织的特征”一文，认为过程视角下创业研究应该从形成中组织而非已成立组织入手，并进一步系统阐述了形成中组织（Emerging Organization），即处于创建过程中的组织在意图、边界、资源和交换四个维度上的特征[⑤]，不仅从理论上论证了过程视角下创业研究的定位与价值，而且为

① Gartner, W.B. Who is an entrepreneur is the wrong question. American Journal of Small Business, 1988, Vol. 12, Issue 4: 11~31.

② Bygrave, W.D., Hofer, C.W. Theorizing about entrepreneurship. Entrepreneurship Theory and Practice, 1991, Vol. 16, Issue 2: 13~22.

③ 杨俊，张玉利. 国外PSED项目研究评述及其对我国创业研究的启示. 外国经济与管理，2007, 7: 1~9.

④ Gartner, W.B. A conceptual framework for describing the phenomenon of new venture creation. Academy of Management Review, 1985, Vol. 10, Issue 4: 696~706.

⑤ Katz, J., Gartner, W.B. Properties of emerging organizations. Academy of Management Review, 1988, Vol. 13, Issue 3: 429~441.

后续实证研究的样本选择提供了重要的理论依据。在上述研究的基础上，加特纳等学者进一步阐述了创业行为与组织行为的关系，认为组织理论基本建立在默认组织已存在假设基础上，创业研究的任务就在于探寻组织为何以及如何形成，并指出创业行为本质上是一种谋求组织创建的特殊组织行为，创业过程本质上是组织生成过程①。这些观点表明，过程视角下的创业研究将创业过程视为创建新企业的组织活动过程，目的在于从行为层面挖掘创业者谋求机会价值实现的新企业创建过程的内在规律。

第二，进行了旨在描述创业过程的理论模型构建努力。《创业理论与实践》（Entrepreneurship Theory and Practice, ETP）于 1992 年秋季和 1993 年春季连续出版了两期有关创业行为与过程理论模型构建的专辑。在其中，芭芭拉·伯德（Barbara J. Bird）构建的创建过程时间动态（Temporal Dynamics）模型对后续研究的影响最大，她认为个体特征和环境节律（Environmental Rhythm）影响着创业者对创建过程行为顺序及时间安排的心理决策，以此为依托，创业者在实践过程中会相机选择步伐调整（Pacing）和符号式里程碑事件（Symbolic Milestone Event）来推动新企业创建成功②。在对两期专辑中 14 篇论文进行总结时，加特纳和和伊丽莎白·盖特伍德（Elizabeth Gatewood）这样写道："这些理论成果挑战了将新企业创建视为离散事件的片面认识，强化了它是由若干可识别因素和行动组成的过程并有规律可循的主张。"③

第三，界定了一些有助于刻画创业过程的关键概念。基于创业过程时间动态性，即创业过程中的活动顺序与完成时间虽然难以拘泥于固定模式但必然包含一些里程碑式事件或活动的基本判断，加特纳在系统归纳其他学者观点的基础上，界定了一些有助于刻画创业过程的关键概念：已打算创业并开始展开积极行动的个体被称为潜在创业者（Nascent Entrepreneur）；已打算创业的创业者感知机会到成功创办新企业之间的时间过程被称为孕育过程或创建过程（Gestation Process or Startup Process）；已打算创业的创业者在孕育过程或创建过程中所实施的活动被称为孕育活动（Gestation Activities）；相应的，处于创建过程中的组织

---

① Gartner, W.B., Bird, B.J., Starr, J.A. Acting as if: Differentiating entrepreneurial from organizational behavior. Entrepreneurship Theory and Practice, 1992, Vol. 16, Issue 3: 13~31.

② Bird, B.J. The operation of intentions in time: The emergence of the new venture. Entrepreneurship Theory and Practice, 1992, Vol. 17, Issue 1: 11~20.

③ Gartner, W.B., Gatewood, E. Thus the theory of description matters most. Entrepreneurship Theory and Practice, 1992, Vol. 17, Issue 1: 7.

形态被称为形成中组织（Emerging Organization），为后续理论和实证研究奠定了概念基础[①]。

第四，依托探测性调查开展了少量实证研究。美国创业学者保罗·雷诺兹（Paul Reynolds）教授在规划过程视角下的创业研究调查设计方面做出了不可磨灭的贡献，他率先指出跟踪调查是研究创业行为和过程的有效手段，不仅能够避免回顾式调查固有的幸存者误差（Survival Bias），即只能抽取成功者样本而观测不到失败者样本，以及后视偏见（Hindsight Bias），即被调查者可能因记忆模糊或有意夸大等因素侵蚀调查数据的真实性，而且有助于把握创业过程的时间动态性本质以及孕育活动数量和顺序特征，从而归纳创业过程规律。雷诺兹教授于 1992 年至 1993 年间在美国威斯康星州展开了面向成人群体的探测性跟踪调查，取得了一些研究成果，发现创业者实施的孕育活动数量之间存在着高度差异，活动顺序和活动完成的比率也各不相同[②]。后续研究进一步将已打算创业的创业者分为已成功创建新企业、仍在努力中和已放弃创业三组，结果发现已成功创建新企业和已放弃创业两组样本在孕育活动数量方面并没有显著差异，但这两者的孕育活动数量都明显多于仍在努力中样本，但并没有发现这三组样本在孕育活动顺序之间存在显著性差异[③]。总体来看，这些探测性研究成果对创业过程中创业者行为特征及规律的总结并没有取得实质性进展，甚至将其归结为混沌无序的复杂过程。

随着上述理论争鸣和探测性调查研究成果在创业研究领域的渗透，跟踪调查是过程视角下创业研究行之有效的研究设计的观点逐渐得到创业研究学者的认同，随之而来的是，一个具有里程碑意义的联合研究项目的迅速开展，并极大地推动了过程视角下创业研究的进步。1995 年，百森—考夫曼创业研究会议在英国伦敦商学院召开。在会议上，雷诺兹教授明确指出对已打算创业的创业者进行动态跟踪调查是描述并提炼创业过程特征及内在规律的基本手段，并系统阐述了联合开展创业动态跟踪项目的构想，引起了与会学者的极大兴趣。同年 11 月，在美国芝加哥召开了有关项目实施细节的第二次组织会议，形成了美国和欧洲国家内 32 个成员单位组成的“创业研究联盟（Entrepreneurship Research

① Gartner, W.B. Words lead to deeds: Towards an organizational emergence vocabulary. Journal of Business Venturing, 1993, Vol. 8, Issue 3: 231~239.

② Reynolds, P. D., Miller, B. New firm gestation: Conception, birth and implications for research. Journal of Business Venturing, 1992, Vol. 7, Issue 5: 405~417.

③ Carter, N.M., Gartner, W.B., Reynolds, P.D. Exploring start-up events sequences. Journal of Business Venturing, 1996, Vol. 11, Issue 3: 151~166.

Consortium, ERC)”。在成员单位的共同出资推动下，创业动态跟踪项目（Panel Study of Entrepreneurial Dynamics, PSED）于 1998 年在美国和一些欧洲国家相继实施。

该项目利用随机跳号的家庭电话抽样办法，从整体人群中抽取出正在打算创业的个体，并在连续 3 年内每年对其进行跟踪式的电话访谈，总共开展了 4 轮跟踪调查，采集了丰富的原始数据，不仅弥补了长期制约创业研究的数据获取难问题，而且为过程视角下的创业研究提供了难能可贵的研究平台。可以作出大胆判断，依托 PSED 项目所积累的宝贵数据材料，过程视角下的创业研究已发生了质的飞跃，不仅表现为研究文献数量的急剧增长，研究深度也发生了显著性变化，对创业过程中创业行为及规律的理性认识正开始形成。正如表 2.1 所示，统计发表于 JBV、ETP、JSBM、SBE 四个顶级创业杂志中的过程视角下的研究文献数量可以发现，2003~2007 年间文献数量飞速增长，占到了所有文献的 51.7%（45 篇），而在之前的 15 年里，文献数量并没有发生实质性增长，增长速度也相对平缓，发表量分别占文献总量的 18.4%、17.2%和 11.5%。特别值得一提的是，2003 年以来，仅依托 PSED 项目数据就累积发表了 80 余篇著作、期刊论文、会议论文和研究报告等相关研究成果，在推动过程视角下创业研究的发展方面起到了非常关键的作用。

表 2.1　过程视角下创业研究的文献发表量

年份	JBV	ETP	JSBM	SBE	其他	合计
1988~1992	7	9	0	0	0	16
1993~1997	8	6	0	1	0	15
1998~2002	6	4	0	1	0	11
2003~2007	17	6	3	14	5	45

资料来源：张玉利，杨俊．组织生成过程研究：现状评价与未来趋势．研究与发展管理（已录用）．

综上所述，过程视角下的创业研究发轫于学者们对创业特质论的批判与反思，立足于从行为层面挖掘创业者谋求创业机会价值实现的新企业创建过程的内在规律。正如表 2.1 所示，过程视角下的创业研究并没有在兴起之初就飞速发展，在经过长达十余年的理论和实证探索之后，才逐渐明确了跟踪调查是创业行为和过程研究行之有效的研究设计，并最终促成了具有里程碑意义的创业动态跟踪的国际合作研究项目，以此为依托，直到最近才开始取得实质性进展，对于创业过程中创业行为及规律的理性认识开始逐渐增加，开始真正步入理论构建阶段①。

二、过程视角下创业研究的现状评述

雷诺兹教授从演化角度将创业过程划分为概念、孕育、生存与成长等相互连接的四个阶段，概括了个体在创业过程中必然经历的四次递进式转型。在概念阶段，个体识别创业机会并萌发创业打算；在创建阶段，个体付诸创业实践并创办新企业；在生存阶段，新企业在市场中站稳脚跟并赢得生存空间；在成长阶段，新企业迅速成长并朝向成熟企业演化。借鉴这个框架，可以用图 2.1 来表述过程视角下创业研究关注的四个问题及其逻辑关系：（1）机会发现和新企业创建过程的内在规律是什么；（2）机会发现特征的后续影响是什么；（3）创建过程特征对新企业初期绩效的影响是什么；（4）哪些因素可用于解释并预测创业过程及其绩效表现差异。

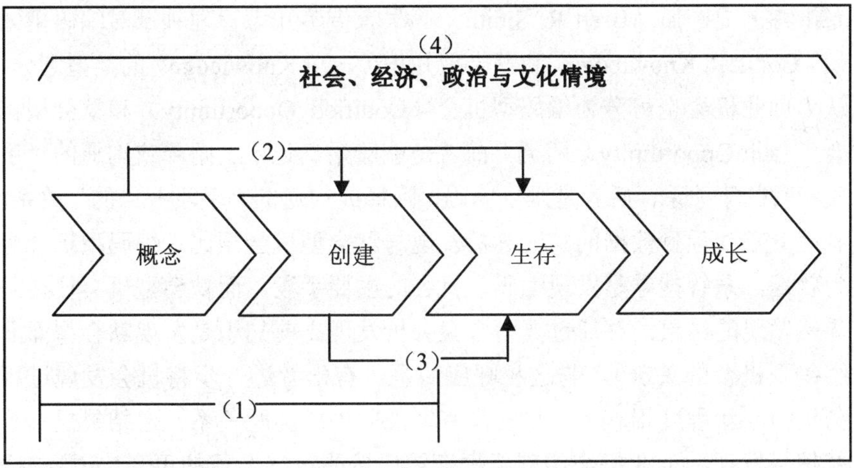

图 2.1　过程视角下创业研究的定位与焦点

资料来源：Reynolds, P. National panel studies of business start-ups: Research program status report and policy implications. Working paper presented to the working party on small and medium enterprises ninth session, Seoul, Republic of Korea, 1997: 20.

下面，本研究将围绕这四个问题来梳理并评述过程视角下的创业研究成果，特别是在 2003 年之后依托 PSED 项目发表的研究成果，旨在归纳最新研究进展以及发展方向，从而为后续研究提供指导和依据。

① Johnson, P.S., Parker, S.C., Wijbenga, F. Nascent entrepreneurship research: Achievements and opportunities. Small Business Economics, 2006, Vol. 27, Issue 1: 1~4.

第一，从机会性质出发探索机会发现过程本质。长期以来，学者们对于机会发现是系统搜寻的结果还是偶然发现的结果之间摇摆不定，并没有对“为什么某些人能够发现创业机会而其他人却不能”问题给予很好的解释。认知学派借鉴新古典经济学理论有关机会发现是系统搜寻过程的结果的观点，认为创业机会发现是个体有意识的系统搜集、处理并识别信息价值的过程，并将创业机会发现归结为个体卓越的信息处理能力、搜寻技术或扫描行动。奥地利学派对此提出了质疑，认为机会发现是偶然发现而非系统搜寻过程的结果，将机会发现归结为创业警觉，即个体对未满足市场需求及未充分使用资源或能力的敏感力，在奥地利学派看来创业机会并不可能成为系统搜寻的目标，因为“在发现之前，个体并不能知晓机会是什么，个体并不可能系统搜寻先前不知道的事物”[①]。

基于创业机会异质性的基本判断，学者们开始注重对创业机会进行合理类型划分的基础上识别机会类型与发现过程的匹配关系。2005 年，布雷特·史密斯（Brett R. Smith）等学者借鉴知识管理领域对编码型知识（Codified Knowledge）和默会型知识（Tacit Knowledge）的类型划分，认为创业机会也可分为编码型机会（Codified Opportunity）和默会型机会（Tacit Opportunity）两类，前者是能够明确记录、阐释或沟通的“手段—目的”关系，后者是难以编码、阐释或沟通的“手段—目的”关系，利用 PSED 项目数据的实证分析发现与默会型机会相比，编码型机会更为普遍，系统搜寻是发现编码型机会的主要手段，而默会型机会往往是偶然发现的结果，并通过典型个案分析发现先前知识是发现默会型而非编码型机会的关键[②]。与之相呼应的是，有学者进一步将机会发现过程与机会创新程度相联系，尽管没有发现明确的匹配关系，但结果显示系统搜寻发现的创业机会的创新程度较偶然或运气发现的更高[③]。这些研究虽然仍具有较强的探测性，但意味着学者们已开始从机会发现过程的一般性分析转变到挖掘机会类型与发现过程匹配关系，探索和解释为什么不同类型的机会导致以及如何引发不同类型的发现过程是未来研究的重点方向。

---

① Kaish, S., Gilad, B. Characteristics of opportunities search of entrepreneurs versus executives: Sources, interest, and general alertness. Journal of Business Venturing, 1991, Vol. 6, Issue 1: 38.

② Smith, B. The search for and discovery of different types of entrepreneurial opportunities: The effects of tacitness and codification. In: Zahra, S.A., et al., eds. Frontiers of Entrepreneurship Research. Wellesley, MA: Babson College, 2005.

③ Dahlqvist, J., Chandler, G.N., Davidsson, P. Patterns of search and the newness of venture ideas. In: Zahra, S.A., et al., eds. Frontiers of Entrepreneurship Research. Wellesley, MA: Babson College, 2004.

第二，挖掘了机会发现过程对创建过程的影响。早期研究片面地假设发现机会是创业活动得以展开的必要条件，过分注重机会发现过程本身的影响因素和内在规律研究，忽视了不同机会发现过程对后续新企业创建过程的影响机制，到目前为止，已有少数研究做出了这方面的尝试。在其中，麦海士·毕海伍（Mahesh Bhave）较早地关注了这个问题。基于对 27 项创业活动的深入分析，他将创业过程分为外部激励型和内部刺激型两类，认为两者的本质区别是机会发现过程不同，前者始于决定创业的决策，涉及对不同创业机会选择的系统搜寻过程；后者始于识别可解决并且有价值的现实问题的偶然发现，涉及对既定创业机会的评价。尽管他并没有发现两者在新企业创建阶段所表现出行为特征的显著差异，但他仍明确指出后续研究应注重考察机会发现过程对后续新企业创建过程的作用机制[①]。

借鉴毕海伍的分类，后续研究试图识别内部刺激型和外部刺激型机会发现过程与成功创建新企业可能性之间的内在联系，利用 PSED 数据的实证分析结果并没有发现两者之间存在着显著差异，也没有发现两者对新企业未来预期收入的影响[②]。但是，同样基于美国 PSED 数据，另一项研究却发现偶然发现机会的创业者（探索更少机会、坚持同一机会而非改变它、以及机会萌发于特定产业内工作经验）成功创办新企业的可能性更高，在 12 个月和 36 个月之后维持新企业运营的几率也更高。有趣的是，盖伦·钱德勒（Gaylen N. Chandler）等学者却发现，经由预应性搜寻的创意能较经由反应性搜寻或偶然发现的创意更快的付诸实践，在 18 个月之后，两者的生存率并没有显著差异，但是基于预应性搜寻的新企业的销售和利润表现更强[③]。可见，现有研究结论之间的矛盾非常突出，但可以明确的是，创业机会异质性对创业过程有着较强的作用关系，这意味着，未来研究需要进一步探索机会分类方式，并以此为基础来分析机会发现过程特征及其对后续创建过程的影响。

第三，试图勾勒创建过程的一般特征。2001 年，萨拉思·萨拉瓦蒂（Saras Sarasvathy）从理论层面区分了目标导向过程（Causation）和手段

---

① Bhave, R.A. A process model of entrepreneurial venture creation. Journal of Business Venturing, 1994, Vol. 9, Issue 3: 223~242.

② Hills, G.E., Lumpkin, G.T., Baltrusaityte, J. Opportunity recognition: Examining search formality, search process and the impact on firm founding. Paper presented at the Babson College/Kauffman Foundation Entrepreneurship Research Conference, Strathclyde, Scotland, 2004.

③ Chandler, G. N., Dahlqvist, J., Davidsson, P. Opportunity recognition processes: A taxonomy and longitudinal outcomes. Paper presented at Academy of Management Meeting. Seattle, U.S.A, 2003.

导向过程（Effectuation）两种类型，前者遵循规范的分析、计划、实施、控制的线性过程，聚焦于在目标是给定的条件下选择达成该目标的最佳手段；后者遵循因果倒置逻辑的非线性过程，聚焦于在手段是给定的条件下选择可能达成的最佳目标，实证研究发现成功创业者更接近于手段导向过程[①]。一些研究试图采纳归纳逻辑去勾勒有利于新企业诞生的创建过程特征，基本发现是新企业创建是线性过程与非线性过程交织的复杂活动过程。例如，廖建文（Liao Jianwen）和哈罗德·威尔斯（Harold Welsch）于 2002 年从复杂理论视角出发考察了创建过程的特征，发现孕育活动的线性叠加能提高成功创建新企业的可能性，但却非常难以识别创建过程的阶段性发展历程，存在着十余种彼此矛盾的行为顺序，他们认为大约 40%的创建过程更倾向于线性特征，剩余的非线性特征更加突出[②]。2003 年，弗雷德里克·德尔玛（Frédéric Delmar）和谢恩利用瑞典 17 位专家型创业者提出的创建过程活动顺序和流程为基本标准（线性过程），利用瑞典 PSED 数据分析了偏离规范流程的程度给新企业销售获取时间和销售额水平带来的影响，他们发现实施的活动越多，偏离标准活动顺序的负面影响就越大[③]。后续研究进一步发现与非线性创建过程相比，线性创建过程以在较长时间区间内按部就班的实施着孕育活动为特征，有趣的是，在创建努力开始与接近尾声时，总会有一股间断性的活动打破线性创建过程，也就是说，遵循线性创建过程的创业者会适时利用步伐调整策略来激发后续创业努力的顺利展开，从而提高创业成功的可能性，尽管研究发现线性和非线性创建过程之间存在着活动顺序不同，但却并没有发现两者在创建成功率方面存在显著差异[④]。

另一些研究采纳演绎逻辑，尝试挖掘创建过程所遵循的内在逻辑。德尔玛和谢恩以制度理论为基础，认为优先开展谋求新企业合法性的活动能有效推动其他孕育活动的开展，从而提升新企业创建成功率，并能降低新企业在前 30 个月内解散或倒闭的风险，基于 PSED 数据的其他研

① Sarasvathy, S.D. Causation and effectuation: Toward a theoretical shift from economic inevitability to entrepreneurial contingency. Academy of Management Review, 2001, Vol. 26, Issue 2: 243~263.

② Liao, J., Welsch, H. The temporal patterns of venture creation process: An exploratory study. In: Bygrave, W., et al., eds. Frontiers of Entrepreneurship Research, Wellesley, MA: Babson College, 2002.

③ Delmar, F., Shane, S. Does the order of organizing activities matter for new venture performance. In: Reynolds, R.D., et al., eds. Frontiers of Entrepreneurship Research, Wellesley, MA: Babson College, 2003.

④ Lichtenstein, B.B., Dooley, K.J., Lumpkin, G.T. Measuring emergence in the dynamics of new venture creation. Journal of Business Venturing, 2006, Vol. 21, Issue 2: 153~175.

究也认为，创建过程的最佳活动顺序应该以为新企业获取合法性为重点展开[①]。另一些研究也发现在新企业创建过程中，创业者积极实施有助于赢得创业合法性的活动而非单纯依赖创业初期的资源禀赋更有助于新企业的成功创建[②]。可见，创建过程是组织活动过程而非离散事件，是存在内在规律而并非混沌无序的复杂过程，其复杂性表现为个体间创建过程因情境和初始条件不同而表现出的差异以及个体创建过程中线性与非线性过程的交织。这意味着，应在进一步提炼创建过程线性与非线性过程交织内涵的基础上，考察情境因素和初始条件对创建过程的影响关系和作用机制。

第四，挖掘了创建过程特征与后续产出的内在联系。总体来看，研究仍处于探索阶段，结论之间的矛盾比较突出。目前主要集中于对撰写商业计划价值的探讨，但并没有取得一致的结论。一些研究认为撰写商业计划能够提升新企业创建成功率改善新企业初期绩效，谢恩和德尔玛以目标设定理论为基础，发现在开展营销和促销活动之前撰写商业计划能够提高创业者的行动质量，降低新企业流产的风险，甚至有利于新企业的后续发展[③]；另一些研究认为它与新企业创建成功之间没有关系，本森·洪尼格（Benson Honig）和托马斯·卡尔森（Tomas Karlsson）发现撰写商业计划仅是创业者应对外部利益相关者需求来谋求合法性的手段，与新企业创建成功率乃至初期绩效之间没有任何联系[④]；还有一些研究认为撰写商业计划对新企业创建成功率的贡献取决于创业情境，廖建文和加特纳发现在财务和竞争不确定性较高的条件下，越早准备商业计划越有利，而在财务和竞争不确定性较低时，越晚准备商业计划越有利[⑤]。

可见，创建过程特征影响着新企业创建的成功率，甚至有可能决定着新企业的后续绩效表现，这已引起了学者们重视并开始探索其内在规

① Delmar, F., Shane, S. Legitimizing first: Organizing activities and the survival of new ventures. Journal of Business Venturing, 2004, Vol. 19, Issue 3: 385~410.

② Tornikoski, E.T., Newbert, S.L. Exploring the determinants of organizational emergence: A legitimacy perspective. Journal of Business Venturing, 2007, Vol. 22, Issue 2: 311~335.

③ Shane, S., Delmar, F. Planning for the market: Business planning before marketing and the continuation of organizing efforts. Journal of Business Venturing, 2004, Vol. 19, Issue 6: 767~785.

④ Honig, B., Karlsson, T. Institutional forces and the written business plan. Journal of Management, 2004, Vol. 30, Issue 1: 29~48.

⑤ Liao, J., Gartner, W.B. The effects of pre-venture plan timing and perceived environmental uncertainty on the persistence of emerging firms. Small Business Economics, 2006, Vol. 27, Issue 1: 23~40.

律和机理。但是，现有研究并没有考虑创业者、创业机会以及情境因素对创建过程与后续产出之间内在联系的影响，这可能是导致研究难以谋求一致性结论的原因。目前，在这方面已有少量研究，较有代表性的是迈克尔·萨缪尔森（Michael Samuelsson）有关创新性机会和模仿性机会的最佳创建过程差异的阐述、维罗尼卡·古斯塔夫（Veronica Gustafsson）有关新手型创业者和专家型创业者在创建过程中不同的决策和行为模式的探讨、以及马丁·吕夫（Martin Ruef）对于环境不确定性、战略和结构三个情境因素对创建过程影响关系的分析等。但是，现有研究仍相当匮乏，有待后续研究的进一步探索。

第五，在创业过程影响因素层面，学者们集中于阐述人力资本、社会资本、财务资本、成长愿望、机会成本等个体层面因素对新企业初期绩效的影响。其中，廖建文和威尔斯发现尽管创业者社会资本并不比非创业者高，但是，创业者却更善于实现社会资本不同维度之间的转化，从而谋求成功创建新企业，具体而言，创业者往往将结构资本转化为关系资本，从而最终转变为认知资本，在这个过程中，创业者能够最大限度地获取外部资源与信息支持[①]。加文·卡斯（Gavin Cassar）考察了机会成本与成长愿望之间的关系，发现创业者个体或团队实施创业的机会成本越高，创业者个体或团队的成长愿望就越强，新企业成长速度与成长表现也越好[②]。另一些研究发现创业者在先前岗位中获得的有关建立关系网络、雇用员工、与供应商和顾客打交道等方面的经验对于成功创建新企业至关重要[③]。尽管先前研究已从不同角度挖掘了影响因素与成功创建新企业之间的内在联系，未来研究仍应注重挖掘影响因素对创业过程中不同行动/活动之间的影响关系，从而最终决定创建成功的可能性，这有助于我们从更微观的角度把握影响因素、创业行为与创业成败之间的复杂联系。

依据以上论述不难发现，与20世纪90年代相比，过程视角下的创业研究已取得了很大进步，研究视角更加微观，更注重创业过程的连续性，不仅致力于归纳新企业生成之前的机会发现与创建过程特征，并且

---

① Liao, J., Welsch, H. Roles of social capital in venture creation: Key dimensions and research implications. Journal of Small Business Management, 2005, Vol. 43, Issue 4: 345~362.

② Cassar, G. Entrepreneur opportunity cost and intended venture growth. Journal of Business Venturing, 2006, Vol. 21, Issue 5: 610~632.

③ Gimemo, J., Folta, T.B., Cooper, A.C., et al. Survival or the fittest? Entrepreneurial human capital and the persistence of under performing firms. Administrative Science Quarterly, 1997, Vol. 42, Issue 3: 750~783.

进一步强调挖掘创业过程中不同阶段之间的内在作用机理，探测出了一系列值得进一步挖掘的研究主题。其中，创业者特征、机会性质与创业行为之间的互动关系对新企业初期绩效的作用关系已成为过程视角下创业研究未来努力的重点方向，这构成了本研究所依托的重要理论情境。

尽管以上论述已从研究结论角度梳理并评述了过程视角下的创业研究现状，但是，却并没有从理论自身发展角度去澄清过程视角下创业研究所处的发展阶段以及未来发展趋势。事实上，在文献研究的基础上阐述这个关键问题，不仅有助于本研究在识别所依托理论情境的基础上谋求准确的研究定位，而且有助于依托前人研究成果规划恰当的研究设计思路，从而能将本研究与先前研究以及未来趋势之间有效衔接起来。

三、过程视角下创业研究的发展趋势

为了进一步明确本研究在过程视角下创业研究社区中的定位，规划与过程视角下创业研究发展趋势相一致的研究设计思路，本研究选择公开发表的过程视角下的创业研究文献为分析对象，对所选择文献进行了编码统计分析，识别过程视角下创业研究所处的发展阶段与趋势。具体而言，在文献选择的时间跨度层面，鉴于创业学者基本认同 1988 年加特纳发表的论著标志着创业研究从关注创业者特质转向挖掘创业行为与过程的转折点，本研究将文献搜索时间跨度界定为自 1988 年至今；在文献选择的空间跨度层面，本研究仅选择公开发表在《创业学杂志》（Journal of Business Venturing, JBV）、《创业理论与实践》（Entrepreneurship Theory and Practice, ETP）、《小企业管理杂志》（Journal of Small Business Management, JSBM）和《小企业经济》（Small Business Economics, SBE）等四个创业领域内顶级学术期刊中的文献，旨在识别过程视角下最高水平的创业研究成果。在文献的具体筛选方法层面，本研究借鉴相关研究采纳的 6 个步骤或标准来识别代表性的研究文献[①]：

（1）1988~2007 年间公开发表于 JBV、ETP、JSBM 与 SBE 中的文献。

（2）搜寻各顶级创业杂志相对应的数据库。

（3）所选择文献的标题或摘要中必须包括一个以上的主要关键词，以确保相关度。

① David, R.J., Han, S.K. A systematic assessment of the empirical support for transaction cost economics. Strategic Management Journal, 2004, Vol. 25, Issue 1: 39~58.

（4）通过阅读所选择文献的摘要，剔除关注点并非创业过程中新企业生成之前的阶段的文献。

（5）阅读所有剩余文献的全文以确保研究主题与研究内容的相关性。

（6）整合来自多个关键词搜索的研究并删除重复文献。

依据加特纳等学者对过程视角下创业研究关键概念的界定与阐述，本研究选择“创业过程（Entrepreneurial process）、新企业（New venture）、组织生成（Organizational Emergence）、潜在创业者（Nascent Entrepreneur）”等为主要搜索关键词，总共搜索出499篇符合查询条件的文献。在此基础上，进一步以摘要阅读与全文浏览为标准，总共找出了82篇符合研究条件的文献。此外，既然PSED项目极大地推动了组织生成过程研究的发展，本研究选择派·戴维森（Per Davidsson）所总结的依托PSED项目的23篇期刊论文作为补充文献来源，按照同样标准剔除了7篇不符合研究条件的文献，在剩余15篇文献中，有10篇与上述文献重合，最终增加了5篇发表于其他顶级学术杂志的文献，结合两个数据来源，最终进入分析的文献数量为87篇，见表2.2。

表2.2　所选择文献的分布情况

查询条件（标题\摘要\关键词）	符合研究标准的文献				符合查询条件的文献			
	JBV	ETP	JSBM	SBE	JBV	ETP	JSBM	SBE
Entrepreneurial Process	15	4	0	8	104	12	1	21
Organizational Emergence	4	5	0	0	6	5	0	0
New Venture	24	12	0	7	216	59	18	28
Nascent entrepreneur	9	4	3	6	9	4	3	13
最终的有效文献	38	25	3	16	335	80	22	62
合计	82				499			
Davidsson（2005）	5				15			
总计	87				504			

资料来源：本研究整理。

紧接着，仔细阅读所选定的研究文献，围绕以下几项内容对文献进行编码处理：（1）发表时间；（2）发表来源；（3）文献类型；（4）实证文献类型；（5）理论文献类型；（6）研究主题。需要说明的是，本研究将实证研究划分为理论驱动型和现象描述型，其中，理论驱动型的特征是采纳一种或多种成熟理论为分析框架，提出并验证基于特定理论视角的研究假设，直观来看，文章中会出现理论（Theory）、理论推导

（Theoretical development）、理论框架（Theoretical framework）、概念推导（Conceptual development）等章节；现象描述型则并不注重引入成熟理论视角来解释组织生成过程，重点在于通过对实证材料的处理与分析来描述、归纳或总结组织生成现象。对于研究主题而言，本研究划分出创业者相关问题、创业机会性质与属性、机会识别、创建过程规律、创业行为及其后续影响、创业过程影响因素、创业过程性质描述与概念化、研究范式与方法等8个主题，分别对应创业过程的不同阶段：创业者相关问题、创业机会性质与属性以及机会识别等处于创业初期的概念阶段，对应机会识别与评价问题；创建过程规律、创业行为及其后续影响、创业过程影响因素和创业过程性质描述与概念化处于孕育和生存阶段，在概念上属于机会开发过程。利用对所选择文献的统计分析，本研究发现：

第一，从理论研究与实证研究的分布看，实证研究数量远远超过理论研究，分别为59篇（67.8%）与28篇（32.2%），但在不同时间段，论文类型分布则存在着显著性差异：在1988~1992年间，理论研究占据主导地位，而实证研究则占据次要地位；在1993~1997年间，实证研究数量开始略微超过理论研究数量，直到最近，实证研究才开始占据绝对优势地位，见表2.3。

表2.3 理论研究与实证研究的分布情况

年份	理论研究	实证研究	均值	F值
1988~1992	10（62.5%）	6（37.5%）	1.59	3.261（P<0.05）
1993~1997	6（60.0%）	9（40.0%）	1.40	
1998~2002	3（27.3%）	8（72.7%）	1.27	
2003~2007	9（20.0%）	36（80.0%）	1.20	
合计	28（32.2%）	59（67.8%）	1.32	

资料来源：本研究整理。

换句话说，在过程视角下创业研究兴起之初，研究聚焦于从理论层面探讨创业过程的概念，挖掘有解释潜力的理论视角。随着来自于理论探讨的知识积累，实证研究随之出现，并开始占据主导地位，但在长达15年的理论与实证研究探索之后，实证研究才开始取得实质性进展，在2003~2007年间，数量迅猛增长并占据绝对优势地位。这意味着学者们已超越了描述创业过程轮廓阶段，致力于从理论层面解释创业过程，着手于积累实证知识，目的在于挖掘创业过程中现有理论所不能解释的空间。

第二，从实证研究类型的分布情况看，过程视角下的创业研究研究仍偏向于通过现象描述研究来积累知识（均值为 1.68，高于 1.50），但理论驱动研究已经开始受到重视，占据所有实证研究的 32.2%。从时间趋势上看，在研究兴起之初，现象描述是知识创造的主要途径，所占比例高达 93.3%，随着时间推移，理论驱动研究开始受到重视，并表现出迅猛增长的势头（从 6.7%飙升到 40.9%），见表 2.4。

表 2.4　实证研究类型的分布情况

年份	现象描述	理论驱动	均值	F 值
1988~1997	14（93.3%）	1（6.7%）	1.93	6.464（P<0.05）
1998~2007	26（59.1%）	18（40.9%）	1.59	
合计	40（67.8%）	19（32.2%）	1.68	

资料来源：本研究整理。

这意味着，过程视角下的创业研究仍处于成长阶段，处于新兴领域（现象描述来创造知识）与成熟领域（理论驱动来创造知识）之间的中间状态，学者们在积极探索各种成熟理论对创业现象的解释力度，但并没有形成可用于解释创业过程的公认理论视角，对于什么样的理论最有潜力解释并预测创业过程并没有达成共识，在 19 篇理论驱动型研究中，竟然出现了 13 种理论视角，在其中，仅有资源基础理论、社会资本理论以及制度理论的出现频率超过了 2 次。由于缺乏共同的知识基础，实证研究难以将研究发现在空间维度扩散，讨论研究结果对于其他成熟理论的启示与贡献，也不能在时间维度得到检验，导致了研究成果之间的高度矛盾。

第三，从研究主题的时间分布上看，过程视角下创业研究所关注的主题已发生了显著性变化：在 1988~1997 年间，学者们更重视创建过程规律，即刻画描述新企业创建过程的一般规律；更重视创业过程性质描述与概念化，即强调凝练创业过程的特征以及识别创业过程的理论模型，更关注研究范式与方法的讨论，即重视探索创业过程研究的内在逻辑与方法选择；相比较而言，从 1998 年至今，学者们更关注创业机会（创业机会性质与属性以及机会识别）、创业行为及其后续影响、创业过程影响因素。特别值得一提的是，创业者相关问题始终是过程视角下创业研究关注的热点，见表 2.5。

表 2.5 研究主题的时间分布

研究主题	实际分布		期望分布	
	1988~1997	1998~2007	1988~1997	1998~2007
创业者相关问题	5（35.7%）	9（64.3%）	5	9
创业机会性质与属性	0（0.0%）	3（100.0%）	1.1	1.9
机会识别	1（20.0%）	4（80.0%）	1.8	3.2
生成过程规律	11（57.9%）	8（42.1%）	6.8	12.2
创业行为及其后续影响	2（13.3%）	13（86.7%）	5.3	9.7
创业过程性质描述与概念化	7（70.0%）	3（30.0%）	3.6	6.4
研究范式与方法	3（75.0%）	1（25.0%）	1.4	2.6
创业过程影响因素	2（11.8%）	15（88.2%）	6.1	11.9
X^2	21.626（P<0.01）			

资料来源：本研究整理。

进一步区分理论研究和实证研究发现：在 1988~1997 年间，理论研究更注重围绕组织生成过程研究的概念、方法与理论探讨（创业过程性质描述与概念化、研究范式与方法和生成过程规律）；而从 1998 年至今，除了研究范式与方法以及创业过程性质描述与概念化之外，实证研究几乎同时关注了剩余的 5 个主题，分布之间并没有显著性差异。也就是说，在研究兴起之初，研究主题聚焦于概念、理论和方法层面的讨论，而随着时间推移，实证研究相继涌现并围绕多个主题相继展开，试图挖掘创业过程的不同侧面。

以上论述表明，过程视角下的创业研究已将研究方向从描述创业过程转变为依托特定理论视角来解释并预测创业现象，识别创业过程中的行为活动规律。在早期实证研究中，几乎没有任何有关理论基础的讨论，也没有提出和检验具体的假设，引言和方法部分往往替换为先前文献回顾，研究标题也直接表明它们以探索性、事实发现或描述为主，目的在于探寻过程视角下的实证研究途径。2000 年以后，研究进入了转折点，理论驱动研究开始出现，研究开始注重在细致的理论或概念推导的基础上提出并检验具体假设，诸如人力资本、社会资本、合法性、制度压力等来自成熟理论领域的关键概念开始出现于过程视角下的研究之中。

与此同时，过程视角下创业研究正朝向规划独特研究设计方向努力，并已经初具成效。学者们逐渐认同动态跟踪调查是从行为层面探索创业过程内在规律的必要手段。与之相呼应，在 1998 年以后，PSED 项目成为实证研究的主要数据来源（总共 20 篇，占 33.9%），纵向研究开始受到重视（总共 20 篇，占 33.9%）。尽管仍在完善当中，依托 PSED 项目的动态跟踪设计已逐渐成为研究组织生成过程研究的主导范式，与之相匹配的事件史分析（History event analysis）、时间序列分析等数据处理手段也在实证研究之中流行起来。

综上所述，过程视角下的创业研究处于从新兴领域向成熟领域过渡的阶段，从发展趋势上看，各种理论与方法正在被用于解释创业现象，有关创业者特征、机会识别、创业行为及其后续影响、创业过程影响因素等主题的文献快速增长，是学者们正在努力探索的热点问题。这对本研究的启示是，在过程视角下的创业研究领域，创业者特征、机会性质、创业行为之间的互动关系对新企业初期绩效的作用关系已成为亟待解决的关键问题，研究重点在于引入特定的理论视角去解释并预测它们之间可能存在的作用机制，但目前并没有形成彼此公认的理论视角。从这一点出发，本研究为什么选择社会资本理论而非其它理论视角来阐述这个问题，就成为必须给予明确回答的重要问题。为此，本研究将在评述有关社会资本与创业关系研究的基础上，一方面明确阐述理论基础的选择依据，另一方面探寻已有研究的不足与缺陷，进而导出本研究的切入点。

第二节　社会资本与创业关系研究

20 世纪 80 年代中期，基于经济社会学领域的复苏，学者开始质疑“作为经济主体，创业者是孤立的，创业过程也不同于其他社会现象”的观点，认为将创业者视为原子式实体并不能把握创业过程的本质，事实上，创业者在所嵌入社会网络中的位置、所处的网络结构以及与之相联系的其他主体共同促进或制约着其创业活动[①]。随之而来的是，社会资本视角下的创业研究开始出现，并迅速成长为有助于解释复杂创业现象的重要理论视角。其基本假设是，创业是既是经济活动过程，也是一项社会活动过程，它嵌入与社会、政治与文化情境之中。因此，创业者不能被简单视为孤立隔绝、完全自主的决策者，而是嵌入社会结构的行为主体，创业者在社会网络中的位置可能促进，也可能阻碍创业活动的实

① Granovetter, M. Economic action and social structure: The problem of embeddedness. American Journal of Sociology, 1985, Vol. 91, Issue 3: 481~510.

施[1]。概括起来，有关社会资本与创业关系的研究大致涉及以下三个研究主题。

一、社会资本与创业机会

机会发现是创业活动得以发生的必要条件，是创业领域长期关注的重点问题。学者们基本认同创业机会发现取决于两个必要条件：第一，个体获取承载创业机会的信息；第二，个体合理解读这些信息并识别其中蕴含的经济价值[2]。但是，对于机会发现方式，学者们却有着不同的理解，其中，认知学派和奥地利学派的观点最具有代表性。认知学派认为创业机会发现是个体有意识的系统搜集、处理并识别信息价值的过程[3]，并将创业机会发现归结为个体卓越的信息处理能力、搜寻技术或扫描行动[4]。奥地利学派对此提出了质疑，认为个体不可能搜寻创业机会，因为“在被发现之前，创业机会是未知的”，个体并不能去找寻他不知道是否存在的东西[5]，相反，个体往往通过识别偶然获取的新信息价值来发现机会。

事实上，认知学派与奥地利学派观点的本质差别在于对机会发现两个必要条件相对重要性的理解不同，认知学派认为创业机会发现的关键在于个体信息解读能力，因为任何个体都可以通过系统搜寻来获取相关的信息；而奥地利学派则认为信息获取质量与获取能力是创业机会发现的关键，因为个体因其创业警觉能够敏锐把握承载创业机会的有价值信息[6]。从目前来看，偶然发现而非系统搜寻已逐渐得到主流研究的认同，也就是说，与信息解读能力相比，获取有价值的高质量信息对于机会发现过程而言更加关键。

这意味着，社会资本理论对机会发现过程有着较好的解释潜力，因为社会资本理论已经指出个体在其社会关系网络中的位置以及所处网络

---

① Aldrich, H.E., Zimmer, C. Entrepreneurship through social networks. In: Sexton, D.L., Smilor, R.W., eds. The Art and Science of Entrepreneurship (pp.14). Acta Universitatis Upsaliensis, Uppsala, 1986.

② Shane, S. Prior knowledge and the discovery of entrepreneurial opportunities. Organizational Science, 2000, Vol. 11, Issue 4: 448~469.

③ Herron, G., Shrader, R. The entrepreneur and initiation of new venture launch activities. Entrepreneurship Theory and Practice, 1992, Vol. 17, Issue 1: 49~55.

④ Shaver, K.G., Scott, L.R. Person, process, choice: The psychology of new venture creation. Entrepreneurship Theory and Practice, 1991, Vol. 16, Issue 2: 23~45.

⑤ Kaish, S., Gilad, B. Characteristics of opportunities search of entrepreneurs versus executives: Sources, interest, and general alertness. Journal of Business Venturing, 1991, Vol. 6, Issue 1: 38.

⑥ Kirzner, I. Competition and Entrepreneurship. Chicago: University of Chicago Press, 1973.

关系的结构在很大程度上决定着其所能接触到的信息价值。与之相呼应，研究发现社会关系网络是承载创业机会信息的重要来源，大约50%创业者往往在与人交往过程中获取承载机会信息从而萌发了新企业创意[①]。更为重要的是，从创意到机会的转变过程中，先前知识和创意评价信息非常重要，而使用网络关系是获取有关降低机会风险信息的重要来源[②]。

目前，已有研究已经充分考察了关系强度、网络规模、个体所处的网络位置等社会资本构成特征与个体发现机会可能性之间的关系，基本观点是个体网络规模越大，弱关系和结构洞数量越多，个体就越容易发现有价值的创业机会。在关系强度层面，研究继承格拉诺维特有关"弱关系优势"的讨论，认为弱关系纽带是异质性信息的主要来源，而来自于强关系纽带的往往是没有价值的冗余信息，也就是说，弱关系而非强关系是承载创业机会信息的重要来源，相应地，罗伯特·西格（Robert P. Singh）的研究发现在信息技术产业，具备弱关系的创业者在12个月内较那些不具备此关系的创业者能识别到更多的机会[③]。

在网络规模层面，研究认为个体网络规模越大，所接触的联系人越多，获取的信息量也就越大，从而更容易发现创业机会。杰拉德·西尔斯（Gerald E. Hills）等学者的调查研究也发现，具备网络规模更高创业者能够发现更多的创业机会，并且创业者关系网络中联系人的质量能够影响创业者对机会的敏感度与创造性[④]。在个体所处的网络位置层面，博特详细阐述了创业者机会发现与网络结构之间的关系。他指出，在网络中具备更多结构洞的创业者成功识别机会的可能性更高，因为他们处于网络中心，位置良好并能操纵网络结构，从而更容易产生出高价值信息。因此，在网络中处于不连接主体之间的个体就更容易产生具有创造性和价值的商业创意[⑤]。与之相呼应，帕·阿瑞鲁斯（Pia Arenius）考察

---

① Hills, G., Lumpkin, G.T., Singh, R.P. Opportunity recognition: Perceptions and behaviors of entrepreneurs. In: Frontiers of Entrepreneurship Research (pp. 203~218). Wellesley, MA : Babson College, 1997.

② Fiet, J.O. The informational basis of entrepreneurial discovery. Small Business Economics, 1996, Vol. 8, Issue 6: 419~430.

③ Singh, R. Entrepreneurial opportunity recognition through social network. Doctoral Dissertation, University of Illinois at Chicago, U.S.A., 1998.

④ Hills, G., Lumpkin, G.T., Singh, R.P. Opportunity recognition: Perceptions and behaviors of entrepreneurs. In: Frontiers of Entrepreneurship Research (pp. 203~218). Wellesley, MA : Babson College, 1997.

⑤ Burt, R.S. Structural holes: The social structure of competition. Cambridge: Harvard University Press, 1992.

了社会资本与机会识别可能性的关系，他认为社会资本性质而非高低才是决定机会发现潜力的关键因素。借用博特和科尔曼的社会资本理论观点，形成了有关社会资本构成特征与机会感知水平的两个竞争性假设，结果证实了博特的结构洞理论，即个体所嵌入的网络结构越松散就越容易感知机会①。

总体来看，现有研究已经反复论证了社会网络对于创业者机会识别的促进作用，网络结构特征已经被公认为决定创业者机会发现可能性的重要变量②。事实上，并非所有机会都是相同的，并且个体更容易发现特定机会而非其他机会③，学者们已开始注重对创业机会进行合理类型划分的基础上识别机会类型与发现过程的匹配关系。但在社会资本与创业机会关系主题下，研究仍停留于对社会资本与机会发现可能性之间关系的讨论，并没有进一步挖掘个体社会资本构成特征与所发现机会特征之间的匹配关系，这一点尚未引起学者们的重视。

二、社会资本与创业资源

创业是不拘泥于当前资源约束条件下的机会识别与把握的行为过程。创业者往往不可能掌控开发机会价值所必需的全部资源，在创业过程中，创业者最核心的任务就是获取、动用并配置资源④。

但是，两个因素加剧了创业者通过正规渠道从资源持有者那里获取资源的难度。第一个因素是未来前景的不确定性，未来前景的不确定性在某种程度上说来自于新企业缺乏绩效记录从而难以借助于可观测历史来评价其质量的事实，换句话说，资源持有者难以获取足够可信的信息来评价创业活动的潜力⑤。更为重要的是，对于面向新技术商业化的创业活动而言，其未来前景的不确定性就更高⑥。它首先需要投入大量资源来实施探索性研发项目，所期待的收入和盈利可能存在于非常遥远的

---

① Arenius, P., Clercq, D.D. A network-based approach on opportunity recognition. Small Business Economics, 2005, Vol. 24, Issue 3: 249~265.

② Ardichivili, A., Cardozo, R., Ray, S. A theory of entrepreneurial opportunity identification and development. Journal of Business Venturing, 2003, Vol. 18, Issue 1: 105~123.

③ Sarasvathy, S., Dew, N., Velamuri, R., et al. Three views of entrepreneurial opportunity. In: Acs. Z.J., Audretsch, D. B., eds. Handbook of Entrepreneurship Research, Dordrecht, and NL: Kluwer, 2003.

④ Garnsey, E. A theory of the early growth of the firm. Industrial and Corporate Change, 2003, Vol. 7, Issue 3: 523~556.

⑤ Arrow, K. The limits of organization. New York: W.W. Norton, 1974.

⑥ Aldrich, H.E., Fiol, M. Fools rush in? The institutional context of industry creation. Academy of Management Review, 1994, Vol. 19, Issue 4: 645~670.

未来，并且新技术与生俱来的不可预测性进一步加剧了未来不确定性程度。因此，资源持有者往往难以对创业活动的价值、投资水平以及回收周期在事前作出非常有效的评价，所以在进行面向创业者投资的决策时往往会犹豫不决。第二个因素是信息不对称，相对于资源持有者，创业者掌握着更多的有关创业前景及其团队能力和承诺水平的信息，并且，为了保护机会的潜在价值，创业者往往不会向资源持有者完全暴露相关信息。更为重要的是，创业者可能会利用信息不对称从事投机行为，比如夸大创业的前景、刻意隐瞒技术商业化过程中的关键难题等，这就意味着如果做出资源投资决策，资源持有者就必然要承担信息不对称所带来的额外风险，从而抑制资源持有者的投资动机。

以上两个因素的交互作用就导致了这样的现实，创业者往往利用其社会关系来获取其所必需的外部资源，而资源持有者也更乐意将资源投资给其熟悉或了解的创业者。利用社会关系网络，创业者不仅能以更低的成本获得资源，而且能获取其他人难以获取的稀缺资源[①]，基于中国情境的研究发现资金、首份订单、咨询和建议、核心员工等关键资源都主要来自于创业者的人际关系网络[②]。

但是，超越创业资源主要来自于社会网络的基本共识，学者们对于什么样的网络更有助于带来创业资源就存在着不同的理解。有的研究认为，以强关系为主要成分的紧密型网络更有助于创业者获取资源，即创业者所动用的关系强度越高，就越容易获得相关信息和资源支持[③]。例如，在对风险资本家与创业者关系的研究中，谢恩和丹尼尔·凯布尔（Daniel Cable）发现风险资本家与创业者的关系强度以及创业者声望在其赢得风险资本家资助过程中扮演着重要角色，风险资本家往往倾向于选择强关系创业者作为投资对象，对于其他创业者，风险资本家也会利用其社会关系来搜集其声望信息，从而最终做出投资决策[④]。另一项针对中国创业者与风险资本家关系的近期研究也发现了类似的结论，发现创业者与风险资本家之间存在的社会资本对风险资本家的投资决策起到

① Hansen, E. Entrepreneurial networks and new organization growth. Entrepreneurship Theory and Practice, 1995, Vol. 19, Issue 4: 7~19.

② 边燕杰. 网络脱生：创业过程的社会学分析. 社会学研究. 2006, 6: 74~88.

③ Aldrich, H.E., Reese, P.R. Does networking pay off? A panel study of entrepreneurs in the research triangle. In: Churchill, N.S., et al., eds. Frontiers of Entrepreneurship Research (pp. 325~339), Wellesley, MA: Babson College, 1993.

④ Shane, S., Cable, D. Network ties, reputation, and the financing of new ventures. Management Science, 2002, Vol. 48, Issue 3: 364~381.

了正向调节作用①。另一些研究则认为，以弱关系为主的松散网络结构更有助于创业者获取资源，因为结构松散的网络能够促进创业者更广泛地搜寻关键资产持有者，从而有助于创业者获取资金、生产知识、互补性技术和销售渠道等关键资源②。

事实上，资源获取并非是目的，而是创业者开发机会价值的必要手段，单纯刻画不同资源的整合途径可能会陷入难以穷尽的困境。换言之，较挖掘社会资本与资源获取之间的关系而言，从行为层面构建、验证并比较“社会资本→资源获取→创业绩效”的作用关系链条更有助于识别创业者如何利用社会资本获取资源从而收获创业绩效的本质规律。更为重要的是，创业机会不同，机会开发过程也各不一样③。作为机会开发活动的重要环节，资源整合途径和方式也会因为机会不同而存在差异，换句话说，机会性质决定着创业者需要整合什么样的资源，以及整合多少资源才能有效地开发创业机会价值，从而最终决定了创业者面向资源整合所利用的社会资本特征的差异。然而，有关社会资本与创业资源的研究没有探索机会特征对所利用社会资本特征与资源整合行动效果之间作用关系的影响。

三、社会资本与创业绩效

在社会资本视角下的创业研究兴起之初，社会资本与创业绩效的关系就是学者们竞相关注的热点问题。研究的基本观点是社会资本有助于创业活动的开展，并通过归纳“网络功能”阐述了社会资本促进创业绩效的三种机制④：（1）社会关系网络是获取信息的重要渠道，与来自于正式渠道的信息相比较，来自于网络关系的信息往往更有用处，可信度更高，具有独占性，冗余程度也更低。具体而言，弱关系往往是有价值信息的重要来源，因为这类信息往往来自于个体所不熟悉的社会领域，也就是说，既然创业者面临的主要任务是搜集相关信息来发现有价值的机会，那么，个体弱关系网络的规模越大，就越容易发现有价值的机会

① Batjargal, B., Liu, M. Entrepreneur's access to private equity in China: The role of social capital. Organization Science, 2004, Vol. 15, Issue 2: 159~172.

② Elfring, T., Hulsink, W. Networks in entrepreneurship: The case of high-technology firms. Small Business Economics, 2003, Vol. 21, Issue 4: 409~422.

③ Samuelsson, M. Creating new ventures: A longitudinal investigation of the nascent venturing process. Doctoral dissertation. Jönköping: Jönköping International Business School, Sweden, 2004.

④ Bruderl, J., Preisendorfer, P. Network support and the success of newly founded businesses. Small Business Economics, 1998, Vol. 10, Issue 3: 213~225.

从而更容易成功；（2）网络关系还能带来接触顾客和供应商的渠道。很显然，客户和供应商是创业成功的关键因素，创业者网络构成的多样化程度越高，就越容易从不同渠道去接触到顾客和供应商，更为重要的是，作为首位客户，亲人、朋友和熟人会在其自身网络中传递有关新企业的信息，从而给新企业带来更为广泛的客户和供应商资源，表现为所谓的滚雪球效应；（3）网络联系为拓宽新企业的融资基础提供了可能性。在创业过程中，来自于亲戚、朋友或熟人的资金支持非常关键，更为重要的是，新企业往往因为缺乏运营历史而难以从正规融资渠道那里获得信用，而在此时，社会网络就充当着为创业者提供非正式信用的功能，有助于创业者借助关系网络获得低成本的资金。

20世纪80年代末期以后，休·伯瑞利（Sue Birley）、霍华德·阿尔德瑞奇、贝吉特·约翰尼森（Bengt Johannisson）等学者开展的序列化研究迅速占据了主导地位，并在90年代中期形成了炙热的研究氛围。这类研究沿袭社会网络分析的传统，研究努力聚焦于持续探索对创业绩效更具有预测潜力的网络相关变量，从发展历程角度看，研究焦点呈现为从关注网络结构到网络活动，再到网络支持的递进式转变。

伯瑞利及其研究团队围绕网络规模、网络密度、网络多样性等网络结构特征对创业绩效和成败的作用关系开展了一系列的实证研究，但研究结论之间的矛盾非常突出。一些研究认为，网络结构变量有助于提升创业绩效。托恩·奥斯加德（Tone A. Ostgaard）和伯瑞利于1991年针对英国两个城市的159位创业者展开问卷调查，使用网络规模、网络多样性、网络密度等变量来考察创业者在创业过程中所利用社会网络的结构特征，统计分析发现，网络规模与雇员增长率之间存在正相关关系[①]；一些研究发现网络结构变量对创业绩效并没有影响，伯瑞利将创业者网络划分为正式网络（银行、会计师和律师）与非正式网络（家庭、朋友和商业联系人），尽管研究发现非正式网络是原材料、供应商、设备、雇员和订单等资源的主要来源，但却并没有发现网络结构（非正式网络与正式网络的构成比例）与创业绩效之间存在着显著性关系[②]；另一些研究结果却表明，网络结构变量与创业绩效之间存在着权变因素，调节着其作用关系。阿尔德瑞奇等人用网络规模、网络密度与网络资源可接近

① Ostgaard, T.A., Birley, S. New venture growth and personal networks. Journal of Business Research, 1996, Vol. 36, Issue 1: 37~50.

② Birley, S. The role of networks in the entrepreneurial process. Journal of Business Venturing, 1985, Vol. 1, Issue 1: 107~117.

性来衡量网络结构特征，发现在生存年限低于3年的新企业中，网络密度与其盈利水平之间存在着负相关关系，而网络资源可接近性则与盈利水平正相关；对于生存年限大于3年的新企业而言，仅发现了网络规模与盈利水平之间存在着正相关关系①。

到20世纪90年代初，以阿尔德瑞奇为代表的一大批学者对伯瑞利的研究设计提出了质疑，认为她过分局限于考察创业者所嵌入社会网络的一般性结构特征对创业绩效的影响。而这些社会网络的一般属性仅仅决定着社会网络为创业者提供的资源能力或潜力，只有创业者使用网络，网络才能发挥改善行为绩效的积极功能②。因此，他们认为应该从观测创业者网络活动，即创业者在创业过程中利用、建立或维持网络的活动特征来剖析网络与创业之间的关系，但令人遗憾的是，实证检验结果仍与理论阐述的初衷相背离。大部分研究并没有发现网络活动与创业绩效之间存在着联系。阿尔德瑞奇和他的学生以美国北加州创业者为研究对象，进行了两轮调查：第一次是从1990年到1991年之间的问卷调查（总共444份有效样本）；第二次是在2年后开展的电话访谈（总共281份有效样本）。他们采用创业者所使用的网络规模和用于建立和维持关系的时间来测量网络活动，但并没有发现网络活动与新企业2年后存活可能性以及销售增长之间存在着显著性关系③。仅有少量研究发现了网络活动对创业绩效的积极影响。埃里克·汉森（Eric L. Hansen）更细致地评价了创业者的网络活动特征，将其划分为活动网络规模（即联系对象的数量）、活动网络密度（即创业者与联系对象之间的关系强度）以及网络活动频率（即创业者与联系对象的沟通频率），通过对美国田纳西州的44个创业者的访谈问卷调查发现，活动网络规模及密度与创业绩效之间存在显著性关系④。

鉴于有关网络活动与创业绩效之间关系的探索并不尽如人意，20世

---

① Aldrich, H.E., Rosen, B., Woodward, W. The impact of social networks on business foundings and profit: A longitudinal study. In: Churchill, N.S., et al., eds. Frontiers of Entrepreneurship Research (pp. 154~168). Wellesley, MA : Babson College, 1987.

② Aldrich, H.E., Zimmer, C. Entrepreneurship through social networks. In: Sexton, D.L., Smilor, R.W., eds. The Art and Science of Entrepreneurship (pp.13~28). Acta Universitatis Upsaliensis, Uppsala, 1986.

③ Aldrich, H.E., Reese, P.R. Does networking pay off? A panel study of entrepreneurs in the research triangle. In: Churchill, N.S., et al., eds. Frontiers of Entrepreneurship Research (pp. 325~339), Wellesley, MA: Babson College, 1993.

④ Hansen, E. Entrepreneurial networks and new organization growth. Entrepreneurship Theory and Practice, 1995, Vol. 19, Issue 4: 7~19.

纪90年代后期，一些学者开始致力于量化创业者利用其社会网络所获得网络支持的数量和质量，并试图通过论证网络支持与创业绩效的关系来映射网络对创业的促进作用。其中，最具有代表性的是一项针对德国新企业的研究，它选择分别成立于1985年和1986年的1710家德国新企业为样本，发现创业者从其网络中获取的支持越大，就越容易赢得生存和销售增长，特别是来自家庭的情感支持对于创业有着显著性影响①。尽管这种思路的优势在于更贴近创业绩效，但它却误导后续研究陷入了反复论证社会关系网络对创业促进作用的怪圈，即在创业过程中，创业者社会网络扮演着重要角色，是创业必需信息和资源的重要来源，创业者从关系网络中获取的信息和资源支持水平越高，创业成功可能性越大，创业绩效表现也越好，最终导致了社会资本视角下的创业研究在经历90年代初期的飞速发展之后陷入停滞的基本事实②。

依据以上论述不难发现，尽管研究已在网络支持水平与创业绩效之间的正相关关系方面取得了相对一致的结论，但是，对于社会网络与创业绩效之间关系的结论尚不明朗。有的研究认为网络能够提升创业绩效，有的研究认为网络的作用尚不明确，而有的研究则发现网络并不能提升创业绩效。换句话说，超越网络支持水平与创业绩效正相关关系的共识，学者们并没有从更深层次上去解释创业者获取网络支持表现方面的差异从而导致创业绩效水平不同的原因。对此，可能存在着两种改进途径：

第一条路径是抛开网络支持水平与创业绩效之间正相关关系的基本发现，大胆判断网络与创业绩效之间可能并非是直接作用的线性关系，正如阿尔德瑞奇等人所指出的那样："与生活中的其它事物相同，黄金分割点可能位于中部"③，并在此基础上探索并验证可能存在的权变因素对网络与创业绩效之间的作用关系的调节作用模型，但到目前为止，这一点还没有引起学者们的足够重视。

第二条路径是以网络支持水平与创业绩效正相关的共识为出发点，进一步探索影响创业者获取网络支持表现差异的前因变量，构建并检验网络支持水平对前因变量与创业绩效之间关系的中介作用模型。在这里

① Bruderl, J., Preisendorfer, P. Network support and the success of newly founded businesses. Small Business Economics, 1998, Vol. 10, Issue 3: 213~225.

② Witt, P. Entrepreneurs' networks and the success of start-ups. Entrepreneurship and Regional Development, 2004, Vol. 16, Issue 5: 391~412.

③ Aldrich, H.E., Reese, P.R. Does networking pay off? A panel study of entrepreneurs in the research triangle. In: Churchill, N.S., et al., eds. Frontiers of Entrepreneurship Research (pp. 334), Wellesley, MA: Babson College, 1993.

值得注意的是，社会资本理论研究已经反复强调影响创业者获取网络支持行动效果的因素绝非仅局限于网络结构，因为即使所处网络结构相同的创业者之间，因其网络中联系人特征不同，也会导致其获取网络支持水平的差异[①]。也就是说，未来研究应该超越上述研究过分关注网络结构的局限性，综合考察网络结构与网络嵌入性资源经由影响网络支持水平从而提升创业绩效的作用机制。这已经引起了少数学者的重视，并开始着手引入网络嵌入性资源变量来审视社会资本与创业绩效之间的内在联系。其中，具有代表性的是廖建文和威尔斯合作发表的2篇有关社会资本与创业绩效关系的实证研究，他们重点讨论了技术型与非技术型创业者、创业者与非创业者的社会资本构成差异，及其在创业过程中社会资本利用方式对创业绩效的影响。借鉴先前研究将社会资本划分为结构资本、关系资本和认知资本三个维度的思想，他们识别了网络结构（结构资本）与网络资源（关系资本与认知资本）对个体成为创业者的影响以及在创业过程中的不同角色。具体而言，在发表于2003年的研究中，他们发现技术型创业者往往更注重从更强的关系资本中获益，即往往能利用弱联系来获取非冗余信息，而非技术型创业者更善于从更高的结构资本中获益，往往能从中所获得更多的实质性资源。更为重要的是，技术型创业者利用关系资本与非技术型创业者利用结构资本都能提升其认知资本水平，从而最终导致其更高的成长愿望[②]。在发表于2005年的研究中，他们发现创业者与非创业者以及技术型与非技术型创业者之间在社会资本构成上并没有显著性差异。但是，与非创业者相比较，创业者往往更擅长于将结构资本转变为认知资本并最终转变为关系资本，也就是说，创业者更善于利用合适的网络联系人去获取相应的机会和资源[③]。

他们的研究结果至少可以提供两点重要启示：第一，社会资本的网络结构与网络资源维度可以相互转化，同时作用于创业活动，并且对于不同创业活动而言，网络结构与网络资源的相对重要性不同。更为重要的是，这在本质上来源于创业者社会资本利用方式的不同，即有的创业者注重撬动网络资源，而有的创业者则更注重操纵网络结构，从这一点

---

① Lin, N., Social capital: A theory of social structure and action. Cambridge: Cambridge University Press, 2001.

② Liao, J., Welsch, H. Social capital and entrepreneurial growth aspiration: A comparison of technology and non-technology-based nascent entrepreneurs. Journal of High Tech Management Research, 2003, Vol. 14, Issue 1: 365~385.

③ Liao, J., Welsch, H. Roles of social capital in venture creation: Key dimensions and research implications. Journal of Small Business Management, 2005, Vol. 43, Issue 4: 345~362.

出发，什么因素驱动着创业者的社会资本利用方式差异进而最终影响创业绩效就很值得未来研究进一步挖掘；第二，网络结构与网络资源的合理转化与搭配能够提升创业者成长愿望，并最终影响新企业的成长表现，也就是说，新企业成长表现并非完全归结为产业结构或环境宽裕度等不可控因素，创业者社会资本利用方式仍可能会影响到新企业初期成长表现，构成值得未来研究深入挖掘的另一个问题。

综上所述，社会资本与创业活动关系的研究起源于学者们对创业者所嵌入社会网络结构与创业成败关系的考察，到目前已经开始逐渐朝剖析创业者社会网络结构以及网络嵌入性资源对机会识别、资源获取乃至创业绩效的作用机制的方向演化，已被公认为有助于解释创业现象的重要理论视角。更为重要的是，随着过程视角下创业研究的不断拓展，社会资本与创业活动关系的研究也日渐深化，亟待从理论层面阐释体现创业本质的深层次研究问题，这构成本研究理论视角选择的重要依据。下面，本研究将系统论述社会资本理论的研究成果与主要理论观点，进而烘托出所依托的理论和知识基础。

第三节　社会资本理论研究

目前，社会资本理论（Social Capital Theory）已跨越了社会学的研究边界，成为经济学、政治学、心理学、管理学等学科领域的重要理论视角，其强大的解释力已经开始得到学者们的普遍认可①。在社会学领域，社会资本理论为分析社会结构与个体行为互动关系的传统主题提供了新的视角，能有效衔接宏观层次社会结构与微观层次个体行为之间的复杂作用关系；在管理学领域，社会资本理论为探索复杂组织现象提供了新的解释力，被广泛应用于企业间网络、组织行为以及创业与创新等重要主题；在经济学领域，社会资本理论使得经济模型超越了聚焦于土地、资本和劳动力等要素的分析传统，开始关注国家或地区内的社会规范和文化对经济发展的重要推动作用。下面，本研究首先理清社会资本理论的发展脉络，进而阐述社会资本理论领域内两个理论视角的差异及其对创业现象的适应价值，最后详细剖析社会资本的定义与测量手段，

① Adler, P.S., Kwon, S. Social capital: Prospects for a new concept. Academy of Management Review, 2002, Vol. 27, Issue 1: 17~40.

从而为后续研究提供依据与指导。

一、社会资本理论的发展脉络

社会资本概念最早起源于20世纪50年代的社区研究，但真正将社会资本作为一个明确的概念提出并运用于社会学领域，则是在20世纪70年代由法国社会学家皮埃尔·布迪厄（Pierre Bourdieu）完成的。随后，经过詹姆斯·科尔曼（James Coleman）、林南（Lin Nan）、罗伯特·普特南（Robert Putnam）、亚历詹德罗·波茨（Alejandro Portes）、罗纳德·博特（Ronald Burt）等学者的发展，社会资本概念和分析方法得到进一步完善，形成了多种分析层次并存、多种理论观点争鸣、多种测量手段交织的理论体系，见图2.2。

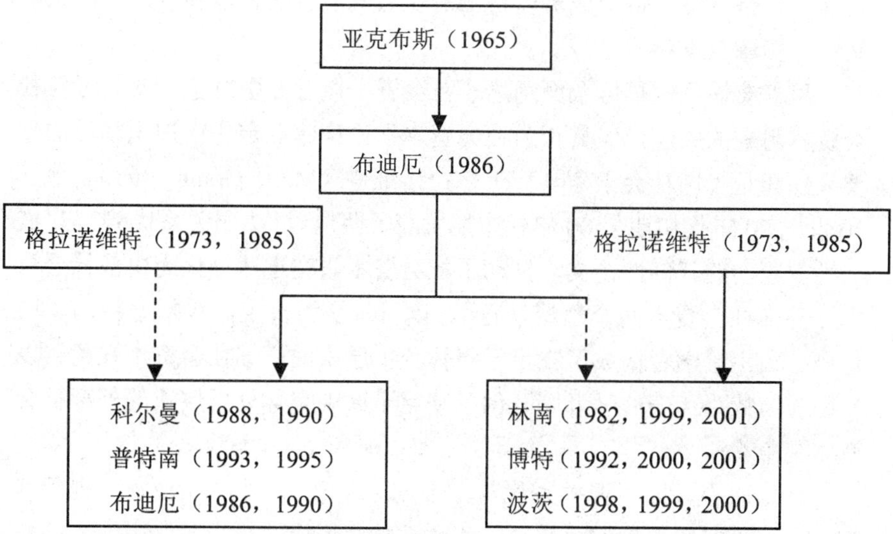

图2.2　社会资本理论的主要贡献者与视角

资料来源：作者根据 Lin, Nan. Building a Network Theory of Social Capital. Keynote address at the XIX International Sunbelt Social Network Conference, Charleston, South Carolina, 1999 绘制。

20世纪60年代，简·亚克布斯（Jane Jacobs）就在其社区研究中较早地给出了社会资本概念的提法。她强调强关系网络以及随时间形成的人际间错综复杂的网络对于城市邻里之间生存和互动的重要性，发现人际间错综复杂的网络构成了信任、合作、集体行动的基础[①]，以此为依

① Jacobs, J. The death and life of great American cities. London: Penguin, 1965.

托，研究进一步发现家庭关系和社区内社会组织中固有的一系列资源有助于孩子的成长①。尽管在这一时期基于社会资本视角的研究已经出现，但在后续十年间，一直没有学者对社会资本概念进行较为系统的解释与阐述。

直到20世纪80年代中期，布迪厄在阐述经济资本、文化资本、社会资本以及符号资本之间的相互转化关系中才首次明确阐述了社会资本的概念。他认为社会资本是一种现实或潜在的资源集合体，它与拥有或多或少制度化的共同熟识和认可的关系网络有关，社会资本从集体拥有的角度为每个成员提供支持，是为其成员提供获得信用的信任状。并且社会资本的数量取决于两个因素，一是社会关系本身，即个体可以加以运用的联系网络规模的大小，它为个体利用被他人所占有的资源提供了可能；二是网络中每个成员以自己的权力所占有的资本多少，即联系网络中的资源数量和质量②。

尽管布迪厄较早地全面阐述了社会资本概念并引发了一些学者对社会资本问题的关注，但真正为社会资本理论构建奠定扎实知识基础的重要人物却是美国社会学家马克·格拉诺维特（Mark Granovetter）。他于20世纪70年代初期与80年代中期发表了两篇讨论"弱关系优势"与"嵌入性问题"的开创性论文，推动了社会资本研究迅速分化为内部社会资本与外部社会资本两个理论视角③。以科尔曼为代表，包括普特南、布迪厄、福山等学者构成了立足于集体分析层次的内部社会资本视角；以林南与博特为代表的学者则开创了立足于微观个体分析层次的外部社会资本视角。

具体而言，以"弱关系优势"理论为基础④，外部社会资本视角考察的是分析对象与外部主体之间相联系从而形成的社会网络中嵌入的资源，不仅强调了社会网络与社会资本之间的理论联系，而且注重基于社会网络的社会资本理论建构，它以个体中心网络（Ego-centered network）方法为分析基础，主要用于解释个体从事特定行动所表现出的绩效差异

① Loury, G.C. A dynamic theory of racial income differences. In: Wallace, P.A., et al., eds. Woman, Minorities, and Employment Discrimination, Lexington, MA: Heath, 1977.

② Bourdieu, P. The form of capital. In: Richardson, J.G., eds. Handbook of Theory and Research for the Sociology of Education (pp. 241~258), New York: Greenwood, 1985.

③ Adler, P.S., Kwon, S. Social capital: Prospects for a new concept. Academy of Management Review, 2002, Vol. 27, Issue 1: 17~40.

④ Granovetter, M.S. The strength of weak ties. American Journal of Sociology, 1973, Vol. 78, Issue 6: 1360~1380.

原因，最具有代表性的学者是林南与博特；内部社会资本视角则在很大程度上受到“嵌入性理论”的影响①，考察有助于集体目标实现的群体内部关系本质与特征，关注能带来集体凝聚力从而推动集体目标实现的关系属性，它以整体网络（Whole network）方法为分析基础来解释群体行为与绩效差异，主要集中于科尔曼、普特南以及布迪厄等学者的论著之中。

特别是90年代中期以后，社会资本理论迅速超越了社会学的研究边界，开始向经济学、管理学、政治学、心理学等相关领域输出知识，成为这些领域内学者解释各自学科问题的重要理论视角。毋庸置疑，任何理论视角都更适合于分析特定问题而非其它问题，那么，在社会资本理论体系中，哪种理论视角更适用于本研究所探索的问题就成为亟待解决的首要问题。为此，有必要在进一步比较两个视角之间细致差异的基础上，进而识别两者对剖析创业现象的适用价值。

二、社会资本理论的主要观点及其对创业现象的适用价值

尽管社会资本来自于社会关系结构的观点已成共识，但学者们对于创造社会资本的社会关系结构的具体内涵仍存在着很大争论，并据此形成了外部社会资本与内部社会资本两种理论视角。下面，本研究将细致比较两者在对社会资本来源、作用方式与分析层次等方面认识的差异，识别出两者之间的融合途径及其对创业现象的适用价值。

（一）外部社会资本视角及其对创业现象的适用价值

以林南和博特两位学者为代表的外部社会资本视角聚焦于从微观层次分析个体社会资本（Individual social capital），强调个体如何建立、维持和利用与其他人的社会关系来为自身工具性行动服务。具体而言，外部社会资本视角关注的基本问题是：第一，个体如何在社会关系中投资，即个体社会资本的建构问题；第二，为了产生回报，个人如何获得嵌入在关系中的资源，即个体社会资本的利用问题。

① Granovetter, M. Economic action and social structure: The problem of embeddedness. Americal Journal of Sociology, 1985, Vol. 91, Issue 3: 481~510.

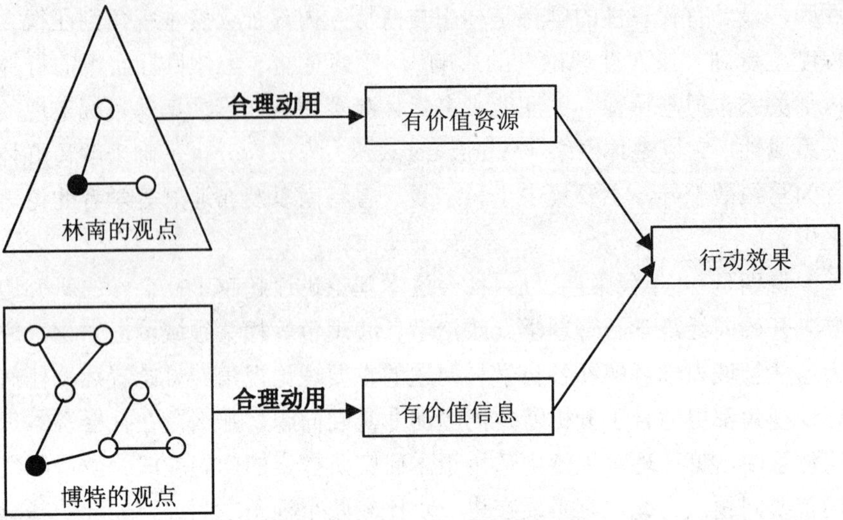

图 2.3 外部社会资本视角的主要观点

注：● 表示作为分析对象的个体；○ 代表分析对象的联系人；线条代表两者之间的关系

资料来源：本研究根据相关文献整理。

如图 2.3 所示，在林南看来，社会结构呈现为具有阶层划分的金字塔结构，信息和资源在不同阶层的分布并不相同，在金字塔结构的顶端，极少数人占据着较高的社会地位，同时掌握着较多的社会资源，而在金字塔结构的低端，大部分人的社会地位较低，而且掌握的社会资源也较少。更为重要的是，强关系往往对应于同阶层等级内部主体的人际关系，而弱关系则对应于不同阶层等级之间主体的人际关系，在不同阶层之间的资源交换过程中扮演着重要作用，通过利用弱关系，人们可以摄取到更多的社会资源，个体弱关系越丰富，他所拥有的社会资源就越多。具体而言，弱关系所能提供信息和资源的价值潜力取决于主体与弱关系对象在社会金字塔结构中的相对位置。如果弱关系对象处于比主体更高的地位，那么，弱关系对象就能给主体带来更多的社会资源；而如果弱关系对象处于比主体更低的地位，那么主体就难以从弱关系对象那里受益。[①]

与此同时，博特则认为，决定社会资本高低的重要因素并非关系强弱，而在于关系本身在网络中是否是冗余的或重复性的。具体而言，无

① Lin, N. Social resources and social mobility: A structural theory of status attainment. In: Breiger, R.L., eds. Social Mobility and Social Structure (pp. 147~171), Cambridge, NY: Cambridge University Press, 1990.

论主体是个人还是组织，其社会网络只可能存在两种情况：一是网络中的任何主体与其他每一主体都发生联系，不存在关系间断现象，从整个网络来看就是“无洞”结构，这种形式只会存在于小群体之中；二是社会网络中的某个或某些个体与一些个体发生直接联系，但与其他个体不发生直接联系，此时，从网络整体来看，就好像网络结构中出现了“洞穴”，因而称为“结构洞”。以此为依托，博特提出了“基于结构洞的社会资本”，即个体经由占据结构洞位置所可能获取的有价值资源和信息。具体来说，占据结构洞位置的个体有能力操纵、利用或保留流动于网络中的信息和资源为自己所用，个体在网络中占据的结构洞位置越丰富，其社会资本水平也越高。博特还阐述了社会资本与网络限制、网络规模、网络密度与网络等级制度等四个结构特征之间关系的基本假设[①]。

尽管林南和博特就社会资本的来源及其作用条件达成了一致，但是两人对于社会资本影响个体行动效果的作用方式的解释则各具侧重点。林南更强调联系人地位对个体行动的价值，即注重分析个体利用关系网络中的联系人所可能获得的社会资源总量，这种资源往往表现为权力、声望、身份、地位等因素，并通过一系列实证研究证实了其对个体求职效果的较好解释力[②]。与之不同的是，博特则更强调个体所处的社会网络结构特征对个体行动的价值，换言之，注重分析个体在社会网络中的特定位置能否为其带来可牟利机会，认为在网络中占据结构洞的个体，在履行信息中介角色过程中能够过滤、操纵并利用信息，从而更有可能获得有价值的独特性信息。从这一点上来讲，尽管林南注重网络资源而博特则更强调来自网络的信息，但博特不仅没有否认林南社会资源假设的正确性，而且从另一个角度论述了社会资本另一项重要功能的来源和作用机制，是对林南观点的进一步补充和深化。事实上，在针对具体问题展开研究时，学者们往往融合林南和博特的观点为具体研究服务，常用的技巧是在测量社会资本时，不仅考虑联系人的地位和身份特征，而且考虑联系人之间的网络关系结构，如规模、密度、集中度、多样性等，从而综合考察社会资本所带来的资源与信息优势。

概括起来，外部社会资本视角认为社会资本是嵌入社会关系网络中而不是个人所占有的资源，能为个体服务，具有改善个体的工具性行动绩效的潜力。也就是说，尽管社会资本能为个体行动带来潜在优势，但

---

① Burt, R.S. The gender of social capital. Rationality and Society, 1998, Vol. 10, Issue 1: 5~46.

② Bian, Y. Work and inequality in urban china. Albany, NY: Stage University of New York Press, 1994.

如果个体不加以动用，甚至错误动用，也不能发挥社会资本的积极效用，并不能改善个体工具性行动的效果。简单地说，在从事具体行动时，关键不仅在于你是谁以及你认识谁，更重要的是你动用了谁。与之相呼应，林南也曾明确指出，社会资本理论研究的重要任务之一就是“揭示个体行动怎样通过与社会网络互动来有差异性的取得结构化嵌入性资源和机会结构，以及揭示个体通过什么样的行动过程能把这种社会资源动员起来为己服务[①]”。

这意味着，外部社会资本视角对于创业现象有着较好的解释潜力，因为创业本身就是一种特殊的工具性行动，是个体不拘泥于当前资源约束条件下的机会识别与把握的行为过程[②]。正如前一节所指出的，学者们已普遍采纳外部社会资本视角的理论观点来解释机会识别、资源整合以及新企业绩效等相关问题。在机会识别层面，博特已明确阐述了社会资本与机会发现之间可能存在着内在关系。他指出，机会无处不在，但浮现于网络的有价值信息流向决定了谁能发现这些机会，什么时候发现，以及谁会参与其中。他认为创业者往往因处于关系网络中的结构洞位置而能够获取并操纵有价值信息，从而更容易发现创业机会。因此，他甚至将创业者概念直接比喻为一个“中间人（Broker）”，其理由在于创业者一词来自于法语的动词“Entreprendre”，字面意思是从“中间（entre）去把握、抓住或攫取（prendre）”[③]。这意味着外部社会资本视角就可能为解释机会发现过程提供新启示，因为它认为个体社会资本构成差异不仅能够影响其信息获取数量，而且能够影响所获取信息的质量与异质性水平，从而不仅决定其发现机会的可能性，甚至决定其所发现机会特征。

在资源整合层面，先前研究已经发现创业者社会关系网络是创业必需资源的重要来源，其中，资金[④]、首份订单[⑤]、咨询和建议[⑥]、核心员

① Lin, N., Social capital: A theory of social structure and action. Cambridge: Cambridge University Press, 2001.

② Stevenson, H.H, Jarillo, J.C. A perspective of entrepreneurship: Entrepreneurial management. Strategic Management Journal, 1990, Vol. 11, Issue 1: 17~27.

③ Burt, R.S. Structural holes: The social structure of competition. Cambridge: Harvard University Press, 1992.

④ Birley, S. The role of networks in the entrepreneurial process. Journal of Business Venturing, 1985, Vol. 1, Issue 1: 107~117.

⑤ Aldrich, H.E., Zimmer, C. Entrepreneurship through social networks. In: Sexton, D.L., Smilor, R.W., eds. The Art and Science of Entrepreneurship (pp.13~28). Acta Universitatis Upsaliensis, Uppsala, 1986.

⑥ Johannisson, B. The dynamics of entrepreneurial networks. In: Reynolds, P., et al., eds. Frontiers of Entrepreneurship Research (pp. 253~267). Wellesley, MA: Babson College, 1996.

工[①]等关键资源都主要来自于创业者的社会关系网络。既然社会网络是创业资源的主要来源，那么，外部社会资本视角就可用于从资源整合行为层次去剖析创业过程规律，因为它指出主体与联系人之间关系特征以及联系人身份与地位特征在很大程度上影响着主体所能从网络中动用的社会资源水平。

更为重要的是，社会资本已经被视为影响新企业绩效的关键变量，学者们开展了一系列实证研究来验证二者之间的内在关系，并指出未来研究应着力于探索创业者社会资本如何作用于撰写商业计划、寻求咨询建议、获取财务资源等关键创业行动的发生时机与发生效果，并最终影响新企业初期绩效[②]。

（二）内部社会资本视角及其对创业现象的适用价值

以科尔曼、普特南、布迪厄等学者为代表，内部社会资本视角聚焦于从集体层次（群体、组织、地区或国家）分析集体内部凝聚力与团结如何推动集体与个人目标的实现。内部社会资本视角的讨论集中于以下两个问题：第一，群体如何发展并维持作为集体财产的社会资本；第二，作为集体财产的社会资本如何提高并改善集体或集体成员的行动效果。这个视角虽然承认社会交往和网络关系在扩展社会资本回报中的重要性，但其主要兴趣仍局限于探究作为集体财产的社会资本的生产与维持的要素与过程。

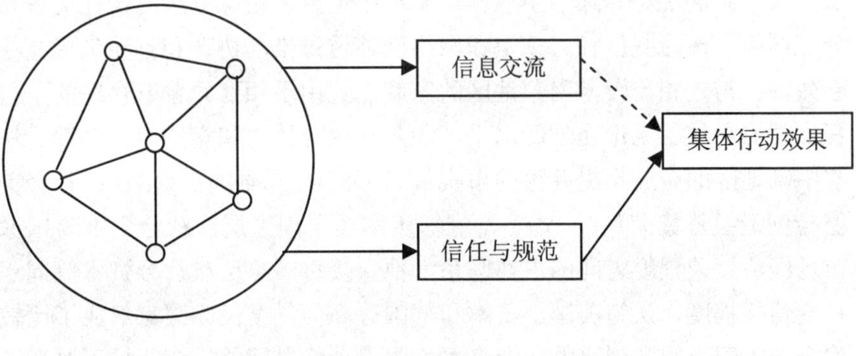

图 2.4　内部社会资本视角的主要观点

注：○ 代表特定集体内的成员个体或组织，线条代表集体成员之间的关系。

资料来源：本研究根据相关文献整理。

---

① 边燕杰. 网络脱生：创业过程的社会学分析. 社会学研究, 2006, 6: 74~88.

② Liao, J., Welsch, H. Roles of social capital in venture creation: Key dimensions and research implications. Journal of Small Business Management, 2005, Vol. 43, Issue 4: 345~362.

如图 2.4 所示，在这个视角看来，集体社会资本（Collective Social Capital）并非来自于集体与其他主体的外部关系网络，而是来自于其内部，即集体内个体之间的网络关系结构属性，是那些带来集体凝聚力从而推动集体目标实现的结构属性。科尔曼认为，尽管所有的社会关系和社会结构都能带来特定形式的社会资本，但社会资本的某些方面表现得更为突出。具体而言，网络结构密集性（即主体之间的联系紧密程度）为网络中成员提供了至少两种收益：第一，它有助于信息获取，因为随着信息在个体之间的交互传递，信息质量会遭到损坏，那么，更密集的网络就会改进网络成员之间的沟通水平；第二，密集网络还有助于成员之间行为规范的出现，从而使得成员之间彼此信任的风险得以降低，从而更有助于推动互惠利他的合作行为出现，从而降低经济行动的交易费用。

内部社会资本研究基本集中于剖析群体内部以信任、规范、凝聚力等为表现形式的集体社会资本对群体层次行为效果的促进作用。其中，普特南的著作是基于内部社会资本视角的经验研究的典范。20 世纪 90 年代初期，普特南先后多次考察了意大利地区社会资本与地区经济发展的关系，认为意大利地区政府的成功与失败能够用社会资本来加以解释。具体而言，他发现地区社会资本的差异导致了意大利中部和南部企业竞争力的差距，意大利中部经济更加发达是因为其在社会资本方面展示了最令人迷惑的优势，在小企业产业集群中形成了错综复杂的信任关系与分工网络，而这些信任、规范和网络能够通过推动协调和行动来提高社会效率；与之相比较，南部地区的家族企业由于相互间普遍存在的不信任，从而导致了无论在创新水平，还是在企业活力和竞争力方面都无法与中部地区的企业相提并论的事实[①]。1995 年，福山在《信任：社会美德与创造经济繁荣》一书中[②]，进一步阐述了国家层次社会资本与国家市场经济繁荣程度之间的内在联系，他直接将国家层次社会资本等同于社会信任程度，认为美国、日本和德国等高信任度民族国家形成了比较健全的中间组织和健康的社会资本，由于人们之间的信任超越了血亲关系，更容易发展合作关系和规模经济，所以有助于市场经济的发展；与之相比较，中国由于受到传统文化（如儒家文化）的影响，人与人之间的信任只存在于血亲关系上，在家庭之外，社会的信任程度较低，所以

① Putnam, R.D. Making democracy work: Civic traditions in modern Italy. Princeton: Princeton University Press, 1993.

② Fukuyama, F. Trust: The social virtues and the creation of prosperity. New York: Free Press, 1995.

企业难以摆脱家族制而难以达到规模优势，从而有碍于市场经济的发展。

简而言之，内部社会资本视角关注的是信任、互惠、规范、凝聚力、团结等群体内网络结构属性对集体或集体内成员行动效果的影响，对经济学和管理学领域的影响较外部社会资本视角更大。依托内部社会资本视角的观点，经济学已经跳出了传统的土地、资本和劳动力分析，开始关注国家或地区内的社会规范和文化对经济发展的重要推动作用；在管理学领域，内部社会资本视角被广泛应用于产业集群、连锁董事、企业间网络等研究主题。但是，在创业研究领域，与外部社会资本视角相比较，内部社会资本视角的应用范围则略微狭窄，主要用于分析创业团队、产业集群中的小企业网络、组织间的资源交换和产品创新等适合于从群体层次展开分析的研究主题。

综上所述，外部社会资本与内部社会资本视角在理论基础、分析视角、分析层次等方面存在着差异，对创业现象有着不同的解释潜力。既然本研究立足于新企业生成之前的创业阶段去探索创业者个体社会资本构成和利用方式在解释新企业初期绩效中的角色，那么外部社会资本视角就非常适用于本研究所探索的问题。基于此，本研究选择外部社会资本视角的研究成果为主要知识基础，同时与社会资本视角下的已有研究相一致，仍会借用少量内部社会资本视角的观点来挖掘网络结构属性的角色，目的在于更为全面地考察创业者外部关系特征与关系资源、及其所嵌入网络结构特征在创业过程中的角色。这不仅有助于在一定程度上超越创业研究过分重视网络结构而忽略关系资源的局限性，从而深化网络视角下的创业研究成果，而且有助于系统检验外部社会资本视角对于创业现象的解释力，从而丰富和拓展社会资本的理论内涵。

三、社会资本的定义与测量手段

如前所述，大量学者已经围绕社会资本的概念、内涵与分析方法实施了大量开拓性的研究工作。但迄今为止，学术界还没有出现有关社会资本的公认定义，也没有形成统一的测量方法[①]。尽管如此，学者们仍达成了一些共识，并逐渐形成了几种被大家普遍使用的测量工具。

（一）社会资本的定义

尽管社会资本作为一种新的资本形式已被大家所公认。但是，对于

① 边燕杰. 城市居民社会资本的来源及作用：网络观点与调查发现. 中国社会科学, 2004, 3: 136~146.

社会资本的定义却相当零散，至今仍没有出现能被大家所公认的定义，但根据所依据的理论视角不同可以将现有定义予以分类，见表 2.6。

表 2.6　社会资本的定义

外部社会资本视角的定义	
Baker（1990）	社会资本是来自主体社会结构的资源，并可用于追求主体的自身利益，主体间关系的变化造就了社会资本。
Bourdieu（1985）	社会资本是持久性网络中保有的真实或潜在资源的总和，这种网络内或多或少的存在相互熟识或认可的制度化关系。
Bourdieu & Wacquant（1992）	社会资本是附属于个体或群体的真实或潜在资源的总和，来自于一种持久性网络关系，它是存在相互熟识或认可的制度化关系。
Burt（1992）	社会资本是朋友、同事和更为一般的联系人，通过他们，个体能够获取利用自身人力资本和经济资本的机会。
Knoke（1999）	社会资本是社会主体在组织内和组织间创造和动用其网络联系来获取其他社会主体资源的过程。
Portes（1998）	社会资本是主体利用社会网络或其他社会结构来获取可靠收益的能力。
内部社会资本视角的定义	
Brehm　（1997）	社会资本是公民之间的合作关系网络，能解决集体行动问题。
Coleman（1990）	社会资本是具备两个共同点的多重实体：他们共同构成社会结构的某些方面，有助于推动结构中个体的特定行动。
Fukuyama（1997）	社会资本可以简单定义为群体成员之间存在的一套共享非正式价值观或规范，能够允许群体成员之间的合作。
Inglehart（1997）	社会资本是一种信任和容忍文化，并由此形成的广泛网络。
Portes & Sensenbrenner（1993）	社会资本是集体中的行为期望，这种期望会影响经济目标和成员的目标搜寻行动，而不在乎这些期望是否具备经济理性导向。
Putnam（1995）	社会资本是社会化组织的特征，如网络、规范和社会信任，能够促进寻求共同利益的整合与合作。
内外部视角兼顾的定义	
Loury（1992）	社会资本自然存在于主体间的社会关系中，能够促进或帮助主体获取具有市场价值的技能和特征。
Nahapiet & Ghoshal（1998）	社会资本是嵌入、来自于并浮现在个体或社会单元的网络关系之中的真实或潜在资源的总和。
Pennar（1997）	社会资本是影响个体行为乃至经济增长的社会关系网络。
Schiff（1992）	社会资本是一系列社会结构要素，它能影响个体之间的关系，是生产函数与效用函数的投入和判断。
Woolcock（1998）	社会资本是个体社会网络中固有的信息、信任和互惠规范。

资料来源：Adler P.S. and Kwon, S.W. Social capital: Prospects for a new concept. Academy of Management Review, 2002, Vol.27, Issue 1: 20.

综合上述定义，本研究认为，社会资本是嵌入、来自于并浮现在个体或社会单元的网络关系之中的真实或潜在资源的总和，有助于个体或社会单元开展工具性行动，并为个体或组织带来行为优势。这样定义，一方面体现了社会资本根植于社会结构，来自于社会关系网络的本质属性，另一方面也突出了社会资本的实用性本质，即特定类型的社会关系能服务于不同用途。

（二）社会资本的测量手段

社会资本是复杂的多维度、多层次概念，社会资本的测量始终是学者们关注的重点和热点问题[①]。不同视角的理论对社会资本测量问题持有不同的看法，外部社会资本致力于探寻个体社会资本的测量手段，并已经形成了几种被普遍使用的测量技术。其中，对社会资本概念表述、测量指标和理论模型建构做出最大贡献的当属美国社会学家林南[②]。相比较而言，内部社会资本视角研究侧重于讨论以信任、互惠、团结、规范等抽象网络结构属性为基础的集体社会资本，至今仍没有找出较好的直接测量手段，定性分析顺势成为实证探索的主要手段。少数定量研究也往往借用诸如网络密度、集中度等指标来投射群体内部社会资本特征，正如科尔曼所指出的那样："社会资本是否会像社会科学中的金融资本、物质资本和人力资本那样，成为一个有用的定量概念，还有待于观察，它当前的价值主要在于它对社会体系作定性分析，以及只能作为定量分析中的定性指标。"[③]

如前所述，本研究关注的焦点是创业者个体社会资本，因此，下面主要从个体社会资本角度对社会资本的测量手段作简要论述。在测量原则与思路层面，既然社会资本是根植于社会结构，来自于社会网络关系的资源，因此，社会资本测量本质上是对个人在其网络和关系中所拥有的网络资源和关系资源的测量。除了网络资源与关系资源之外，诸如社会网络的规模、密度、同质性、异质性、内聚性和封闭性等网络结构的测量也是个人社会资本的候选指标。在林南看来，社会资本远比社会关系和社会网络丰富，它带来了嵌入性和摄取性资源，但如果不识别这些特征和关系，就不可能获得这些嵌入性资源，同时，简单地把任何社会

① 张广利，陈仕中. 社会资本理论发展的瓶颈：定义及测量问题探讨. 社会学研究，2006，12：102~106.

② 张文宏. 社会资本：理论争辩与经验研究. 社会学研究，2003，4：23~35.

③ Colman, J.S. Foundations of social theory. Cambridge, MA: Harvard University Press, 1990: 304~305.

网络的指标运用于社会资本测量都是欠谨慎的[①]。这意味着，社会网络构成测量社会资本的基础，但社会资本测量必须超越社会网络结构特征，重点在于测量社会网络关系中的嵌入性资源[②]。与之相呼应，“个体中心网络（Ego-centered network）”分析方法已成为学者们测量个体社会资本的主导方法基础，它考察的是以研究对象为中心延伸出去的网络情况[③]。

目前，在实证研究中，对个体社会资本的测量方法主要存在着两种途径：一种方法是位置生成法（Position Generator），它侧重于测量嵌入于个体社会网络之中，可以为个人可能动用资源的总和，简而言之，这种方法能够较好地刻画个体社会资本的构成情况；另一种方法是提名生成法（Name Generator），偏重于考察个体在具体行动之中所实际利用的社会资源情况，这种测量方法能够较好地刻画个体在特定行动中的社会资本使用情况。赵延东和罗家德详细介绍了位置生成法和提名生成法的操作原则与优缺点[④]：

位置生成法的着眼点不在于考察被调查者的具体网络成员以及成员之间的相互关系，而主要在于考察网络成员所拥有的社会资源情况。这种测量方法假设社会资源是按照社会地位高低呈金字塔形分布于社会之中的，每一个网络成员所拥有的社会资源数量主要取决于其所处的社会结构性地位。因此，通过对被研究者网络成员中出现的结构性地位的了解，就可以对其拥有社会资本的情况做出大致的测量。具体方法是使用一个或几个包含有若干标志社会地位的职业类型或工作单位类型等的量表。在调查中，首先要求被调查者回答其社会网络成员中是否有人符合表中所描述的特征，然后对所有被选择的单位类型及职业类型进行加总，并计算相应的职业类型和单位类型得分，然后用这些指标来反映个人社会网络中所嵌入的资源情况。最早使用这种方法的是美国学者林南[⑤]，在其后的研究中，这种方法得到了进一步的发展和完善。而边燕杰等学者据此发展出用“春节拜年网”来测量中国人的核心社会网络资本的方

---

① Lin, N. Social networks and status attainment. Annual Review of Sociology, 1999, Vol. 25, Issue 1: 467~487.

② Lin, N., Social capital: A theory of social structure and action. Cambridge: Cambridge University Press, 2001.

③ Scott, J. Social network analysis: A handbook. London: Sage Publications, 1991.

④ 赵延东，罗家德. 以社会网方法衡量社会资本. 见：郭毅，罗家德主编. 社会资本与管理学. 上海：华东理工大学出版社，2007: 369~390.

⑤ Lin, N., Dumin, M. Access to occupations through social ties. Social Networks, 1986, Vol. 8, Issue 4: 365~385.

法，在实际中也取得了较好的效果[①]。

位置生成法的优点在于它不涉及网络内容，并且角色中立，同时它更少涉及个人的隐私，因而在实际操作中较之提名法更为简便。此外，这种方法还能较准确地测量出网络中不同地位和不同关系所提供的资源情况，避免了提名生成法集中于强关系的问题。它的缺陷主要是只能测量社会资本，无法进一步了解被调查者的社会网络的具体构成情况，例如网络成员之间的关系就无法通过位置生成法测量出来。这样，如果我们认为社会网络的结构本身（诸如网络的规模、密度等）是社会资本的一个重要组成部分，并希望对它也加以测量时，“位置生成法”就会表现出不足之处。

提名生成法是一种比较传统的方法，具体做法是根据研究的要求，让每个被访者提供社会网络成员的姓名、个人特征以及这些成员的相互关系等信息，关注网络社会资本情况的研究者们可以根据网络成员的相关信息，对网络中的社会资本情况进行测量。这种方法在个体中心网的研究中得到了相当广泛的应用，已经形成一套成熟的指标体系和方法，因此，它也常被用来对个体社会资本进行测量。例如，有研究建议利用提名生成的网络成员的教育水平和职业声望的平均值和最高值来代表个人网络资源的情况[②]。但以提名生成法作为社会资本测量工具也存在一些缺陷，例如它的网络边界不易确定，而且被调查者更可能提出与自己关系较强的名单，弱关系容易被遗漏，从而有可能造成研究的偏差[③]。

既然社会资本不仅包括社会网络结构变量，而且包括关系网络中的嵌入性资源，社会资本的测量指标也由网络结构与网络资源两个要素构成，见表 2.7。

网络结构特征一般涉及网络规模、关系强度、网络密度三个测量指标。具体而言，网络规模是个体所接触的联系人数量的总和；关系强度指的是个体与特定联系人的关系强弱程度，涉及四个测量指标：互动频率，即花费在某种关系上的时间长短；亲密程度，即关系的亲疏远近；认识时间，即彼此之间认识时间的长短；互惠内容，即互惠交换内容的

① 边燕杰，李煜. 中国城市家庭的社会网络资本. 清华社会学评论. 厦门：鹭江出版社，2001 年.

② Campbell, K.E., Marsden, P.V., Hurlbert, J.S. Social resources and socioeconomic status. Social network, 1986, Vol. 8, Issue 1: 97~117.

③ Lin, N. Social networks and status attainment. Annual Review of Sociology, 1999, Vol. 25, Issue 1: 467~487.

性质[①]，博特将其进一步发展成为测量问卷，但他并没有涉及互惠内容，所以，通行的办法是利用“互动频率、亲密程度和认识时间”三项内容来考察关系强度[②]；网络密度指的是个体网络联系人之间的联系紧密程度，常用方法是利用个体网络联系人之间的实际联系数量除以可能的联系总数后所得到的比值来衡量。

表 2.7　社会资本的测量指标

网络结构指标	
网络规模	个体所接触的联系人数量越多，网络规模越大。
关系强度	互动频率：互动频率越高，关系强度越大； 认识时间：认识时间越长，关系强度越大； 亲密程度；亲密程度越高，关系强度越大。
网络密度	个体联系人实际关系数量除以可能的最大关系数量后得到的比值。
网络资源指标	
网络资源的范围	个体网络中最丰富与最贫乏有价值资源之间的距离
网络资源的最高潜力	个体网络中可能接触到的最大资源数量
网络资源的异质性	个体网络中可能接触的资源异质性水平
网络资源构成水平	个体网络中联系人本身所蕴含的资源潜力

资料来源：本研究根据相关研究文献整理。

网络中的嵌入性资源往往表现为财富、权力和地位[③]，一般涉及以下四个指标[④]，分别是网络资源的范围，即个体网络中最丰富与最贫乏有价值资源之间的距离，往往通过衡量个体关系网络的网差，即最高地位联系人与最低地位联系人的差距来反映这个指标；网络资源的最高潜力，即个体网络中可能接触到的最大资源数量，往往通过衡量个体关系网络的网顶，即个体最高地位联系人的特征来测量；网络资源的异质性，即个体网络中可能接触的资源异质性水平，往往通过测量个体联系人剔除相似性之后的数量规模来测量；网络资源构成水平，即个体网络中联系人本身所蕴含的资源潜力，往往依据个体是否具有与根据研究实际所

① Granovetter, M. Getting a job. Cambridge MA: Harvard University Press, 1974.

② Burt. R.S. Network items and the general social survey. Social Networks, 1984, Vol. 6, Issue 4: 293-339.

③ Lin, N., Ensel, W.M., Vaughn, J.C. Social resources and strength of ties: Structural factors in occupational status attainment. American Journal of Sociological Review, 1981, Vol. 46, Issue 4: 393~405.

④ 边燕杰. 城市居民社会资本的来源及作用：网络观点与调查发现. 中国社会科学，2004，3: 136~146.

预先设定高资源潜力地位联系人来测量。

四、社会资本研究评述

社会资本已超越了社会学研究的边界，成为经济学、管理学、心理学、政治学等多个学科领域的重要理论视角，并开始被广泛地应用于解释和预测复杂的组织现象。其中，布莱恩·乌兹（Brian Uzzi）、庞基·古拉蒂（Panjay Gulati）、博特等学者成功地将社会资本引入企业层面分析，考察战略联盟、连锁董事、企业间合作关系、企业间网络现象等对企业绩效的影响，已成为战略管理领域重要的研究视角；休·伯瑞利、霍华德·阿尔德瑞奇、埃里克·汉森等学术先锋较早地将社会网络与社会资本理论引入创业现象，尤其是随着过程视角下创业研究成果的积累，越来越多的学者立足于社会资本理论视角去审视创业现象，研究异常活跃，深度也出现了显著变化，不仅为系统揭示创业活动的内在机理提供了强有力的理论支持，而且也推动着社会资本理论的进一步发展与完善。

第四节　现有研究评述及对本研究的启示

如前所述，过程视角下的创业研究已经超越了对创业过程的简单抽象与概括，正在努力借鉴已有成熟理论从更微观的视角探寻创业过程中的行为规律与特征，更注重创业过程的连续性，致力于探索在新企业生成之前不同阶段的行为特征的后续影响。更为重要的是，过程视角下的创业研究已开始挖掘不同情境条件下的创业行为规律及其对创业绩效的影响。从已有研究来看，创业者特征与创业机会性质被认为是塑造创业情境条件的关键因素，因为不同性质机会的开发过程并不相同，不同创业者在开发相同机会的时候也会表现出不同的行为过程。简而言之，创业者特征、机会性质以及创业行为之间的复杂作用关系对创业绩效的影响已经成为了过程视角下创业研究努力的重点方向，这构成了本研究所依托的重要理论情境。

与此同时，在创业过程中，创业者并非一无所有，他至少会引入个人财务资源、人力资本和社会资本三种资源为创业服务[①]。这意味着，人力资本与社会资本构成了创业者特征的关键要素，与之相呼应，20 世

① 杨俊，张玉利. 基于企业家资源禀赋的创业行为过程分析. 外国经济与管理, 2004, 2: 2~6.

纪80年代末期以来，基于社会资本视角下的创业研究迅速兴起，逐渐成为了有助于解释复杂创业现象的重要理论视角。正如约翰尼森所指出的那样，“创业本质上是一种网络活动，创业者社会资本是新企业的附属资源，是新企业最有价值资产，如果创业研究不关注创业者社会资本，就像没有限定假设条件的经济学模型一样可笑”[①]。更为重要的是，尽管研究已在社会资本与机会识别、资源整合以及新企业绩效的内在联系方面取得了丰硕成果，但仍存在一些看似简单却极富挑战性的研究问题。

首先，已有研究反复论证了社会资本对机会识别的促进作用，大多数研究将机会视为理所当然的概念，并没有对创业机会的概念和内涵本身作出合理阐述，往往将创业机会视为同质性概念。近来，过程视角下的创业研究已经发现并非所有创业机会都是相同的，个体也往往更容易看到特定而非其它机会，但是，现有研究仍停留于对社会资本与机会发现可能性之间的讨论，并没有深入挖掘创业者社会资本特征与所发现机会性质之间的匹配关系。其次，网络与创业绩效之间的作用关系尚不明朗。近期研究已开始着手引入网络嵌入性资源变量来构建并验证社会资本、网络支持与创业绩效之间的关系模型，但研究仍处于起步阶段，研究成果相当零散而缺乏系统性。最后，不同机会的开发过程各不相同，机会特征可能是调节社会资本与绩效关系的权变因素，而这一点还没有引起学者们的关注。

基于上述事实，本研究重点探索创业者社会资本特征与所发现机会之间的匹配关系，在此基础上，沿着两条路径来澄清对网络与创业绩效之间关系认识不清的现状，第一条路径是基于网络支持与新企业初期绩效存在正相关关系的研究结论，在考察网络结构变量基础上，进一步引入网络资源变量来剖析社会资本利用特征经由资源整合行为影响新企业初期绩效的中介模型；第二条路经是基于不同机会的开发过程各不相同的判断，选择创业机会为权变因素，探索其对社会资本利用方式与新企业初期绩效之间的调节作用。

这不仅顺应了过程视角下创业研究从现象描述向理论推动研究的转变趋势，进一步深化过程视角下的创业研究成果，识别新企业生成之前因素与行为对新企业初期绩效的作用关系，探寻创业活动价值创造的深层次来源；而且有助于超越社会资本视角下已有研究过分关注网络结构

① Johannisson, B. Business formation: A network approach. Scandinavian Journal of Management, 1988, Vol. 31, Issue 4: 88.

的局限性，澄清学术界对网络与创业绩效关系的模糊认识，系统剖析网络结构与网络资源对创业活动的作用机制，深化社会资本视角下的已有研究成果。研究结论不仅能为正在创业的创业者如何正确构建并利用个人社会资本来提高创业成功率和绩效提供相应的理论和实践指导，而且能够为宏观层面的创业政策制定，尤其是创业软环境的建设提供科学的思路与启示。

第三章 理论模型与研究设计

第二章围绕相关研究文献进行了系统梳理与评述，指出了本研究所依据的理论情境与知识基础，并进一步明确了本研究重点探索的科学问题。科学的研究结论有赖于严谨的理论推导和规范的研究流程。本章从剖析创业定义出发，结合已有研究成果勾勒了创业活动的概念模型，系统阐述了概念模型中创业者、创业机会与创业资源等关键概念的理论内涵，为后续理论模型构建提供基本的逻辑框架；接着，采纳社会资本理论的观点来来阐述关键概念之间的内在联系，进而构建出本研究所依托的理论模型；最后，围绕问卷设计、数据搜集、分析方法与思路等内容描述了本研究的设计思路与实施流程，重点突出了研究流程的规范性，旨在为谋求科学的研究结论奠定扎实的基础。

第一节 相关概念探讨

创业活动是非常复杂的现象，许多内部和外部因素都会作用于创业过程并影响到创业绩效。尽管研究所依据的理论视角差异可能导致对创业活动中要素之间的作用关系形成不同认识，但不容置疑的是，概念化创业活动并形成对创业活动的基本判断是重要的基础性工作。为此，本研究将从剖析创业的定义入手，依托已有研究成果勾勒出创业活动的概念模型，明确本研究对创业活动的基本认识，并进一步阐述了概念模型中关键概念的理论内涵，这不仅能为后续理论模型构建提供基本的逻辑框架，而且有助于为后续实证检验中的控制变量选择提供重要的理论依据。

一、创业活动的概念化

创业活动的定义和概念化始终是学者们关注的焦点问题。由于学者们所依托的理论视角不同，对于创业活动的含义和本质也形成了各自不同甚至差异很大的理解，迄今为止仍未形成公认的创业定义。20 世纪 90 年代初，加特纳就利用德尔菲法，调查了 36 位学者和 8 位商业领袖，试图澄清大家对创业活动的理解，归纳创业术语的理论内涵，最终发现根本难以归纳出内在一致的概念框架。其中，强调最多的属性是新事业的创造、新风险企业的发展、新事业附加价值的创造、通过整合资源和机会的产品或服务创新、为了把握所感知机会的资源整合、创新等，如表 3.1 所示。

表 3.1　加特纳所做的创业概念表述研究

问题：您对创业概念内涵重要性的评价？		
序号	分值	对创业概念的理解
1	3.48	新事业的创造
2	3.34	新风险企业的发展
3	3.24	新事业附加价值的创造
4	3.09	通过整合资源和机会的产品或服务创造
5	3.07	为了抓住所感知机会的资源整合
6	3.07	创新
7	1.97	理解影响企业的政府管制
8	1.97	购买已存在的企业
9	1.95	少数人拥有的特殊才能
10	1.92	政府组织的创造
11	1.90	打破现状
12	1.87	个人生活方式事业的创造
13	1.82	夫妻店的建立
14	1.68	杠杆收购
15	1.58	外向性
16	1.56	利己主义的行为

资料来源：Gartner, W. B. What are we talking about when we talk about entrepreneurship?. Journal of Business Venturing, 1990, Vol. 5 Issue 1: 20.

迈克尔·莫里斯（Michael Morris）等人也进行过类似的研究，他们对 1982 年至 1992 年出版的主流管理类学术期刊和畅销教材上出现的 70 多个创业定义进行了内容分析，结果发现频率最高的关键词主要包括：开创新事业，创建新组织，创造资源的新组合，创新，捕捉机会，风险承担，价值创造等[①]。

综合加特纳和莫里斯等人的研究成果不难发现，创业本质上是一种多层次重叠、多维度交织、多要素并存的复杂现象。它可以发生在个体身上，也可以表现为组织内部的新事业开发活动；它既具有风险承担特征，也具有力图实现创新的特色；它既取决于微观层面因素的作用，也受到宏观要素的影响。创业活动的高度复杂性导致难以简单概括其概念内涵，尽管如此，众多学者仍给创业下过各种各样的定义。有的侧重于从创业活动的功能和结果来理解创业活动；有的注重从创业活动的要素间关系来定义创业活动；还有的学者偏向于从行为过程来概念化创业活动特征。在对创业活动所进行的多种多样的定义中，产生了广泛影响的主要有：

加特纳认为，创业就是新企业的创建活动[②]；与之相类似，默里·洛（Murray B. Low）和伊恩·麦克米伦（Ian C. MacMillan）也认为，创业就是新企业创建活动，创业研究就是试图解释和促进新企业在推动经济增长中的作用[③]；蒂蒙斯认为，创业是创业者、创业机会、创业资源之间动态匹配，从而实现价值创造的行为过程[④]；戴维森认为，创业是个体、机会、环境与过程之间的动态匹配过程[⑤]；谢恩等人认为，创业是富有创业精神的个体与有价值机会之间的有机结合，是创业机会的识别、评价与开发过程[⑥]；布森尼兹等人认为，创业是在既定环境情境下机会、个体或团队，以及组织模式之间的结合以创造新价值的过程[⑦]；霍华德·史蒂文森（Howard Stevenson）认为，创业是将一系列独特的资源集中起来开发机会价值的过程，是个体不拘泥于当前资源约束条件下的

① Morris, M. H., Davis, D. L., Allen, J. W. Fostering corporate entrepreneurship: Cross-cultural comparisons of the importance of individualism versus collectivism. Journal of International Business Studies, 1994, Vol. 25, Issue 1: 65~89.

② Gartner, W.B. A conceptual framework for describing the phenomenon of new venture creation. Academy of Management Review, 1985, Vol. 10, Issue 4: 696~706.

③ Low, M., MacMillan, I. Entrepreneurship: Past research and future challenges. Journal of Management, 1988, Vol. 14, Issue 2: 139~161.

④ Timmons, J. A. New venture creation-Entrepreneurship for the 21th century. 5th edition. Irwin Mcgram Hill, 1999.

⑤ Davidsson, P. The entrepreneurial process as a matching problem. In proceedings academy of management conference, Hawaii, U.S.A., 2005.

⑥ Busenitz, L. W., West, G. P., Shepherd, D., Entrepreneurship research in emergence: Past trends and future directions. Journal of Management, 2003, Vol. 29, Issue3: 295~305.

⑦ Shane S, Venkataraman S. The promise of entrepreneurship as a field of research. Academy of Management Review, 2000, Vol. 25, Issue 1: 217~226.

机会识别与把握的行为过程[①]。

结合上述学者的研究看，谢恩等人的定义基于创业机会观视角，更强调创业者与机会之间的结合，并进一步将创业过程概念化为机会的识别、评价与开发过程；而蒂蒙斯、史蒂文森、戴维森等人的定义则站在创业资源观的立场，更强调机会与资源之间匹配，突出了在感知机会后围绕机会价值实现的资源整合行动，本质上是对机会开发过程中的创业行为内涵的进一步抽象和提炼。基于此，可以作出这样的推断，创业者与机会的结合是创业活动得以发生的必要条件，创业行为过程本质上是面向机会价值开发的资源获取、组合与配置过程[②]。正如熊彼特所指出的，创业实质上是创业者花费大量时间来揭示生产要素真实属性和最终效果的过程[③]。沿着这条思路，本研究认为，创业者、机会、资源是能够体现创业活动本质特征的三个关键要素，并进一步围绕这三个要素之间的内在联系构建了创业活动的概念模型，见图 3.1。这样概念化创业活动一方面融合了机会观与资源观对创业活动的理解，更贴近于创业现实；另一方面也依从了创业过程各阶段之间存在内在作用机理的主流观点，有助于从理论层面把握复杂创业现象内部的作用关系与机理。

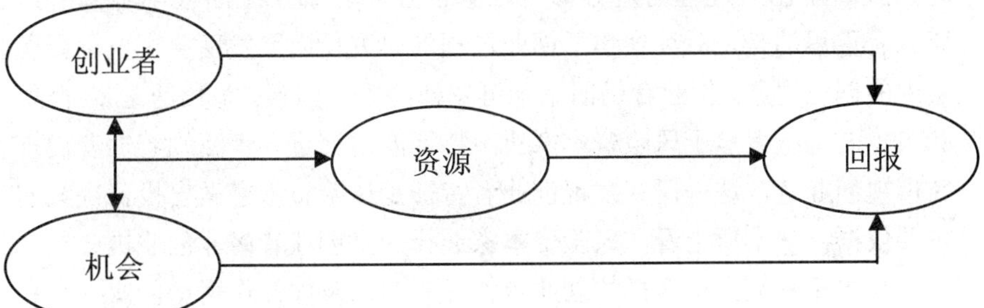

图 3.1 创业活动的概念化模型

资料来源：本研究设计。

具体而言，创业是创业者与创业机会匹配条件下的资源获取、组合与配置，从而收获回报的过程。首先，创业者与创业机会之间存在着匹

① Stevenson, H. H., Gumpert, D. E. The heart of entrepreneurship. Harvard Business Review, 1985, Vol. 85, Issue 2: 85~94.

② Shane, S. A general theory of entrepreneurship: The individual-opportunity nexus. Aldershot, UK: Edward Elgar, 2003.

③ Schumpeter, J.A. Capitalism, socialism and democracy. New York: Harper & Row Publishers, 1942, 83.

配关系，个体往往更容易发现特定而非其他机会。站在过程角度看，创业者与机会的匹配关系在机会发现与评价阶段得以实现，构成了创业活动赖以发生的初始情境条件。其次，在机会开发阶段，资源的获取、组合与配置构成了创业者面向机会价值实现的行为重点，机会开发活动的效率和效果在很大程度上取决于创业者所整合到的资源特征[①]。更为重要的是，特定机会在客观上要求特定的资源与之相匹配[②]。也就是说，在创业者与创业机会匹配条件下，创业者选择合适的资源获取、组合与配置行动更有助于创业成功并能提升创业绩效。简而言之，创业者、机会与所整合到的资源本身特征及其匹配关系在很大程度上影响着创业绩效水平。下面，本研究将以上述概念模型为基础进一步阐述创业者、创业机会与创业资源三个关键概念的理论内涵。

二、创业者

正如第二章所指出的，在创业研究兴起之初，来自心理和行为科学领域的大量学者就开始致力于挖掘创业者特征，并识别出了创业者在成就欲望、控制源、风险承担倾向等方面的独特人格心理特质，但这类研究因脱离于创业过程而过分孤立勾勒创业者轮廓，逐渐被学者们所摈弃。有意思的是，后续聚焦于创业过程的研究反而又发现要真正解释现实中的创业现象，创业者仍旧是不可忽视的关键因素。尤其是在 20 世纪 80 年代中期，聚焦于风险资本家决策特征的研究进一步激励着学者们重新审视创业者。这些研究发现创业者特征是风险资本家做出投资决策的重要依据，从本质上看，风险资本家选择的是创业者而非创业机会[③]。

与之相呼应，什么样的创业者特征影响以及如何作用于创业行为和绩效就重新回到了创业学者的研究视野，甚至有学者提出了新企业本质上是创业者特征的延续的论调。但与创业特质论不同的是，这些研究努力并非建立在创业者具有不同于其他人群的独特人格心理特征假设基础上，而是致力于在探索和识别创业者在不同维度上表现出来的特征基础上，进一步阐述其影响创业行为与绩效的作用机制，目的在于归纳对创业行为和绩效有着实质性影响的创业者属性。随之而来的是，学者们对

---

① Dollinger, M.J. Entrepreneurship: Strategies and resources. Prentice Hall, 2003.

② Samuelsson, M. Creating new ventures: A longitudinal investigation of the nascent venturing process. Doctoral dissertation. Jönköping: Jönköping International Business School, Sweden, 2004.

③ MacMillan, I.C., Siegel, R., Subba Narasimha, P.N. Criteria used by venture capitalists to evaluate new venture proposals. Journal of Business Venturing, 1985, Vol. 1, Issue 1: 119~128.

创业者的认识日渐充实，集中体现为表 3.2 所示的四方面内容。必须要指出的是，有的研究人员将财务资本视为创业者概念的构成维度之一，但在创业实践中，创业者之间的财务资本水平并不存在着显著性差异，大部分创业者可用于创业的财务资源都不高①，基于这样的考虑，本研究没有将财务资本作为单独的维度列出。

表 3.2　创业者概念的构成维度

维度	描述	代表性研究示例
人口统计特征	性别与种族特征	Bird and Brush（2000） Alsos and Ljunggren（1998） Arenius and Minniti（2005）
人力资本	工作经验、创业经历、教育程度等特征	MacMillan and Day（1987） Stuart and Abetti（1990） Gimeno et al.（1997）
社会资本	社会关系网络构成与资源特征	Starr and MacMillan（1990） Larson and Starr（1993） Davidsson and Honig（2003）
认知与动机	决策风格、风险偏好、行为风格等特征	Gatewood et al.（1995） Busenitz and Barney（1997） Baron（1998）

资料来源：本研究根据相关文献整理。

第一，在人口统计特征层面，已有研究主要探索了创业者性别与种族特征对创业行为与结果的影响。因为本研究并不涉及种族创业问题，所以主要讨论创业者性别特征在创业过程中的角色。伯德等人于 2002 年在《创业理论与实践》期刊上发表了《性别视角下的创业研究》一文，指出已有研究大都建立在男性视角下的理论框架基础上，并没有就性别差异对创业活动的影响展开讨论。在此基础上，他们进一步从理论层面讨论了创业者性别特征对创业行为与结果的影响，归纳了男女创业者在创业行为与结果方面可能存在的差异②。但是，后续实证研究却并没有验证出性别特征在创业过程中扮演着非常重要的角色。研究人员发现尽管男性和女性在创业行为特征方面存在着微弱差异，表现为男性创业者更注重准备商业计划、女性更注重申请政府资助计划但更不愿意雇佣人

① Bhide, A.V. The origin and evolution of new business. Oxford: Oxford University Press, 2000.

② Bird, B., Brush, C. A gendered perspective on organizational creation. Entrepreneurship Theory and Practice, 2002, Vol. 26, Issue 3: 41~65.

员、女性的行动速度和密度也会略低于男性等方面[①]，但男性和女性在行为结果方面并没有显著性差异[②]。总体来看，性别特征对于创业行为的影响较微弱，对于创业结果则不会产生显著性影响。尽管性别并不是构成创业者概念内涵的主要因素，但它仍是实证研究不可忽视的控制因素。

第二，在人力资本层面，研究已经识别出了以相关工作经验、创业经验、教育程度为构成的创业者人力资本对创业行为与结果的作用关系。在对高成长新企业创业者特征的总结中，布鲁斯·巴林格（Bruce R. Barringer）等人已经指出高成长新企业的创业者往往具备更多的相关工作经验、更高的教育程度和更丰富的创业经历[③]。对于创业经历而言，研究发现具备先前创业经验的创业者能更好地驾驭新企业创建过程，能避免一些致命性错误[④]。在工作经验方面，加维尔·吉蒙姆（Javier Gimeno）等人发现创业者在先前管理岗位中获得的有关建立关系网络、雇佣员工、与供应商和顾客打交道等方面经验对于成功创建新企业至关重要[⑤]。在教育程度方面，研究发现正规教育，特别是工程学、计算机科学、生物医药等知识密集型领域的正规教育能为创业者提供创业必需的知识专长，能培养并强化创业者的预见力、想象力、计算能力和沟通能力等技能[⑥]。总而言之，人力资本是构成创业者概念内涵的重要因素，是对创业活动和结果有着重要影响的创业者特征之一。

第三，社会资本是构成创业者概念内涵的另一个关键因素，它集中表现为创业者所嵌入的社会关系网络特征及其所承载的网络资源。正如第二章所指出的，创业本质上是一种网络化活动，是创业者利用、维持并建构社会资本来发现并把握机会的行为过程。研究已经发现创业过程本质上是创业者个体的异质性人际关系逐渐演化为能创造收益的组织间

---

① Alsos, G.A., Ljunggren, E.C. Does the business start-up process differ by gender?. In: Reynolds, P.D. et al. eds. Frontiers of Entrepreneurship Research. Wellesley, MA: Babson College, 1998.

② Davidsson, P., Honig, B. The role of social and human capital among nascent entrepreneurs. Journal of Business Venturing, 2003, Vol. 18, Issue 3: 301~331.

③ Barringer, B.R., Jones, F.F., Neubaum, D.O. A quantitative content analysis of the characteristics of rapid-growth firms and their founders. Journal of Business Venturing, 2005, Vol. 20, Issue 5: 663~687.

④ Stuart, R.W., Abetti, P.A. Start-up ventures: Towards the prediction of early success. Journal of Business Venturing, 1987, Vol. 2, Issue 3: 215~230.

⑤ Gimemo, J., Folta, T.B., Cooper, A.C., et al. Survival or the fittest? Entrepreneurial human capital and the persistence of under performing firms. Administrative Science Quarterly, 1997, Vol. 42, Issue 3: 750~783.

⑥ Sapienza, H., Grimm, C. Founder characteristics, start-up process and strategy/structure variables as predictors of shortline railroad performance. Entrepreneurship Theory and Practice, 1997, Vol. 22, Issue 1: 5~24.

稳定交换关系网络的过程。并且，创业者的人际关系网络特征在很大程度上决定了新企业经济关系的社会嵌入性特征以及组织间关系的本质和内涵①。后续实证研究也发现社会资本与新企业创建成功率之间存在着正相关关系，社会资本不仅能促进个体感知机会而成为创业者，而且能提供创建新企业必须的有价值资源②。

第四，在认知与动机层面，研究集中于归纳创业者的认知风格、决策特征、以及行为风格等，已经取得了一些有价值的成果。在理论探索层面，罗伯特·巴隆（Robert A. Baron）系统梳理了创业者的认知风格，认为人们的思维方式经常受到大量的潜在偏见和错误的影响，而创业者的工作环境容易使这些影响最大化。因为他们面对的情境往往超过了他们的处理能力，高度不确定性和时间压力迫使创业者不得不依赖于认知偏见行事，并指出挖掘创业者的认知风格是理解创业活动的关键所在③。萨拉瓦蒂进一步描述了创业者的决策风格，她认为与立足于选择围绕既定目标实现的最佳手段选择的一般性决策不同，创业者决策往往以可选择的手段为依据，通过不断的试错去寻找可能实现的目标，本质上是一种手段导向型而非目标导向型的决策④。在实证研究层面，布森尼兹等人借鉴非理性决策模型，发现与经理人员相比较，创业者往往更加自负，在决策时更加依赖于直观判断⑤。另一项研究也发现与非创业者相比较，创业者并不具有更高的风险承担倾向，而是因为其独特的认知偏见导致其独特的行为，表现为创业者因相信小数法则和存在较强的控制幻想而导致所感知风险更低的事实⑥。

依据以上论述不难发现，创业者是一个由多个维度构成的复杂概念，至少表现为人口统计特征、人力资本、社会资本与认知和动机等四个维

① Larson, A., Starr, J.A. A network model of organization formation. Entrepreneurship Theory and Practice, 1993, Vol. 17, Issue 2: 5~15.

② Davidsson, P., Honig, B. The impact of social and human capital among nascent entrepreneurs. Journal of Business Venturing, Vol. 18, Issue 2: 301~331.

③ Baron, R.A. Cognitive mechanisms in entrepreneurship: Why and when entrepreneurs think differently than other people. Journal of Business Venturing, 1998, Vol. 13, Issue 4: 275~294.

④ Sarasvathy, S.D. Causation and effectuation: Toward a theoretical shift from economic inevitability to entrepreneurial contingency. Academy of Management Review, 2001, Vol. 26, Issue 2: 243~263.

⑤ Busenitz, L.W., Barney, J.B. Differences between entrepreneurs and managers in large organizations: Bias and heuristics in strategic decision-making. Journal of Business Venturing, 1997, Vol. 12, Issue 1: 9~30.

⑥ Keh, H.T., Foo, M.D., Lim, B.C. Opportunity evaluation under risky conditions: The cognitive process of entrepreneurs, Entrepreneurship Theory and Practice, 2002, Vol. 27, Issue 2: 125~148.

度的特征。先前研究已发现这些不同维度上的特征在很大程度上影响着创业行为和绩效。这意味着，虽然本研究的重点在于系统剖析创业者社会资本在创业过程中的地位和角色，但鉴于创业者是复杂多维度概念并影响创业行为和绩效的事实，就必须要剥离其他维度内因素的干扰和影响。为此，本研究选择社会资本为理论模型构建的主要自变量，而将创业者的其他维度作为其它性质变量进入本研究的实证分析之中，以求细致考察创业者社会资本在创业过程中的地位和角色。

三、创业机会

创业机会是创业研究领域的关键概念，但大部分研究人员却将创业机会视为理所当然的概念，并没有对其进行更多的探讨，对创业机会的性质和来源的认识仍处于探索阶段[①]。从现状上看，大多数研究沿袭熊彼特的思想，认为与一般盈利性机会不同，创业机会是有潜力为经济系统引入新产品、新服务、新生产原料、新生产方式的一种特殊机会。最典型的例子是，在规划创业研究作为独特学术领域发展方向的讨论中，谢恩和文卡塔若曼借鉴经济学家马克·卡森（Mark Casson）的观点，直接将创业机会定义为可以引入新产品、新服务、新原材料和新组织方式，并能以高于成本价出售的可能性[②]。

尽管这种定义方式有助于收敛创业研究的研究边界，但它却存在着不容忽视的局限性，增加了创业研究背离多彩创业现实的风险。因为依据这个定义，创业研究关注的只是那些能为经济系统带来新产品、新服务、新原材料和新组织方式的机会的识别、评价与开发过程，而不具有这种属性的其他盈利性机会则被排除在了创业研究对象之外。但在现实创业活动中，仅有极少数创业者能被称为创新者，他们真正为经济系统引入了新产品或服务、新原料、新组织方式；而大多数创业者实际上仅仅是复制者，仅仅对已有产品或服务做出细微改进，甚至直接用已有产品或服务去填补市场缺口[③]。这意味着，如果仅仅将创业机会理解为具有引入新事物潜力的机会，就会面临着漠视引致创业活动发生的大部分鲜活机会的风险，难以贴近多彩的创业现象。更为重要的是，这意味着

---

① McMullen, J.S., Plummer, L.A., Acs, Z.J. What is an Entrepreneurial Opportunity. Small Business Economics, 2007, Vol. 28, Issue 4: 273~283.

② Shane, S., Venkataraman, S. The promise of entrepreneurship as a field of research. Academy of Management Review, 2000, Vol. 25, Issue 1: 217~226.

③ Aldrich, H.E., Martinez, M.A. Many are called, but few are chosen: An evolutionary perspective for the study of entrepreneurship. Entrepreneurship Theory and Practice, 2001, Vol. 25, Issue 4: 41~56.

机会开发活动的结果就成为研究对象选择的唯一途径，从而迫使研究人员只能采纳回顾式研究设计，难以规避其受制于被调查人记忆模糊、事后偏见以及幸存者误差的局限性，不利于我们把握创业过程的时间动态性本质。

最近以来，很多研究人员已经开始重新审视创业机会的性质和内涵。特别值得一提的是，《小企业经济》杂志在2007年春季专门刊发了聚焦于创业机会性质、来源和类型等基本理论问题的专刊。这些研究的基本观点是，创业机会本质上是一种能带来新价值创造的“手段—目的”关系。所谓“目的”指的是计划服务的市场或要满足的需求，表现为最终产品或服务；所谓“手段”指的是服务市场或满足需求的方式，表现为用于供给最终产品或服务的价值创造活动要素、流程和系统[①]。更为重要的是，创业机会产生于经济系统中供求组合关系的变化，并且来自不同变化源的创业机会在属性上存在着差异[②]。

具体而言，经济系统中的供求关系组合变化主要存在着两种形式，并能滋生出不同的创业机会。第一种是创造性变化，新技术、新原料、新知识等外生因素的引入从根本上改变了供求组合关系，产生有关资源不同使用方式的新信息。在这种变化形式下，那些较早接触新信息的市场主体利用新的供求组合关系，即用新手段提供新产品或服务，从而收获创业租金。也就是说，来自于创造性变化的创业机会意味着发现新的“手段—目的”关系，一旦创业者发现并开发这种创业机会，就会迅速全盘颠覆现有的“手段—目的”关系，从而打破经济系统均衡，并通过“创造性破坏”来推动经济系统在更高的水平上恢复均衡。第二种变化是奥地利学派所提出的在现有供求关系框架内的资源配置优化。在市场系统中，任何个体都掌握着其他人难以获得的具体化知识和不对称信息，并据此形成有关资源价值的异质性信念。信息不对称和异质性信念意味着在任何市场交易中，人们必须猜测其他人的意识和观念。因为这些猜测可能不正确，市场主体可能做出错误决策，导致供求组合关系中的资源低效配置，从而产生创业机会，来自于供求组合关系中低效率的创业机会本质上是对现有“手段—目的”关系的局部优化。

更为重要的是，来自不同变化的创业机会的属性各不相同。第一，

① Eckhardt, J.T., Shane, S.A. Opportunity and entrepreneurship. Journal of Management, 2003, Vol. 29, Issue 3: 333~349.

② Samuelsson, M. Creating new ventures: A longitudinal investigation of the nascent venturing process. Doctoral dissertation. Jönköping: Jönköping International Business School, Sweden, 2004.

不同创业机会所对应"手段—目的"关系的创新程度不尽相同。一个创业机会可能对于所有市场参与者而言都是新颖的，也可能仅仅对于开发它的创业者来说是新颖的；可能需要采纳尚未有人尝试过的手段去创造尚不存在的市场，也可能是通过引入一种更优越的手段来生产已有产品，还可能仅仅是直接复制被普遍的手段去开发尚未被充分满足的市场需求。研究人员根据创业机会所蕴涵"手段—目的"关系的明确程度将其划分为复制型机会（手段和目的都明确）、改进型机会（"手段—目的"关系中有一方不明确）和创新型机会（手段和目的都不明确）三类，并进一步指出创新型机会的创新程度最高，而复制型机会的创新程度最低，改进型机会则随机分布在这两种极端类型的机会中间①。例如，加盟连锁经营的创业活动开发的就是复制型机会，因为它计划提供的产品或服务以及产品或服务的提供方式都已非常明确；而早期的互联网创业者就是在开发创新型机会，因为当时的创业者们并不清楚互联网可能服务什么以及如何提供服务。

第二，不同创业机会所蕴涵的创新程度差异意味着其所对应的不确定性水平也不尽相同。弗兰克·奈特（Frank Knight）在其博士学位论文《风险、不确定性与利润》中详细阐述了经济主体可能面临的三种未来不确定性。第一种是有关未来结果的分布存在并且知晓，在此时决策仅仅是在算计每种结果的概率基础上的赌博，最优选择是假设所有可能结果的出现概率相等；第二种是有关未来结果的分布存在但事先并不知道，主体可以通过重复性试验来估计其分布，从而将其转化为第一种不确定性；第三种是未来结果的分布不仅不知道而且不可能知道，在这种情况下，未来结果分布根本不可能得到充分预测或估计。在奈特看来，前两种不确定性属于风险的范畴，因为它是一种可以测量、能够量化和想象的不确定性；而第三种不确定性才是真正的不确定性，因为决策主体不可能计算或想象出可能出现的结果。

研究人员已发现极少数创新型机会所对应的是奈特式不确定性。因为创业者不仅不可能预测未来市场在哪里，甚至不清楚采用何种手段来提供产品或服务，就更不可能预测创业前景。例如，互联网创业的先驱们在兴起之初根本不可能预测到互联网有如此广泛的应用前景，甚至当下的创业者也不可能清晰阐述出其未来商业化应用前景。爱迪生本人也

① Sarasvathy, S., Dew, N., Velamuri, R., et al. Three views of entrepreneurial opportunity. In: Acs. Z.J., Audretsch, D. B., eds. Handbook of Entrepreneurship Research, Dordrecht, and NL: Kluwer, 2003.

许都不可能想象到他发明的电气照明系统会对经济社会系统带来如此巨大和深远的影响，而且到目前仍在改变着人们的生活和工作方式。而其他大多数创业机会所对应的则是前两种不确定性，即或者事先知道未来结果，或者可以通过不断的试验和学习来探求未来结果①。例如，借助于相关数据材料，经营连锁加盟店的创业者在创业之前就会对其计划服务的市场、服务方式以及可能存在的风险形成清晰的判断。而尽管开发出心脑血管疾病新型特效药的创业者对于市场反应和恰当的服务手段可能并不清楚，但通过创业实践中的不断总结、反省和学习，他终究会开拓出行之有效的“手段—目的”关系。

依据以上论述不难发现，创业机会本质上是一种能带来新价值创造的“手段—目的”关系，它不是非此即彼的简单实体，而是位于复制型机会和创新型机会两种极端类型之间的一个连续体。其中，复制型机会所蕴涵的创新程度和不确定性程度均较低，而创新型机会所蕴涵的创新程度和不确定性程度最高。特定创业机会在连续体中的位置取决于其所蕴涵“手段—目的”关系的本质及其与现有“手段—目的”关系的新颖程度，见图 3.2。其实，正如第二章所指出的，研究人员已开始注重从创业机会是连续体的基本判断出发探索机会识别与开发过程的特征，并已得出了机会的创新程度越高，越难以通过系统搜寻方式来发现，并且其开发过程也不同于复制型机会等更有助于从深层次挖掘创业现象的有价值结论。换句话说，研究人员逐渐摈弃漠视创业机会之间差异进而泛泛讨论创业机会识别与开发过程的思路，注重探索与不同机会特征相匹配的创业行为规律。

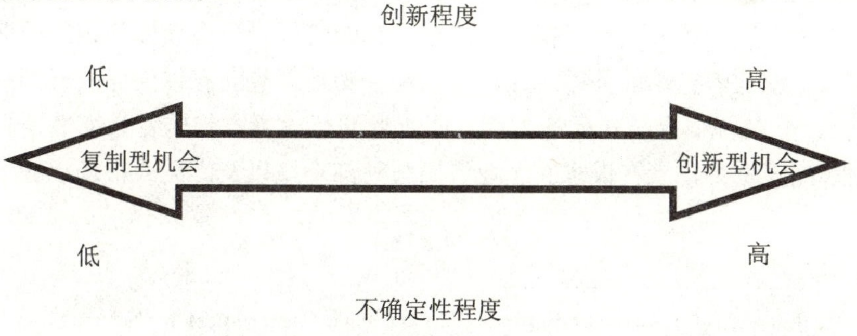

图 3.2　创业机会的连续体

资料来源：本研究设计。

① Sarasvathy, S., Dew, N., Velamuri, R., et al. Three views of entrepreneurial opportunity. In: Acs. Z.J., Audretsch,　D. B., eds. Handbook of Entrepreneurship Research, Dordrecht, and NL: Kluwer, 2003.

综上所述，并非所有创业机会都是相同的，其异质性本质在于所蕴涵的创新程度差异及其所引发的不确定性水平高低。关注始于极端机会形态的创业活动显然有重大的理论价值，但立足于创业机会是连续体的基本判断，在创业活动群落内开展比较研究，探索不同创业机会的识别、评价与开发过程规律也许更有助于提升我们对如何管理创业活动的科学认识，也更有助于在理论层面上解释和预测多彩的创业现实。

四、创业资源

创业意味着面向新用途配置资源，探寻新的生产函数关系①。在现实世界里，创业者往往不可能掌握开发机会所必需的所有资源，所以必须从外部环境中获取所欠缺的资源。研究已发现整合恰当资源不仅有助于创业者把握机会，而且有助于提升新企业成长以及利润创造能力②，相应地，无论将创业概念化为机会发现和开发过程，还是将其理解为新企业创建过程，资源获取都已被研究人员公认为是创业过程中最为关键的任务。总结这些观点不难发现，创业资源是开发机会价值所必需的关键资源集合，即创业者在新企业创建过程中所必需整合到的关键资源，结合资源基础理论视角下的相关研究成果可以更好地认识创业资源的理论内涵。

资源基础理论将企业概念化为一系列资源的集合体，并指出企业能否在环境中生存并赢得竞争优势就取决于其资源集合特征，即它是否是有价值的、稀缺的、难以模仿和不可替代的③。站在资源基础理论立场，创业就是创业者识别、获取和开发资源从而谋求机会价值实现的过程。与之相呼应，研究人员已指出在新企业起源阶段，资源获取和识别而非配置是创业者行动的关键所在，目的在于塑造新企业赖以生存的资源基础④。而在新企业成立运营之后，创业者的行动重点就转变为谨慎地处理和配置资源，旨在谋求新企业资源与外部环境以及产品或市场战略之

---

① Penrose, E. T. The theory of the growth of the firm. White Plains, N. Y.: M. E. Sharpe. 1959.

② Brush, C.G., Greene, P.G., Hart, M.M. From initial idea to unique advantage: The entrepreneurial challenge of constructing a resource base. Academy of Management Executive, 2001, Vol. 15, Issue 1: 64~80.

③ Barney, J. Firm resources and sustained competitive advantage. Journal of Management, 1991, Vol. 17, Issue 1: 99~120.

④ Stevenson, H.H., Gumpert, D.E. The heart of entrepreneurship. Harvard Business Review, 1985, Vol. 85, Issue 2: 85~94.

间的匹配[①]。也就是说，新企业创建是识别需要获取什么资源并据此采取有效途径来获取所需资源的过程，而新企业生存和成长就意味着资源类型和组合不断转化[②]。如果资源转化得当，就能够塑造新企业的竞争优势并改进新企业绩效，绩效提升会进一步提升新企业识别、获取与配置资源的能力，从而推动新企业实现进一步成长，呈现为不断反馈强化的动态过程，见图 3.3。

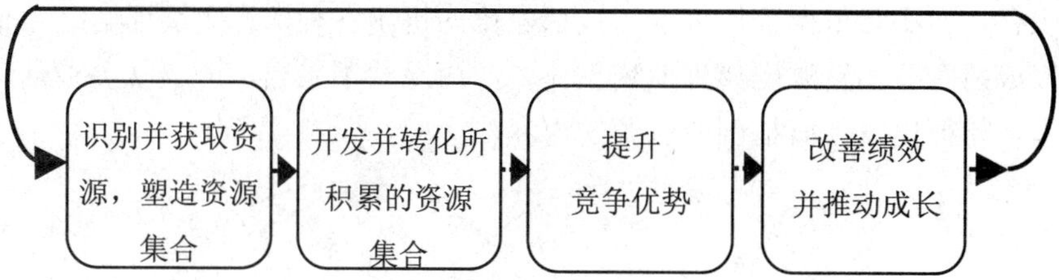

图 3.3 新企业资源获取与开发及作用效果的动态过程

资料来源：Lichtenstein, B.B., Brush, C.G. How do "resource bundles" develop and change in new venture? A dynamic model and longitudinal exploration. Entrepreneurship Theory and Practice, 2001, Vol. 25, Issue 2: 38.

资源基础理论已细致阐述了成熟企业所具备的资源类别和特征。主流观点认为，成熟企业的资源集合由财务资源、实物资源、技术资源和人力资源构成[③]。也有一些研究将社会资源和组织资源也纳入到成熟企业的资源体系当中[④]。但令人遗憾的是，研究人员对于新企业资源集合的特征仍旧认识有限，对于新企业形成中的关键资源，即创业资源的认识更是相当匮乏[⑤]。随之而来的是，研究人员往往直接套用成熟企业的资源类别框架来阐述创业资源的内涵。但是，新企业并不是规模小的大企业，这并没有从本质上去把握创业资源的特征。

首先，正如图 3.2 指出的，创业者识别、获取和开发资源从而谋求

---

① Chandler, G.N., Hanks, S.H. Market attractiveness, resource-based capabilities, venture strategies, and venture performance. Journal of Business Venturing, 1994, Vol. 9, Issue 4: 331~349.

② Mosakowski, E. Entrepreneurial resources, organizational choices, and competitive outcomes. Organization Science, 1998, Vol. 9, Issue 6: 625~643.

③ Grant, R.M. Contemporatory strategy analysis: Concepts, techniques, application. Cambridge, MA: Basis Blackwell, 1991.

④ Greene, P., Brush, C., Hart, M. Resources in new ventures: Dimensions and a typology. In: Reynolds, P., et al., eds. Frontiers of Entrepreneurship Research. Wellesley, MA: Babson Colledge, 1997.

⑤ Lichtenstein, B.B., Brush, C.G. How do "resource bundles" develop and change in new venture? A dynamic model and longitudinal exploration. Entrepreneurship Theory and Practice, 2001, Vol. 25, Issue 2: 37~58.

机会价值的实现。也就是说，新企业资源基础的形成是一个逐渐培育而非一蹴而就的过程，创业者并不可能在很短时间内就为新企业整合到门类齐全的资源，甚至有的新企业到了快速成长阶段中也没有做到这一点①。其次，这种思路不利于把握新企业资源基础形成过程的动态本质。既然特定机会需要特定的资源与之匹配，在高度的时间压力和资源约束条件下，创业者必须优先整合开发机会所必需的关键资源以谋求新企业生存，而不会依据公认类别去按部就班的拼凑各种资源。简而言之，借用成熟企业的资源框架来罗列创业资源内涵并不妥当，应该从创业活动本质特征出发去概括创业资源的内涵。

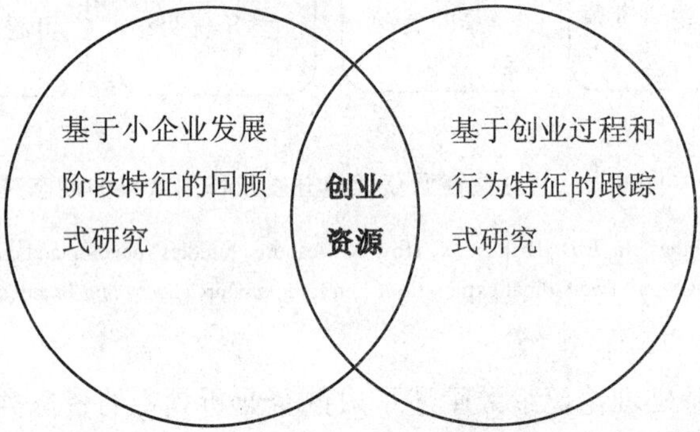

图 3.4　创业资源理论内涵的归纳逻辑

资料来源：本研究设计。

鉴于少有研究从本质上阐述创业资源内涵的事实，本研究分别梳理了基于小企业发展阶段特征的回顾式研究成果以及基于创业过程和行为特征的跟踪式研究成果，力图找寻这两类研究成果之间的交集，进而识别创业资源的理论内涵，见图 3.4。

首先，本研究系统梳理了有关小企业成长阶段性特征总结的研究成果。尽管这类研究侧重于识别新企业发展初期所存在的问题、变化和管理活动，但仍有不少研究人员识别到了新企业发展初期，尤其是新企业形成阶段的关键资源，见表 3.3。总结这些研究成果不难发现，财务资源、实物资源、技术资源、人力资源（包括员工、创业者知识、专长和声望等）可能是构成创业资源的关键维度。毫无疑问，尽管上述研究成果提供了一个探索创业资源理论内涵的分析框架，但显然不能仅依据基于小企业成长阶段特征的研究成果就简单断定创业资源的内涵。因为如

① 张玉利. 企业家型企业的创业与快速成长. 天津：南开大学出版社，2003.

前所述，创业者必须依据所开发机会和所处的环境来从中选择整合最为关键的资源，这就要求进一步梳理有关创业过程与行为特征的跟踪式研究成果，从刻画真实的创业现象入手，尤其从挖掘在新企业创建过程中创业者行为顺序的研究入手来进一步剖析创业资源的内涵。

表 3.3 新企业发展初期阶段的关键资源

研究文献	所关注的阶段	所识别到的关键资源
Lippit and Schmidt（1967）	创建、生存和稳定发展	资金、技术、领导、声望、债务融资、员工、外部联盟等
Steinmetz（1969）	生存和管理规范化	管理技能、资金、员工、文化、实物资源等
Greiner（1972）	成长和发展方向定位	新注入资本、员工、领导、存货、管理诀窍
Churchill and Lewis（1983）	创建、生存和成功	创意、技能和专长；原材料、资金、员工、技术、信息等
Scott and Bruce（1987）	创建、生存、成长和扩张	现金、创业者技能、员工、管理知识、实物资源、外部关系等

资料来源：本研究根据“Hanks, S.W., Jensen, E. and Chandler, G. Tightening the life-cycle construct: A taxonomic study of growth stage configurations in high-technology organization. Entrepreneurship Theory and Practice, 1994, Vol. 18, Issue 2: 5~29”以及“Quinn, R. and Cameron, C. Organizational life cycles and shifts criteria of effectiveness: Some preliminary evidence. Management Science, 1983, Vol. 29, Issue 1: 33~51”整理。

基于此，本研究进一步梳理了有关新企业创建过程行为和特征的研究成果。在有关组织生成过程的研究中，卡兹和加特纳从理论层面上归纳了形成中组织在意图、边界、资源和交换等四个方面的特征。他们认为，在新企业形成过程中，创业者必须要努力获取人力资源（员工和团队等）、财务资源、实物资产（地产、设备和原材料等）等关键资源[①]。在此基础上，雷诺兹等人利用跟踪调查数据考察了创业者在实施“首次雇佣关键员工”、“赢得首笔销售额”以及“首次获取外部融资”等三项关键活动方面的特征，发现创业者在这三项关键活动的完成数量与完成时机之间存在着非常大的差异。但他们仍旧认为，“这三项活动是决定创业成败的关键因素，因为它们对应着人力资源、财务资源与客户资源等

① Katz, J., Gartner, W.B. Properties of emerging organizations. Academy of Management Review, 1988, Vol. 13, Issue 3: 429~441.

创业所必需的关键资源的整合行动①”。更为重要的是，后续研究从提炼创业过程中的行为顺序角度进一步证实了雷诺兹等人的观点。马特·考利欧（Matti A. Kaulio）利用跟踪调查数据发现，在技术型新企业创建过程中，创业者优先完成的是雇佣关键员工，紧接着是获取第一笔外部融资和赢得第一笔销售收入，在这些工作顺利完成之后，新企业才得以创建并进入生存和成长阶段，随之而来的是着手雇员规模扩张和技术平台拓展②，见图 3.5。

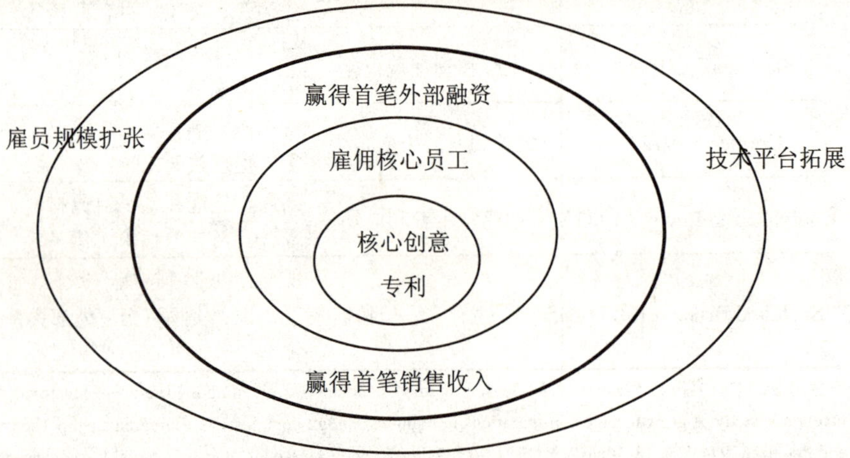

图 3.5　创业过程的行为顺序

资料来源：Kaulio, M.A. Initial conditions or process of development? Critical incidents in the early stage of new ventures. R&D Management, 2003, Vol. 33, Issue 2: 172.

总结以上两种视角下的研究可以发现，尽管基于小企业成长阶段特征的研究归纳出了以财务资源、实物资源、技术资源和人力资源为构成的创业资源框架，但在现实创业活动中，财务资源、人力资源和客户资源才是创业者在新企业创建阶段必须获取的关键资源要素。相应地，获得首笔销售收入、首次雇佣关键员工以及获得首笔外部融资已被研究人员公认为创业过程中重要的里程碑式的事件。值得一提的是，尽管有的研究将技术资源也纳入到了创业资源体系当中，但基于下述两个原因促使本研究将技术资源排除在了创业资源体系之外。首先，技术往往是技术型创业活动所必需的关键资源，而在其他类型的创业活动中则并不是

① Reynolds, P. D., Miller, B. New firm gestation: Conception, birth and implications for research. Journal of Business Venturing, 1992, Vol. 7, Issue 5: 405~417.

② Kaulio, M.A. Initial conditions or process of development? Critical incidents in the early stage of new ventures. R&D Management, 2003, Vol. 33 Issue 2: 172.

关键性的资源要素[1]。其次，即便是在技术型创业活动中，技术资源往往在创业活动发生之前就已经掌控在了创业者或创业团队核心成员手中，是技术型创业活动得以发生的必要条件，而并非创业者在创业过程中必需整合的关键资源。

基于此，本研究认为，创业资源是开发机会价值所必需的关键资源集合，它主要由财务资源、人力资源与客户资源构成，创业者整合这三类资源行动的效率和效果在很大程度上影响着新企业绩效。这样概念化创业资源不仅有助于映射创业者在创业过程中的真实行为规律，而且有助于从本质上去把握创业者的资源整合行动特征，即聚焦于整合必需的关键资源而非按部就班地累积门类齐全的资源类型。

第二节　理论推导与模型构建

正如前一节所指出的，创业是创业者与创业机会匹配条件下的资源获取、组合与配置从而获取回报的过程。在创业者与创业机会之间的匹配关系条件下，创业者选择合适的资源获取、组合与配置行动更有助于创业成功并能提升创业绩效。基于这样的认识，本研究采纳社会资本理论的观点来阐述新企业初期绩效为什么是创业者、创业机会与创业资源互动的结果，并在此基础上提出了本研究所依托的理论模型。具体而言，本研究首先立足于社会资本视角阐述创业者与创业机会之间匹配关系的内涵，识别出创业者社会资本构成与创业机会特征之间的内在联系。在此基础上，沿着两条路径来进一步阐述了社会资本对新企业初期绩效的作用关系，第一条路径是基于利用社会关系网络是创业者获取创业资源主要途径的基本判断，阐述了创业者社会资本利用水平经由影响其资源整合行动效率和效果进而作用于新企业初期绩效的内在机制，弥补了社会资本与创业绩效关系研究忽视对中介变量考察的缺陷。第二条路经是基于不同机会所对应资源要求不同的认识，选择创业机会为权变因素，探索其对社会资本利用方式与新企业初期绩效之间的调节作用，回应了已有研究对社会资本与创业绩效关系的调节因素考察不足的现实。

① Kazanjian, R.K. Relation of dominant problems to stages of growth in technology-based new ventures. Academy of Management Journal, 1988, Vol. 31, Issue 2: 257~279.

一、社会资本构成与创业机会特征

创业机会发现取决于两个必要条件：第一，个体获取承载创业机会的信息；第二，个体合理解读这些信息并识别其中蕴含的经济价值①。但是，对于机会发现方式，学者们却有着不同的理解，其中，认知学派和奥地利学派的观点最具有代表性。认知学派认为创业机会发现是个体有意识的系统搜集、处理并识别信息价值的过程，并将创业机会发现归结为个体卓越的信息处理能力、搜寻技术或扫描行动。奥地利学派对此提出了质疑，认为个体不可能搜寻创业机会，因为"在被发现之前，创业机会是未知的"，个体并不能去找寻他不知道是否存在的东西，相反，个体往往通过识别偶然获取的新信息价值发现机会。其实，认知学派与奥地利学派观点的本质差别在于对机会发现两个必要条件相对重要性的理解不同，认知学派认为创业机会发现的关键在于个体信息解读能力，因为任何个体都可以通过系统搜寻来获取相关的信息。而奥地利学派则认为信息获取质量与获取能力是创业机会发现的关键，因为个体因其创业警觉能够敏锐把握承载创业机会的有价值信息②。

从目前来看，偶然发现而非系统搜寻已逐渐得到主流研究的认同，即与信息解读能力相比，获取有价值的高质量信息对于机会发现过程而言更加关键。也就是说，个体所识别创业机会的特征在很大程度上就取决于其所获取到的信息属性。那么，既然社会关系网络是承载创业机会信息的重要来源，创业者往往在与他人交往过程中获取承载机会信息从而发现了创业机会，借鉴社会资本理论就可能有助于进一步探索创业者与创业机会之间的匹配关系。

社会资本理论指出，个体所嵌入关系网络的资源水平越高，即个体的网络规模越大，网络资源越丰富，个体所接触到的信息数量也越多、质量也越高③。从网络规模角度看，社会交往圈子更为广泛个体的网络以具备更丰富的弱关系为特征，而社会交往圈子狭小的个体的关系网络则以强关系为主要成分。这意味着，创业者的社会交往范围越广泛，其所接触到的信息量越大，所接触信息的质量和异质性水平也越高，其所发现创业机会的创新水平也就越高。其实，研究人员已发现具备更大网

① Shane, S. Prior knowledge and the discovery of entrepreneurial opportunities. Organizational Science, 2000, Vol. 11, Issue 4: 448~469.

② Kirzner, I. Competition and Entrepreneurship. Chicago: University of Chicago Press, 1973.

③ Lin, N., Social capital: A theory of social structure and action. Cambridge: Cambridge University Press, 2001.

络规模的创业者往往能萌发更多的创业主意，通过对众多主意的加工处理，从而识别到更具有创新潜力的创业机会①。在网络资源角度看，个体交往对象的社会地位越高，在与其交往过程中个体就越容易及时甚至超前俘获其他人难以获得的高质量信息。例如，与大学教授存在着直接或间接联系的个体可能会先于他人发现新兴技术的应用前景，从而发现创新水平更高的创业机会。换句话说，创业者的社会交往范围以及交往对象的地位状况可能在很大程度上影响着其所识别创业机会的创新水平高低。

另一方面，创业者所嵌入关系网络的结构特征也会影响新信息可得性与所摄取新信息的价值，从而影响其所识别的机会特征。一些研究人员认为，个体所嵌入关系网络的结构越松散，网络中存在的结构洞越多，个体就越容易获取其他人难以接触的有价值信息②。换句话说，嵌入松散网络结构的个体能够摄取到来自不同领域的异质性知识和信息，这可能会影响个体所识别创业机会的创新水平。因为研究已发现个体从外部吸收消化的异质性知识和信息越多，就越容易发现创造性的问题解决途径③。相比较而言，另一些研究人员则认为个体所嵌入关系网络的结构越紧密，个体之间的信息传递和交流就越有效率，更有助于传递一些私密性信息④。这意味着，尽管嵌入紧密网络结构的个体往往不具备广泛获取异质性知识和信息的优势，但是经由与网络成员之间的深度信息交流和相互学习，个体往往能提升其在特定领域内的知识基础，甚至产生新的知识，从而更容易看到更具有创新潜力的创业机会⑤。基于研究人员之间存在的观点分歧，本研究认为创业者所嵌入的网络结构与创业机会特征之间存在着内在联系，但两者之间的具体作用关系还有待进一步检验。

综上所述，创业机会往往以信息形式浮现于经济系统中，那么谁能够发现机会就取决于他能否及时获取承载创业机会的信息，进一步地，

① Hills, G., Lumpkin, G.T., Singh, R.P. Opportunity recognition: Perceptions and behaviors of entrepreneurs. In: Frontiers of Entrepreneurship Research (pp. 203~218). Wellesley, MA: Babson College, 1997.

② Burt, R.S. Structural holes: The social structure of competition. Cambridge: Harvard University Press, 1992.

③ Cohen, W.M., Levinthal, D.A. Absorptive capacity: A new perspective on learning and innovation. Administrative Science Quarterly, 1990, Vol. 25, Issue 1: 128~152.

④ Coleman, J.S. Foundations of social theory. Cambridge, MA: Harvard University Press, 1990.

⑤ Maurer, I., Ebers, M. Dynamics of social capital and their performance implications: Lessons from biotechnology start-ups. Administrative Science Quarterly, 2006, Vol. 51, Issue 2: 262~292.

什么样的人能够发现什么样的机会则依赖于特定主体所摄取到的信息属性。基于此，本研究的基本判断是，作为信息获取的重要渠道，创业者社会资本构成不仅影响着其发现机会的可能性，而且在很大程度上影响到其所发现机会的特征，即创业者所嵌入关系网络的规模、资源和结构影响着其所识别创业机会的创新水平。创业者与创业机会之间的匹配关系在很大程度上表现为创业者社会资本构成与创业机会之间的内在联系。

二、社会资本利用水平与新企业初期绩效

创业是不拘泥于当前资源约束的机会识别与把握并追求机会价值实现的行为过程。在发现机会之后，快速整合必需资源来开发创业机会价值是创业成功的关键。研究发现，Inc.500 中 63%的创业者感知机会后在几个月内创立新企业，甚至有 26%的创业者在几周内创立新企业[①]。因为机会的时效性与潜在竞争对手的存在决定了创业者只有在最短的时间创立新企业以开发创业机会，才能有效地抓住机会并在与后来者的竞争中占据先入优势。从创业主意产生到创业行动实施中间相隔时间越长，其间的不确定对创业的影响就越大，企业家创业行为失败的风险也就越大。这意味着，创业者资源整合行动的速度越快，所花费的时间越少，越有利于创业者把握创业机会并实现创业机会价值，从而提高新企业初期绩效。

另一方面，新进入缺陷（Liability of Newness）是新企业高失败率的重要原因。具体而言，因为缺乏信用记录与运营业绩，创业者往往难以谋求资源持有者与顾客的认可，难以为新企业整合机会开发必需资源，从而导致了新企业面临着较高的失败风险[②]。这意味着，如果创业者所整合的资源数量越多，新企业的资源基础条件就越好，其存活与成长的可能性就越高，相应地在创业初期的绩效表现也就越好。与之相呼应，研究人员已经发现，新企业初期规模与绩效在很大程度上取决于创业者在创业过程中为新企业塑造的资源基础条件。也就是说，在创业过程中，创业者所整合的资源异质性程度越高，新企业竞争优势就越强，绩效表

---

① Bhide, A.V. The origin and evolution of new business. Oxford: Oxford University Press, 2000.

② Stinchcombe, A.L. Social structure and organizations. In: March, J.G., eds. Handbook of Organizations (pp. 142~193). Chicago: Rand McNally, 1965.

现也就越好[①]。基于上述分析，本研究认为，在发现创业机会之后，创业者资源整合行动的效率和效果在很大程度上决定着创业初期的绩效。

更为重要的是，创业者的社会关系网络是创业资源的重要来源。利用人际关系网络，创业者不仅能以更低的成本获得资源，而且能获取其他人难以获取的稀缺资源。研究已发现，创业资金、首份订单、核心员工等都主要来自于创业者的社会关系网络。社会资本理论认为，在从事工具性行动时，个体与所动用联系人的关系强度越高，所动用联系人所承载的社会资源越丰富，就越容易获得相关信息和资源支持[②]。也就是说，利用社会资本是创业者获取创业资源的主要途径，创业者资源整合行动的效率和效果在很大程度上取决于创业者所利用的社会资本水平。与之相呼应，研究人员也发现，在生存年限低于 3 年的创业企业中，所动用网络密度与盈利水平之间存在着负相关关系，而所动用网络的资源水平则与盈利水平之间是正相关关系；对于生存年限大于 3 年的创业企业，网络规模与盈利水平之间存在着正相关关系，而网络密度以及网络资源与盈利水平之间则不存在显著性关系[③]。

综上所述，本研究认为，创业者所利用的社会资本水平影响着资源整合行动的效率和效果，并最终决定着新企业初期绩效。具体而言，创业者所利用的社会资本水平越高，其资源整合行动的效率和效果就越好，从而越有利于创业者把握并实现创业机会价值，提高新企业初期绩效。

三、社会资本利用方式与新企业初期绩效

创业是创业者动用、维持和建构社会资本来发现机会并获取开发机会所必需资源的行为过程。在创业的不同阶段，创业者利用着不同的网络。在创业动机形成阶段，创业者与少数密切联系人之间讨论商业创意；在计划阶段，创业者需要动用更大规模的社会网络，因为他们可能不知道谁能提供帮助，所以他们尽可能联系未来可能用得着的联系人；一旦企业开始运营，创业者倾向于将其网络聚焦于那些能提供资源和客户的

---

① Chandler, G.N., Hanks, S.H. Market attractiveness, resource-based capabilities, venture strategies, and venture performance. Journal of Business Venturing, 1994, Vol. 9, Issue 4: 331~349.

② Lin, N., Social capital: A theory of social structure and action. Cambridge: Cambridge University Press, 2001.

③ Aldrich, H.E., Rosen, B., Woodward, W. The impact of social networks on business foundings and profit: A longitudinal study. In: Churchill, N.S., et al., eds. Frontiers of Entrepreneurship Research (pp. 154~168). Wellesley, MA: Babson College, 1987.

关键联系人[①]。

其实，在机会开发过程中，创业者一方面致力于从现有社会网络关系中寻求创业支持和帮助，另一方面着手于建立新的联系人来获取创业必需的信息和资源。研究人员发现，在创业过程中，创业者平均每周会花费 5 个小时来建立新联系人和维持已有联系人[②]。沿着这条思路，借鉴詹姆斯·马奇（James March）有关资源探索和资源开发的观点，可以将创业者社会资本利用方式划分为开发式利用与探索式利用。前者侧重于开发利用现有的社会关系中承载的资源，后者偏向于探索并建立新的社会关系为机会开发所用。因为时间和资源的稀缺性，创业者必须在开发式利用与探索式利用之间做出合理的时间和资源配置。换句话说，在特定条件下，创业者如何在开发式利用与探索式利用之间作出合理权衡就是创业成功的关键。

目前，研究人员已发现，创业机会特征是决定后续机会开发路径的关键因素，创业机会与开发路径之间的匹配关系在很大程度上决定着创业绩效[③]。这意味着，创业机会特征必然会影响创业者社会资本利用方式的选择，即在特定机会条件下，创业者采纳合适的社会资本利用方式更有助于提升新企业初期绩效。具体而言，创业机会特征可能从两个途径影响创业者的社会资本利用方式选择：第一，创业机会的创新性越强，创业活动所面临的不确定性水平越高。此时，创业者往往会采纳启发式决策来快速行动，在行动中不断化解机会的不确定性因素，从而逐渐形成对环境变化的判断力[④]；更倾向于手段导向而非目标导向的行为方式，注重利用现有手段去试验可能的产出，从而在各种可能产出中间找出最优解，行为决策的原则是可承担的损失而非可获得的收益[⑤]。第二，创业机会的创新水平越高，就意味着创业机会价值越难以被利益相关者所

---

① Greve, A., Salaff, J.W. Social networks and entrepreneurship. Entrepreneurship Theory and Practice, 2003, Vol. 27, Issue 3: 1~22.

② Aldrich, H.E., Reese, P.R. Does networking pay off? A panel study of entrepreneurs in the research triangle. In: Churchill, N.S., et al., eds. Frontiers of Entrepreneurship Research (pp. 325~339), Wellesley, MA: Babson College, 1993.

③ Samuelsson, M. Creating new ventures: A longitudinal investigation of the nascent venturing process. Doctoral dissertation. Jönköping: Jönköping International Business School, Sweden, 2004.

④ Busenitz, L.W., Barney, J.B. Differences between entrepreneurs and managers in large organizations: Bias and heuristics in strategic decision-making. Journal of Business Venturing, Vol. 12, Issue 1: 9~30.

⑤ Sarasvathy, S.D. Causation and effectuation: Toward a theoretical shift from economic inevitability to entrepreneurial contingency. Academy of Management Review, 2001, Vol. 26, Issue 2: 243~263.

接受，越难以赢得被公众认可的合法性，从而加大资源获取难度[①]。具体而言，开发创新型创业机会意味着要以新的方式甚至是从未有过的方式来配置和利用资源。但新的资源配置方式可能会对现有手段形成挑战，使得利益相关者对于创业机会的价值保持怀疑、甚至是抵触心理，从而难以通过赢得合法性来获取创业必需资源[②]。

基于上述两个原因，一旦创业者开发创新型创业机会，他并不会停留于身边已有的社会关系网络，转而注重更广泛地动员社会关系来收集相关信息，广泛地寻求外部资源支持，尝试各种可能的手段去试验创业机会的真正价值，探寻一切可能的途径来获取开发创业机会所必需的资源。其实，研究人员已经指出，在开发创新型机会时，积极与利益相关者进行沟通和交往，建立与关键利益相关者或某些权威人士的良好关系，是为创业赢得合法性并争取资源整合的关键途径[③]。为此，本研究认为，创业机会特征调节着创业者社会资本利用方式与新企业初期绩效之间的关系。具体而言，创业机会的创新程度越高，探索式利用与新企业初期绩效之间的正相关关系越强。

四、理论模型设计

依据上述理论推导，本研究提出了一个社会资本、创业机会、创业资源与创业初期绩效之间的作用关系模型，在模型中，本研究采用社会资本理论的观点来解释创业初期绩效为什么是创业者与创业机会互动的结果，认为创业初期绩效取决于创业者认识谁，以及在创业过程中利用了谁，见图 3.6。本研究认为，来自于创业者所嵌入人际网络的社会资本塑造着其所发现创业机会的特征。在机会开发过程中，利用社会资本是创业者整合必需资源的重要途径，开发不同创业机会需要创业者采纳不同的社会资本利用方式来整合资源，即使面对相同的机会，不同主体因所利用社会资本的差异导致其资源获取效率的差异，从而最终导致有的成功而有的失败，有的绩效卓越而有的仅维持存活。换言之，创业者社会资本与所发现创业机会之间存在着匹配关系，并进一步影响着创业者面向资源整合的社会资本利用方式，从而最终决定创业初期绩效。

① 张玉利，杜国臣. 创业的合法性悖论. 中国软科学，2007，10: 47~58.

② Aldrich, H.E., Fiol, M. Foos rush in? The institutional context of industry creation. Acamdey of Management Review, 1994, Vol. 19, Issue 4: 645~670.

③ Zimmerman, M.A., Zeitz, G.J. Beyond survival: Achieving new venture growth by building legitimacy. Academy of Management Review, 2002, Vol. 27, Issue 3: 414~431.

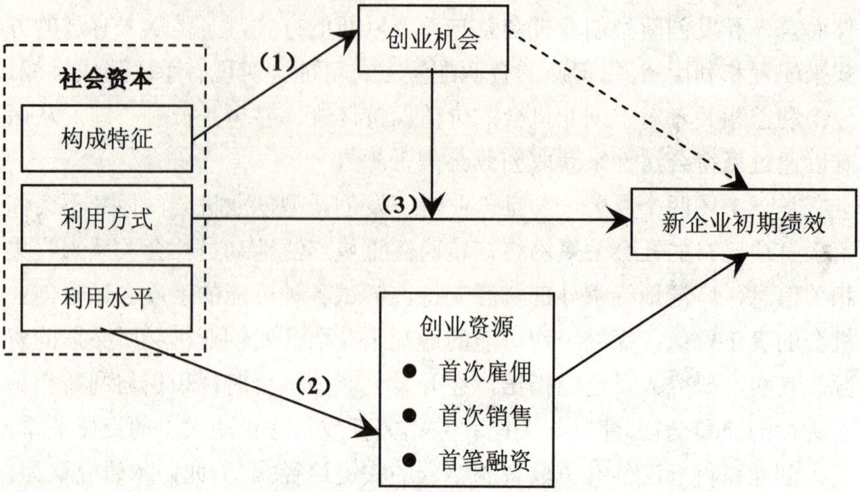

图 3.6　本研究的理论模型

资料来源：本研究设计。

理论模型的最左边是自变量创业者社会资本，最右边是因变量新企业初期绩效，中间是两个对社会资本与新企业初期绩效关系的影响变量，包括创业机会与创业资源，创业机会的概念内涵表现为其所蕴含的“手段—目的”关系的创新水平，而创业资源则集中体现为“首次雇佣核心员工”、“首次销售收入”和“首笔外部融资”三个方面的内容。根据理论模型所示，本研究计划展开三个方面的内容：第一部分致力于探索创业者社会资本构成对所识别创业机会特征的作用关系；第二部分旨在挖掘在创业过程中，创业者社会资本利用水平经由资源整合行动效率和效果的中介作用从而影响新企业初期绩效的内在机理；第三部分选择创业机会为权变因素，探索其对社会资本利用方式与新企业初期绩效之间的调节作用。这三部分研究内容构成了本研究的后续三个主要章节。基于此，对于各部分研究变量之间的作用关系假设、变量测量维度与检验等内容也相应地在后续各部分章节展开叙述。

第三节　研究设计与研究流程

科学的结论依赖于规范的研究设计与研究流程。下面将细致介绍研究设计与实施流程，重点介绍本研究的研究设计思路、问卷设计与样本选择、问卷发放与样本检验、以及分析方法与逻辑等内容，目的在于保证基于理论模型的实证分析的有效性。

一、研究设计的基本依据

简单地说，研究设计是研究的基本框架，它可以为数据收集与分析方法提供基本的指导原则，本质上是研究问题与所采纳理论之间关系的外化[①]。目前，研究人员一般将研究设计分为定性研究与定量研究两种范式。其中，定性研究主要是对现象内涵、概念、定义、特征等的描述，而定量研究则涉及对现象内要素之间因果关系的测量与检验[②]。借鉴科学哲学领域学者的观点，可以更好地理解定性和定量研究设计在本体论、认识论与方法论三个方面的差异。

表 3.4　定性和定量研究设计的比较

比较维度	描述	定性研究	定量研究
本体论	对现象本质的理解	现象是主观的，它取决于研究者见闻	现象是客观的，它独立于研究者存在
认识论	研究者与现象的关系	研究者与现象互动，研究者是参与者	研究者独立于现象，中立地审视现象
方法论	知识创造逻辑	归纳过程，谋求特定情境范围内的理论发展	演绎过程，开展不受情境制约的理论检验

资料来源：Creswell, J.W. Research design: Qualitative and quantitative approaches. California: Sage Publications, 1994, 5.

借助于表 3.4 不难发现，定性研究的目的在于通过对所研究现象本身特征的归纳式推理过程来实现新知识创造，有助于发现理论发展的新方向。定量研究则旨在借助于具体理论视角来演绎现象中的要素作用关系，进而构建出具体的假设，并借助于统计分析手段来检验所提出的假设，从而检验特定理论对现象的适用性和解释力。更为重要的是，从方法论角度看，尽管定量研究往往以演绎逻辑为主导，但这并不意味着定量研究不可以采用归纳逻辑来创造知识。其实，研究人员已进一步区分了针对探索未知领域从而实现知识创造的两种定量研究设计思路，即技术导向和理论导向[③]：技术导向注重系统科学地描述所研究对象的特征

① Robson, C. Real world research: A resource for social scientist and practitioner-researchers. Oxford: Blackwell, 1993.

② Dabbs, J.M. Making things visible. In: Maanen, J.V., eds. Varieties of Qualitative Research. Beverly Hills, CA: Sage, 1982.

③ Hansson, B. Philosophy of science. Lund: Filosofiska Instituionen, 1993.

与属性，挖掘所研究对象的本质及其他相关领域的独特性，本质上是在归纳逻辑指导下的现象描述研究。而理论导向则旨在通过理论演绎和假设检验来形成新的认识，注重认识、解释甚至预测研究对象的未来反应，本质上是演绎逻辑指导下的理论驱动研究。

事实上，研究设计思路多种多样，并不存在着放之四海而皆准的研究设计，研究设计依赖于所研究问题及其所采纳理论视角的特征。例如，如果研究人员对研究对象缺乏足够的认识或判断，探索式研究设计就更加有利，相应地，文献调查、焦点小组访谈、田野调查、案例研究等定性研究方法就成为了首选研究手段。沿着这条逻辑，本研究采纳理论驱动型的定量研究设计思路来规划研究流程，理由在于：

第一，本研究注重以演绎逻辑为基础去探究研究对象的本质。具体而言，本研究采纳社会资本的理论观点来阐述创业过程中关键要素之间的作用关系，进而演绎出有待检验的具体假设。进一步地，采纳问卷调查手段来采集反映研究对象特征的一手数据材料，并通过对问卷调查数据的统计分析来检验所提出的假设。第二，创业研究已经从聚焦于现象描述转向注重理论驱动，更强调利用演绎逻辑而非归纳逻辑来创造知识。正如第二章所指出的，在创业研究兴起之初，在归纳逻辑指导下的探索性研究设计更有助于认识创业现象本质及其关键要素，而随着对创业现象的认识逐渐丰富，演绎逻辑驱动下的决定性研究（Conclusive research）则更有助于我们认识创业现象中关键要素之间的作用关系[①]。

基于此，本研究在利用理论演绎归纳有待检验的具体假设基础上，选择截面式问卷调查设计来检验所提出的假设。具体而言，首先根据社会资本理论的观点来阐述关键要素之间的作用关系，进而演绎出具体的假设。紧接着，开展问卷设计与问卷调查，并以此为依托进一步利用统计分析手段来检验所演绎的具体假设，目的在于加深对复杂创业现象的认识，同时增强对创业活动内在机理的预测力度。在这里，必须要指出的是，尽管在创业领域，跟踪式研究已成为非常流行的范式，但跟踪式调查所需要的昂贵成本促使本研究被迫采纳基于回顾调查的截面式设计。

毋庸置疑，回顾式调查的固有缺陷是存在着幸存者误差（即只能以创业成功样本为对象，而抽取不到失败的样本），以及后视偏见（即被调

① Bygrave W.D. The entrepreneurship paradigm: A philosophical look at its research methodologies. Entrepreneurship Theory and Practice, 1989, Vol. 14, Issue 1: 7~23.

查者可能因记忆模糊或有意夸大等因素侵蚀调查数据的真实性)。为了尽可能地降低回顾式调查引起的调查准确性缺失，本研究一方面追求问卷设计过程的科学性和规范性，重点突出问卷内容条目的鉴别能力；另一方面选择新企业创业者为调查对象，目的在于缩短调查实施时间与创业活动之间的时间差距，从而削弱后视偏见对调研结果的影响。下面，本研究将继续叙述问卷设计过程、样本选择依据、数据采集过程以及样本检验结果。

二、问卷设计

问卷设计依赖于研究模型中所涉及到变量的属性与特征，其重点在于尽可能采纳最优题项或条目来测量涉及的概念、建构或变量。简而言之，问卷设计实质上是选择、测验并确定建构测量条目的过程。与之相呼应，遵循科学的问卷设计流程就成为了决定问卷质量的关键因素，因为这有助于避免因缺乏测量信度所带来的随机误差以及因缺乏测量效度所引发的系统误差。对此，吉尔伯特·丘吉尔（Gilbert A. Churchill, Jr.）较早地归纳了测量条目的开发流程，他认为测量条目开发工作应该遵循以下三个步骤[①]：（1）利用文献研究明确研究建构的操作化内涵与测量条目；（2）分别同学术界和企业界专家进行焦点小组讨论；（3）通过探测性调研对测量条目进行优化，从而最终确定调查问卷的内容和形式。

依从丘吉尔的观点，本研究的问卷设计流程大致经历了以下五个阶段：（1）依托文献研究明确概念模型。2006 年 10 月至 2007 年 6 月，阅读并整理了大量社会资本与创业活动关系的相关研究文献。在系统梳理文献的基础上概括出研究问题，设计概念性研究模型，进而明确了有待测量的理论建构；（2）根据文献梳理归纳测量条目。2007 年 6 月至 8 月，根据先前文献梳理设计了针对理论建构的测量条目，设计了问卷初稿；（3）征求学术团队与外部专家的意见。2007 年 8 月，借助于所在学术团队（包括数位教授、副教授以及 20 余位博士生、硕士生）的定期交流活动，向团队中的专家和相关博士研究生征求了对问卷的条目设计、措辞和问卷格式方面的意见。与此同时，利用电子邮件将问卷初稿发送给相关领域内的其他专家，以征求他们的修改意见，在汇总这些意见的基础上对问卷进行了第一次修改；（4）对一些业界专家进行实地访谈，总共

① Churchill, G.A. A paradigm for developing better measures of marketing constructs. Journal of Marketing Research, 1979, Vol. 16, Issue 1: 64~73.

与3位创业孵化领域的专家进行了深入交流，交流围绕研究模型的表面效度（Face validity）展开，征求他们对本研究问题及模型的意见；（5）探测性调研。2007年9月至10月，借助于天津市相关创业孵化机构的协助，面向20余位创业者进行了探测性调研与深度访谈，根据他们的反馈和建议，对一些测量条目的语言和表达方式做了进一步修改，形成了最终的调查问卷，详见附录A。

有必要指出的是，尽管遵循科学流程设计出的调查问卷能在一定程度上保障调查的准确性，但仍存在着一系列的随机因素会干扰调查质量。对此，有学者归纳了可能导致问卷应答者对条目作出非精确性回答的四种情况①：（1）应答者并没有掌握或不清楚所提问题答案的信息；（2）应答者不能回忆所提问题答案的信息；（3）虽然知道某些答案的信息，但是应答者不想回答；（4）应答者不能理解问题的涵义。在实际操作中，尽管不可能完全消除以上四种情况所引致的问题，但采取相应的措施来尽量降低它们对获取信息准确性的负面影响仍然非常关键。为了防止第一种原因所带来的问题，本研究在问卷填写说明中明确提醒新企业创业者本人填写。如果是团队创业的形式，则要求核心创业者本人填写问卷。为了防止第二种原因所带来的问题，尽量选择成立时间更短的新企业创业者为调查对象，以尽量避免引起后视偏见。为了防止自愿性带来的问题，在问卷填写说明中告知应答者，本问卷纯属学术研究目的，内容不会涉及企业及个人的私密问题，所获信息也不会用于任何商业目的，应答者如果对研究结论感兴趣，我们承诺将通过电子邮件反馈给他们，同时要求应答者留下联系方式。为了防止第四种原因带来的问题，通过与业界专家、创业者交流以及实施探测性调查等手段对问卷进行了反复修改，对问卷的表达方式和用语方式进行了审慎的斟酌修改，以尽量排除条目难以理解或所表达意思不够明确的可能性。

此外，我们在问卷结构设计中，按照一般性的主题结构来安排问卷内容结构，并未明确条目所测量的变量，并且将相关变量的测量逻辑顺序打乱分布。这样可在一定程度上防止被调查者在填写问卷时形成自己的逻辑和价值判断，从而有损于调查的准确性和可靠性。

三、数据收集与样本检验

如前所述，本研究采用面向新企业创业者发放调查问卷的方式来收

① Fowler, F.J. Survey research methods. Newbury Park: Sage, 1988.

集数据。在样本选择层面，为了达到研究的一般性效果，本研究并不限定样本的所属行业和产业性质，也不限于企业规模的大小，但主要的限制条件是选择新企业创业者为调研对象。具备什么样特征的企业才是新企业至今仍没有取得共识，但通行的做法是以成立年限为标准做区分。有的学者认为成立时间在 6 年以下的企业是新企业（e.g., Zahra et al., 2000）；一些学者则认为成立时间少于 8 年的企业是新企业（e.g., Biggadike, 1979; McDougall et al., 1994）；还有学者将新企业的成立时间延长到了 10 年（e.g., Covin and Slevin, 1990; Burgel, 1999; Helena et al., 2001）。本研究采纳折衷的观点，认为新企业是成立时间少于 8 年的企业。因为本研究的调研时间是 2007 年 10 月至 12 月底，所以样本选择界定为于 1999 年 1 月 1 日以后成立的新企业创业者。

面向企业管理人员开展大样本问卷调查绝非易事，而面向新企业创业者开展问卷调查则更是难上加难。从国内外学者所进行的同类研究看，大多数都未能做到利用随机抽样的思路来收集数据，便利抽样原则顺势成为了流行的问卷调查手段。为了更有效地识别新企业样本，本研究的问卷调查工作聚焦于各地区的新企业孵化机构展开。具体而言，问卷的发放和回收主要通过以下四种方式展开：

第一种方式是利用博士生导师应邀到创业孵化机构做沙龙的机会现场发放问卷，请被调查者现场填写，问卷现场回收。限于沙龙人数规模的限制，这种方式共发放问卷 25 份，回收问卷 12 份，其中有效问卷 5 份，问卷回收率和有效问卷回收率分别为 48%和 20%。

第二种方式是直接将打印好的纸质问卷通过邮寄方式送给两位当地创业孵化机构的负责人，利用他们与孵化机构内新企业之间的联系，由他们将问卷发放给新企业创业者，请创业者填写问卷并将问卷交给联系人，然后由联系人将回收的问卷通过邮寄方式反馈回来。这种方式共发放问卷 250 份，问卷的发放和回收主要经历了两个阶段：首先与联系人确认调研对象是成立时间在 8 年以下的新企业创业者，并请联系人提醒被调查者尽快填写问卷；3 周后，与联系人沟通问卷回收情况，并请求联系人与未回复的被调查者联系，再次提醒他们对问卷做出回答。这种方式最终回收问卷 100 份，其中有效问卷 72 份，问卷回收率与有效问卷回收率分别为 40%和 28.8%。

第三种方式是由作者自行发放和回收问卷。2007 年 10 月至 12 月，在征得相关负责人同意后，作者亲自到当地的 3 家创业孵化机构进行实地调研，采取入户调查的方式发放并回收问卷。在实地调研过程中，作者首先作简要的自我介绍并出示相关证件，以求赢得被调查者的信任；接着询问创业者是否在现场办公，如果不在，则礼貌地离开，如果在，则简要说明问卷调查背景和目的，征询创业者参与调查的意愿，在征得同意后，现场让创业者填写并回收问卷。在调研期间，作者一共走访了80家新企业，总共回收26份有效问卷，有效问卷回收率为32.5%。

第四种方式是作者利用3位熟悉的朋友，让他们联系所认识的新企业创业者填写调查问卷，并将填写好的电子版调查问卷通过电子邮件反馈给作者。这种方式总共发放问卷40份，回收问卷24份，回收有效问卷16份，问卷回收率与有效问卷回收率分别为60%和40%。利用上述四种方式，总共回收有效问卷119份，有关问卷的发放和回收情况请见表3.5。

表3.5　调查问卷发放与回收情况

发放和回收方式	发放问卷数量（份）	有效问卷数量（份）	有效问卷率
第一种方式	25	5	20.0%
第二种方式	250	72	28.8%
第三种方式	150	26	32.5%
第四种方式	40	16	40.0%
合计	465	119	25.6%

资料来源：本研究整理。

从回收的有效问卷来看，80位被调查者对本研究的结论感兴趣，希望作者做出相应的反馈并留下了联系方式。由此，可以判断总共有67.2%的有效问卷被填写的意愿较高。这意味着，可能因自愿性较低所带来的问卷结果偏差问题得到了较好的防范。

从理论上讲，样本数量越大，就越有助于消除测量手段难以规避的随机误差，从而能够提升研究结果的说服力。但是，由于实际条件的制约，样本规模总是会受到限制，尤其在企业研究中更是如此。路易斯·雷（Louis Rea）和理查德·帕克（Richard Parker）于1992年提出了一个准则，认为10%作为最大的抽样误差应该可以接受或容许，但样本规模至少大于模型中变量总数的5倍以上，并且总量至少达到100个[①]。按照这个准则来判断，本研究的样本规模超过了100，也超过了变量数量的5倍，最低倍数为9倍，研究结果应该可以被接受。

① Rea, L., and Parker, R., Design and Conducting survey research: A comprehensive guide. San Francisco: Jossey-Bass Pblishers, 1992.

因为本研究采纳了四种收集问卷的方法，从而可能会对样本的独立性、有效性等产生一定程度的影响。为了验证它们是来自于同一个群体，即母体相同，就必须对样本的来源进行检验。在此，本研究采取了 One-Way ANOVA 检验来测试四组样本的填写者对各种变量的反应，参见附录 B。结果发现，从总体上看，尽管在个别条目上有些差异，但并不是特别显著，证明四种来源基本上来自于同一母体，不同取样方式并不会对分析结果带来显著性影响。

表 3.6 为样本特征的描述性统计。从样本性别分布看，男性创业者样本占 79.0%，女性创业者占 21.0%。从样本年龄分布看，30 岁以下的创业者占 26.1%，30 岁到 40 岁占 53.8%，40 岁以上占 20.1%。从样本学历分布看，高中以下文化程度占 14.3%，专科文化程度占 31.1%，本科以上文化程度占 54.6%。从创业者在创业所在地的居住时间看，5 年以下占 26.9%，5 年到 20 年占 51.3%，20 年以上占 21.8%。从样本来源上看，天津、内蒙古、浙江、山东是样本的主要来源地，其中天津占 23.5%，内蒙古占 31.9%，浙江占 28.6%，山东占 16.0%。有 26.9%的创业者是在制造业内开展创业活动，剩下的 73.1%立足于非制造业开展创业活动。从成立年限上看，42.9%的样本成立时间在 2 年以下，34.5%的样本成立时间介于 2 年到 5 年之间，仅有 12.6%的样本成立时间处于 5 年到 8 年之间。成立时间短的样本占绝大多数也有助于降低问卷调查的后视偏见，提高问卷信息的准确性和真实性。综上分析可知，本研究的样本分布较为广泛，具有较为广泛的代表性，其研究结果应该具有较为普遍的意义。

表 3.6　样本特征的描述性统计[a, b]

条目		样本量（个）	所占百分比
性别	男	94	79.0%
	女	25	21.0%
年龄	30 岁以下	31	26.1%
	30 岁到 40 岁	64	53.8%
	40 岁以上	24	20.1%
教育程度	高中以下	17	14.3%
	专科程度	37	31.1%
	本科以上	65	54.6%
居住时间	5 年以下	32	26.9%
	5 年到 20 年	61	51.3%
	20 年以上	26	21.8%

续表

条目		样本量（个）	所占百分比
所属产业	制造业	32	26.9%
	非制造业	87	73.1%
成立时间	1 年以下	15	12.6%
	1 年到 2 年	36	30.3%
	2 年到 5 年	41	34.5%
	5 年到 8 年	27	12.6%
所在地区	天津	28	23.5%
	内蒙古	38	31.9%
	浙江	34	28.6%
	山东	19	16.0%

a. 由于四舍五入原因，各变量的合计数百分比可能不等于 100%；

b. 年龄、教育程度、居住时间、所属产业、成立时间等条目，做了答案类别的合并处理。

样本具有代表性并不意味着样本的有效性就高。一般来看，任何问卷都由客观测量条目和主观测量条目组合而成。客观测量条目，如性别、年龄等，出现偏差的可能性较小。而主观测量条目，即反映被调查者对某一描述看法的条目（如李克特量表）或反映被调查者对某一事物评价的条目（如语义差异量表），则很容易出现测量偏差。究其原因，或者是条目题干不能有效区分被调查者对于事物的看法或评价，或者是条目之间的相关关系引诱被调查者产生主观幻想与判断，从而降低主观测量条目的有效性。为此，本研究从以下两个方面面向主观测量条目开展样本有效性的检验。第一是检验条目的鉴别能力，即条目在多大程度上能鉴别出不同被调查者的反应程度；第二是检验样本的同源偏差情况，即因为所有条目均由同一被调查者填写所引致的系统性偏差。

表 3.7　条目鉴别能力分析表[a]

条目	均值显著性差异统计量	
	t 值	显著性水平
创业机会特征 1	6.708	0.000
创业机会特征 2	8.619	0.000
创业机会特征 3	5.742	0.000
创业机会特征 4	**1.450**	**0.152**
社会资本利用方式 1	3.346	0.001
社会资本利用方式 2	2.296	0.025
社会资本利用方式 3	3.185	0.002

续表

条目	均值显著性差异统计量	
	t 值	显著性水平
社会资本利用方式 4	3.086	0.003
社会资本利用方式 5	5.656	0.000
社会资本利用方式 6	2.204	0.031
社会资本利用方式 7	3.168	0.002
社会资本利用方式 8	7.146	0.000
社会资本利用方式 9	4.906	0.000
社会资本利用方式 10	4.682	0.000

a. 样本量为 119。

对于条目鉴别能力的检验，通行的做法是将所有被调查者在量表得分总和依高低排列，得分前 25%至 33%为高分组，得分后 25%至 33%为低分组，求出高低两组被调查者在每个条目得分平均数差异的显著性检验，从而计算出每个条目的“临界比率”（Critical ratio，简称为 CR 值）。如果条目的 CR 值达显著性水平（小于 0.05 或 0.01），即表示这个条目能够鉴别不同被调查者的反应程度，构成条目是否保留或删除的首要标准①。遵照这个建议，本研究采纳均值法（即选取 25%与 33%的平均数为选择标准），选择测验总分最高的 27%和最低的 27%为标准作为高低分组的界限，得出的条目鉴别能力分析结果，见表 3.7。结果显示，问卷大部分条目都通过了鉴别能力检验，即 CR 值达到了显著性水平，但创业机会特征的第 4 个条目并没有通过鉴别能力检验，因此在后续分析中将这几项条目予以删除，不将其纳入后续的数据分析流程。

对于同源偏差的检验，菲利浦·潘德斯科夫（Philip Podsakoff）和丹尼斯·奥甘（Dennis Organ）于 1986 年系统阐述了组织研究中同源偏差的来源、后果以及甄别办法②。他们认为在大多数情况下，同源偏差会导致概念间相关性的膨胀，也就是说因为概念测量不当所导致的方法偏差，产生人为膨胀而导致第一类误差，造成知识累积错误。更为重要的是，同源偏差有时也会造成概念间的相关性缺失，而导致第二类误差，即错失显著性概念相关。对于第一种误差，研究人员应该做好事前预防措施，本研究使用了打乱条目逻辑顺序以及反向条目法予以克服。对于

① 吴明隆. SPSS 统计应用实务. 北京：中国铁道出版社, 2001: 15~27.

② Podsakoff, P., Organ, D. Self reports in organizational leader reward and punishment behavior and research: Problems and prospects. Journal of Management, 1986, Vol. 12, Issue 4: 531~544.

第二种误差，他们建议采纳单因子检测方法来予以评价，即对问卷所有条目进行因子分析，在未旋转时得到的第一个主成分，就反映了同源偏差水平的高低。遵从此建议，本研究对涉及的主观测量条目一起做因子分析，在未旋转时得到的一个主成分，占到的载荷量是 20.679%，并没有占到多数，所以可以认定同源偏差并不严重。

四、数据分析方法

依据以上论述不难发现，本研究的样本规模符合变量数量要求，样本特征表现出了广泛的代表性，样本检验显示条目测量也具有较好的有效性。这意味着可以利用调查数据进入面向假设验证的统计分析流程。在后面的章节中，本研究主要采用 SPSS13.0 为主要的分析工具，首先将所有有效的原始数据输入到 SPSS 软件体系，在数据输入过程中，电脑编号与问卷编号完全吻合。在完成数据输入之后，特意邀请另一位朋友帮助核对所录入的数据信息是否与问卷信息相吻合，通过验证之后，形成了本研究所依托的变量数据库。既然不同的问题往往意味着不同属性的分析变量，为了回答所提出的研究问题，实现特定的研究目的，就应该针对问题与变量特征来选择最恰当的分析技术，如表 3.8 所示。

表 3.8　研究目的与分析技术

研究目的	主要的分析技术	文章中的位置
因变量与自变量特征检验	因子分析、相关分析、信度检验	第四、五、六章
社会资本构成与机会特征	一般线性回归、调节回归技术	第四章
社会资本利用水平与绩效	定序回归模型、中介回归技术	第五章
社会资本利用方式与绩效	定序回归模型、调节回归技术	第六章

资料来源：本研究整理。

概括起来，在第四章，主要选择调节回归技术来验证社会资本构成变量与机会特征之间的多元线性模型。在第五章，主要采纳中介回归技术来验证社会资本利用水平与绩效之间关系的多元线性回归模型。在第六章，主要利用调节回归技术来验证社会资本利用方式与绩效之间关系的多元线性回归模型。对于变量属性与测量、统计检验手段等内容将在后续相应章节中作详细阐述。

第四章　创业者社会资本构成与创业机会特征

本章在归纳创业者社会资本构成与创业机会特征之间关系的相关理论假设的基础上，利用调查数据的统计分析来检验所提出的理论假设，即立足于解释创业者社会资本构成与其所识别创业机会特征之间的内在联系，旨在系统阐述所提出的第一个研究问题：创业者社会资本如何决定其所识别的创业机会特征。

本章内容大致围绕以下的逻辑顺序展开论述：首先以社会资本理论为基础，结合先前相关研究成果，开展理论推导进而构建出有待检验的具体假设；然后细致阐述所涉及主要变量的测量手段及分析方法；紧接着对数据统计分析结果进行解释与讨论；最后简要概括主要发现及其对未来研究的启示。

第一节　理论推导与假设构建

如前所述，并非所有机会都是相同的，来自不同变化的机会具有不同的属性和特征。这种创业机会群落内部的差异性往往表现为机会所蕴含的创新水平的高低。更为重要的是，先前研究已经对“为什么有的人能够看到机会而其他人却不能”这一基本问题进行了较为细致的阐述，形成了有助于解释机会发现的创业警觉、知识走廊等核心概念，但并没有对创业者与机会之间的匹配关系作出合理解释。基于这个判断，本研究超越机会发现可能性的讨论，选择社会资本理论为基础，结合已有相关研究成果，力图从理论层面阐述创业者社会资本构成与其所识别机会特征之间的内在联系，进而构建出有待检验的具体假设，旨在挖掘创业者与创业机会之间的匹配关系内涵。

一、社会资本与创业机会

创业机会发现取决于两个必要条件：第一，个体获取承载创业机会的信息；第二，个体合理解读这些信息并识别其中所蕴含的经济价值。认知学派认为，创业机会发现是个体有意识地系统搜集、处理并识别信息价值的过程，并将创业机会发现归结为个体卓越的信息处理能力、搜寻技术或扫描行动。奥地利学派对此提出了质疑，认为个体不可能搜寻创业机会，因为“在被发现之前，创业机会是未知的”，个体并不能去找寻他不知道是否存在的东西，相反，个体往往通过识别偶然获取的新信息价值来发现机会。比较而言，认知学派认为，创业机会发现的关键在于个体的信息解读能力，因为个体都可以通过提供搜寻来获取相关的信息。而奥地利学派则认为信息获取质量与获取能力是创业机会发现的关键，因为个体因其创业警觉能够敏锐把握承载创业机会的有价值信息。本研究立足于创业机会发现是偶然发现而非系统搜寻的基本判断，也就是说，与信息解读能力相比，获取有价值的高质量信息对于机会发现而言更加关键。

作为创业机会信息的重要来源，创业往往在与人交往过程中获取承载机会信息，从而发现了创业机会①。更为重要的是，社会交往是个体获取有价值的信息、知识和经验的重要途径，而是否具备必需的相关知识和经验已成为决定个体能否解读机会信息从而发现创业机会的关键要素②。安德里亚·拉尔森（Andrea Larson）曾指出，创业者与外部联系人之间的社会交往越频繁，相关商业信息的交换密度就越高。这有助于创业者提升对特定商业活动的深入认识和理解，从而更容易识别出常规商业活动中难以被其他人发现的顾客需求③。更为重要的是，社会交往不仅能促进网络成员之间的信息交换，而且能产生相互学习的效果。在社会交往的推动下，个体不仅能以较自我学习更快的速度获取显性知识，而且能感悟到隐藏在显性知识下的深层次隐性要素，并对其进行深

---

① Singh, R. Entrepreneurial opportunity recognition through social network. Doctoral Dissertation, University of Illinois at Chicago, U.S.A., 1998.

② Shane, S. Prior knowledge and the discovery of entrepreneurial opportunities. Organizational Science, 2000, Vol. 11, Issue 4: 448~469.

③ Larson, A. Network dyads in entrepreneurial settings: A study of the governance of exchange relationships. Administrative Science Quarterly, 1992, Vol. 37, Issue 1: 76~104.

度加工和创造，从而萌发更具有创造性的观点、想法或创意[①]。也就是说，社会交往能帮助个体深刻洞察、领悟并获取有关市场需求、技术应用、顾客问题等方面的专门化知识，从而为主体带来高度私密性和专门化的信息、知识与诀窍[②]。

既然社会交往是个体知识和信息的主要来源，那么，为什么在微观层次个体所摄取的知识和信息会存在着难以想象的差异？事实上，在社会资本理论看来，社会系统是社会主体之间的关系所连接起来的一个宏大网络，如果这个网络分布均匀，即任何两个主体之间都存在着联系，并且每个主体对外联系的平均强度大致相当的话，那么，信息和知识在社会系统中的流动也相应地呈现为一种均衡状态，私密性或隐秘性的知识和信息则将不复存在[③]。但遗憾的是，现实并非如此，物以类聚、人以群分，主体之间因主观偏好、职业特征、教育经历、家庭背景等因素的不同而形成了各具特色的小群体，在每个群体内部，信息和知识分布相对均衡，而群体之间的信息和知识分布则存在着很大差异。正因为此，个体社会资本构成存在着异质性，并会在很大程度上影响着其所能摄取的知识和信息的数量与质量。个体社会资本水平越高，个体所接触到的信息数量也就越多、质量也越高[④]。

既然个体社会资本水平在很大程度上影响着其所能摄取的知识和信息的数量与质量，创业者社会资本构成很可能影响着其所识别的创业机会特征。研究已经发现，系统搜寻是发现模仿性机会的主要途径，而创新性机会往往是偶然获取的结果[⑤]。这意味着，个体借助于公共知识和信息平台（如报纸、网站、产业报告等）就能获取相关商业信息和知识，并在此基础上进行系统性的加工创造就能够辨识出模仿性机会。而大多数承载创新性机会的信息和知识则难以在公共知识和信息平台中获取，更有赖于个体在日常生活中的交往范围与交往对象质量。也就是说，创业者的交往范围越广泛，交往对象的地位越高，所俘获异质性新信息的

① Kogut, B., Zander, U. Knowledge of the firm, combinative capabilities, and the replication of technology. Organization Science, 1986, Vol. 3, Issue 3: 383~397.

② Dyer, J.H., Singh, H. The relational view: Cooperative strategy and sources of interorganizational competitive advantage. Academy of Management Review, 1988, Vol. 23, Issue 4: 660~679.

③ Scott, J. Social network analysis: A handbook. London: Sage Publications, 1991.

④ Lin, N., Social capital: A theory of social structure and action. Cambridge: Cambridge University Press, 2001.

⑤ Smith, B. The search for and discovery of different types of entrepreneurial opportunities: The effects of tacitness and codification. In: Zahra, S.A., et al., eds. Frontiers of Entrepreneurship Research. Wellesley, MA: Babson College, 2005.

数量就越大、质量也越高，就越容易发现创新性机会。基于以上论述，本研究认为：

假设1：创业者社会资本水平与所识别创业机会的创新水平正相关。

具体而言，创业者所嵌入的网络规模与网络资源是直接影响其所摄取信息与知识数量与质量的两个关键变量。首先，创业者所嵌入的网络规模越大，越有助于其更丰富的多样性信息，不仅使其更容易看到被别人忽视的机会，而且经由对所摄取信息的处理加工更容易发现更具有创新性的机会。与之相呼应，研究已发现网络规模更大的创业者不仅能够发现更多的创业机会，而且经由与不同联系人的广泛讨论能激发其创造性，从而发现更具有创新色彩的机会①。其次，创业者所嵌入网络资源在很大程度上影响其获取的信息与知识质量，在呈现为金字塔形状的社会系统中，创业者联系人的地位越高就越可能给创业者带来他人难以摄取的高质量信息。例如，与大学教授存在着直接或间接联系的个体可能先于他人发现新兴技术的应用前景，从而发现创新潜力更高的创业机会。依据以上论述，本研究认为：

假设1-1：创业者所嵌入的网络规模与所识别创业机会的创新水平正相关。

假设1-2：创业者所嵌入的网络资源与所识别创业机会的创新水平正相关。

除此之外，个体所嵌入社会网络的结构特征也会影响新信息可得性与所获得新信息的价值，从而决定创业者所识别的机会属性。但学者们对于网络结构特征如何影响个体所识别信息特征却存在着不同的理解。博特认为，个体所嵌入社会网络的结构越松散，网络中存在的结构空洞越多，个体就越容易获取异质性新信息，从而更可能发现创新水平更高的创业机会②；而科尔曼则认为，个体所嵌入社会网络的结构越紧密，个体之间的信息交流越有效率，更容易传递一些稀缺的私密性信息，从而更可能发现创业机会③。在创业领域，学者们已开始探索网络结构与创业机会发现之间的关系，但并没有得到一致的结论。有研究发现，个体所嵌入社会网络的结构越松散，个体就越容易获取新信息，从而更容

① Hills, G., Lumpkin, G.T., Singh, R.P. Opportunity recognition: Perceptions and behaviors of entrepreneurs. In: Frontiers of Entrepreneurship Research (pp. 203~218). Wellesley, MA: Babson College, 1997.

② Burt, R.S. Structural holes: The social structure of competition. Cambridge: Harvard University Press, 1992.

③ Coleman, J.S. Foundations of social theory. Cambridge, MA: Harvard University Press, 1990.

易识别有价值的创业机会[①]；而另一项针对 6 家德国生物技术企业的案例研究却发现，嵌入紧密的科学家网络有助于创业者识别创新性机会，因为紧密型网络内部形成的信任和规范有助于网络成员之间的信息交流与相互学习，有助于创业者获得新知识从而识别创新性机会[②]。

事实上，虽然社会网络为个体获取有价值信息和知识创造了可能，但个体能否有效消化吸收承载于社会网络的信息则取决于个体的学习吸收效率和效果。更为重要的是，尽管共同的知识基础有助于强化个体在社会交往过程中的知识吸收能力，但新知识传递有赖于知识来源的多样性[③]。这意味着，科尔曼等人更强调嵌入紧密网络中的个体具备的共同知识基础所衍生出的知识吸收能力在机会发现中的角色：嵌入相同领域内紧密网络的科学家更容易消化吸收社会交往中传递的领域内深度知识和信息，从而更容易加工整理出更具有创新性的机会。与之相反，博特等学者则偏爱经由多样化知识传递所带来的新知识价值：嵌入相同领域内紧密网络的科学家可能形成僵化的思维惯性，制约新知识的吸收与获取，偶尔与其他领域内的主体交流则有助于个体获取新颖的信息与知识，一旦将其与个体所在领域内的已有知识相联系组合，就能够识别出更具有创新性的机会。因此，本研究提出两个有待进一步验证的竞争性假设：

假设 1-3-1：创业者所嵌入网络密度与所识别创业机会的创新水平正相关。

假设 1-3-2：创业者所嵌入网络密度与所识别创业机会的创新水平负相关。

二、人力资本的调节作用

接触信息是发现机会的必要条件，但个体信息解读能力不同，仍可能导致个体在面对相同信息时的反应也不同。已有研究已反复论证了以创业者工作经验和创业经历为构成的人力资本在创业机会发现过程中的重要角色。例如，谢恩指出，个体先前工作经验中所积累的顾客问题知识、市场服务方式知识、以及市场知识组成的知识结构造就了创业者之间各具特色的“知识走廊（Knowledge corridor）”，从而导致其更容易发

① Arenius, P., Clercq, D.D. A network-based approach on opportunity recognition. Small Business Economics, 2005, Vol. 24, Issue 3: 249~265.

② Maurer, I., Ebers, M. Dynamics of social capital and their performance implications: Lessons from biotechnology start-ups. Administrative Science Quarterly, 2006, Vol. 51, Issue 2: 262~292.

③ Cohen, W.M., Levinthal, D.A. Absorbtive capacity: A new perspective on learning and innovation. Administrative Science Quarterly, 1990, Vol. 25, Issue 1: 128~152.

现特定而非其他创业机会[①]。后续研究进一步指出，个体先前知识水平越高，所发现创业机会的创新水平也越强[②]。更为重要的是，创业经历更丰富的个体也更容易识别创业机会，因为创业经历为个体创造了有助于发现新机会的认知路径[③]。

这意味着，以创业者工作经验和创业经历为构成的人力资本可能调节着创业者社会资本与所识别机会创新水平的作用关系。其理由在于，个体社会资本构成决定着其所能摄取的信息与知识的数量与质量，但这并不意味着摄取相同信息的个体就能够识别出类似的创业机会。理由在于，人力资本差异在很大程度上影响着其对所摄取信息和知识的解读与理解。正如谢恩所指出的那样："事实上，很多时候并不是因为创业者比非创业者知道得更多，而是因为创业者在恰当的时候、恰当的场合以及恰当的领域获取到了恰当的机会信息。"[④]

基于这个判断，本研究认为创业者人力资本特征在社会资本与所识别机会的创新水平关系间起到正向调节作用。具体的假设表述如下：

假设 2：创业者人力资本正向调节着社会资本与机会创新性的作用关系。

假设 2-1：创业者人力资本正向调节着网络规模与机会创新性的作用关系。

假设 2-2：创业者人力资本正向调节着网络资源与机会创新性的作用关系。

假设 2-3：创业者人力资本正向调节着网络密度与机会创新性的作用关系。

第二节　变量测量与分析方法

在这里，选择创业机会创新水平为因变量；网络规模、网络资源和

---

① Shane, S. Prior knowledge and the discovery of entrepreneurial opportunities. Organizational Science, 2000, Vol. 11, Issue 4: 448~469.

② Shepherd, D.A., DeTienne, D.R. Prior knowledge, potential financial reward, and opportunity identification. Entrepreneurship Theory and Practice, 2005, Vol. 29, Issue 1: 95~112.

③ Westhead, P., Wright, M. Novice, portfolio, and serial founders: Are they different?. Journal of Business Venturing, 1998, Vol. 13, Issue 1: 173~204.

④ Shane, S. Prior knowledge and the discovery of entrepreneurial opportunities. Organizational Science, 2000, Vol. 11, Issue 4: 448~469.

网络密度三个反映创业者社会资本构成状况的变量为自变量；创业者人力资本为调节变量，利用调节回归技术来验证所提出的理论假设。下面，本研究将细致阐述研究变量的测量手段与分析方法。

一、创业机会创新水平

正如第三章所指出的，创业机会已成为创业领域的核心概念，但大部分研究人员却将创业机会视为理所当然的概念，并没有对其进行更多的探讨，对创业机会的性质和来源的认识仍处于探索阶段。直到最近，学者们才逐渐认识到并非所有机会都是相同的，创业机会之间的差异根源来自于其所蕴含的创新水平不尽相同，并开始致力于探索创业机会创新水平的测量方式与指标体系。从已有研究来看，一些研究人员依托客观测量思路，试图通过对新企业专利数量或研发投入等可观测指标的测量来表征创业机会创新水平，其理由在于，专利数量[①]与研发投入[②]已成为衡量组织创新水平的公认指标。另一些研究人员则偏好于主观测量思路，强调通过考察创业者对新企业产品或服务独特性及其竞争压力评价来测度创业机会创新水平，因为产品或服务独特性常常被用于投射非技术部门内的组织创新水平[③]，而市场中的全新产品或服务所面临的竞争压力也相应很低[④]。

但令人遗憾的是，尽管上述两种测量思路能够从各自角度衡量创业机会创新水平，但任何单一的测量思路并不能揭示创业机会创新水平的全貌。理由在于，创业机会既然是一种具有价值创造潜力的“手段—目的”关系，那么，创业机会创新水平的差异就应该同时在手段维度与目的维度表现出内在一致的特征，孤立地测量手段特征（专利数量、研发投入）或目的特征（产品独特性、竞争压力）并不能全面地反映创业机会概念的内涵。与之相呼应，萨缪尔森在其博士学位论文中，率先尝试了结合客观测量思路与主观测量思路的综合指标测量方法。具体而言，他分别从研发投入优先性、专利重视程度、产品或服务独特性、竞争压力水平四个维度测量创业机会的创新水平。基于对调查数据的统计分析，

① Lanjouw, J.O., Schankerman, M. Research productivity and patent quality: Measurement with multiple indicators. CEPR Discussion Paper DP3623, 1999.

② Acs, Z.J., Audretsch, D.B. Innovation and small firms. Cambridge, MA: MIT Press, 1990.

③ Van de Ven, A.H. Central problems in the management of innovation. Management Science, 1986, Vol. 32, Issue 5: 590~607.

④ Covin, J.G., Slevin, D.P., Heeley, M.B. Pioneers and followers: Competitive tactics, environment, and firm growth. Journal of Business Venturing, 2000, Vol. 15, Issue 2: 175~210.

他实现了对创业机会的类型划分，发现在其样本中有88%的机会属于创新水平较低的复制型机会，剩下的12%属于创新水平较高的创新性机会，取得了较好的测量效果①。

基于此，本研究采纳萨缪尔森使用过的量表来测量创业机会的创新水平，量表由4个问题构成，主要测量创业者在创业过程中对于研发投入优先性（从极不同意到非常同意的五维测量）、专利重视程度（从极不同意到非常同意的五维测量）、产品或服务独特性（从非常低到非常高的五维测量）、竞争压力水平（从非常低到非常高的五维测量）等方面的评价。前三个问题采纳的是正向条目设计，即得分越高表明创业机会的创新水平越好，最后有关竞争压力的问项采纳的是反向条目设计，即得分越高表明创业机会的创新水平越低，见表4.1。

表4.1 创业机会创新水平的测量条目描述[a]

测量条目	最小值	最大值	均值	标准差
我将大部分资金优先投入于研发活动	1.00	5.00	3.17	1.30
我积极去申请专利、商标或版权保护	1.00	5.00	3.42	1.34
我所提供产品或服务在市场上的独特性……	2.00	5.00	3.70	0.98
我面临的竞争压力……	1.00	5.00	3.79	0.94

a. 样本数为119。

必须指出的是，由于第4项“竞争压力”条目并没有通过鉴别力分析检验，即它并未能有效鉴别出不同受试者的反应程度，对整个指标没有实质上的贡献。因此，在后面的分析中将其予以删除，剩下的三个条目各自反映了创业机会创新水平的某个侧面，彼此间存在着较强的相关关系，但又不能进行简单的加总来综合反映创业机会创新水平。为了简化数据，可以采用因子分析的方法，用一个公共因子来代表这几个变量的主要特征。

更为重要的是，测量量表具有信度和效度是进行后续一系列分析的基本前提。按照经验判断，保留在变量测度项中的单项与总和项（Item-to-total）的相关系数应大于0.35，并且测度变量的Cronbach Alpha值应该大于0.70才能满足量表的信度和效度要求②。相应地，只有当KMO值大于0.50，Bartlett球形检验统计值具有显著性，且各条目的载荷系数

① Samuelsson, M. Creating new ventures: A longitudinal investigation of the nascent venturing process. Doctoral dissertation. Jönköping: Jönköping International Business School, Sweden, 2004.

② Nunnally, J.C. Psychometric theory. New York: McGraw-Hill Book Company, 1978.

均大于 0.50 时，才可以通过因子分析将同一变量的各测试项合并为一个因子并进行后续分析①。

如表 4.2 所示，量表 Cronbach Alpha 值为 0.792，大于 0.70，单项与总和项（Item-to-total）的相关系数最小值为 0.524，大于 0.35，可以认定测量量表具有较好的信度与效度。代表样本充分水平的 KMO 检验值为 0.655，说明样本数量是充分的，超过了因子分析的样本限制条件。表明条目间相对关联程度的 Bartlett 球形检验值为 120.056，显著性水平 P<0.01，说明各条目是相互关联的，适合于提取公共因子。从因子分析结果来看，通过主成分方法提取出了一个公共因子，其方差贡献率为 70.9%，也就是说，原来 3 个变量的所有方差中，有 70.9%可以用所提取的公共因子来解释。

表 4.2　创业机会创新水平的因子分析结果 a, b

条目	因子载荷值	Item-to-total	Cronbach Alpha
我将大部分资金优先投入于研发活动	0.864	0.683	0.792
我积极去申请专利、商标或版权保护	0.897	0.737	
我所提供产品或服务在市场上的独特性	0.758	0.524	

a. 公共因子提取办法为主成分方法，提取出了一个公共因子，对变量的累积方差贡献率为 70.9%；

b. KMO 样本充分性检验值为 0.655；Bartlett 球形检验值为 120.056，P<0.01。

根据因子分析的结果，可以得出每个样本所对应的因子值，即该公共因子对应于每个样本个案上的值，它代表着每个样本所对应的创业机会创新水平。因子值是一个均值为 0，标准差为 1 的标准分变量。为了便于理解，将其转化成一个最低分为 0，最高分为 100 的分值，分值越高，则喻示着创业机会的创新水平越高。具体计算方法如下所示：

（因子最小值－因子值）÷（因子最小值－因子最大值）×100

二、社会资本构成

本研究采纳“位置生成法”来测量创业者的社会资本构成状况。具体而言，借用了边燕杰等社会学家曾多次使用过的“春节拜年网”测量指标。边燕杰认为，在当今中国社会中，春节拜年是保持和发展人际关系的一种非常重要的活动。因此，通过对春节期间与被调查者有过拜年交往的各种社会关系的考察，可以比较准确地了解被调查者的核心社会

① 马庆国. 管理统计. 北京：科学出版社, 2002: 320.

关系网络状况。经过多次实际研究的检验，证明这种测量方法具有相当的信度和效度①。

在本次调查中，首先要求被调查者回答他们在2007年春节期间以各种方式（包括电话、写信、送贺卡和登门造访）相互拜年的亲属、朋友和熟人各有多少人。然后在问卷中列出了21种职业类型和12种单位类别，让被调查者回答在与其有拜年交往的人中，是否有人属于其中某一种职业或单位，如果有，则在相应的职业或单位空白栏里划“√”。对于职业类型和单位类型的选择基本参照了边燕杰和李煜的研究中所使用的类别以及职业或单位类别打分办法。从总体来看，这些职业类别和单位类别的选取基本涵盖了当今中国社会中的主要职业地位和单位地位，可以作为衡量社会网络成员结构地位的有效指标。依托与“位置生成法”相匹配的社会资本构成变量测量方式，形成了对创业者社会资本构成变量的测量思路与办法。

网络规模。网络规模反映的是个体所嵌入网络的网络成员数量，它属于社会资本概念中网络结构维度的主要变量。一般来看，网络规模越大，则意味着个体社会资本水平越高。正如第二章所指出的，与“位置生成法”相比较，“提名生成法”能更好的反映个体所嵌入网络的结构特征，能较好地反映诸如网络规模、网络密度、异质性等特征，但这并不意味着位置生成法就不能够反映个体的网络结构指标。事实上，只要将被调查者所提到过的与其有过相互拜年联系的亲属、朋友和熟人的人数加总起来，就可以了解创业者核心社会网络中的成员数目，从而测量其网络规模的大小。

网络密度。网络密度反映的是个体所嵌入网络的紧密程度，它属于社会资本概念中网络结构维度的另一个主要变量。简单而言，它反映的是个体所嵌入网络中网络成员之间彼此联系的紧密程度，一般的测量方法是用网络中的实际联系数量除以网络中所有可能存在的联系数量②。例如，在一个由4个主体构成的网络中存在着3个联系，那么其网络密度就是0.50，即用3除以6（网络中所有可能存在的联系数量）。但是，因为位置生成法并不能描述出网络中的实际联系结构，因此无法按照上述办法直接测量网络密度。对此，不少学者指出，在中国社会中，可以

① 边燕杰, 李煜. 中国城市家庭的社会网络资本. 清华社会学评论. 厦门: 鹭江出版社, 2001年.
② Scott, J. Social network analysis: A handbook. London: Sage Publications, 1991.

用网络中亲戚等强关系的比例作为测量网络密度的近似指标①。遵照此建议，本研究借用相互拜年交往的亲属数量除以拜年网中的所有成员数量所得的比值来近似测量网络密度情况。

网络资源。如前所述，网络中的嵌入性资源往往表现为财富、权利和地位。在本研究中，采用以下 4 个指标来测量网络资源情况。具体做法是：首先对职业量表中所列出的 21 种职业的每一种都进行统计，看是否有拜年网成员从事该职业。如果一人都没有，则将该职业赋值为“0”；如果有人从事该职业，无论从事的人数有多少，均将此职业取值为“1”。因为在林南看来，处于同一社会地位的网络成员所能提供的社会资源基本是一样的，因此无论网络中处于某一职业地位的网络成员数量有多少，也不能将其累加计算，而只能算作一个人②。然后，将取值为“1”的职业个数加总，可得到创业者拜年网中的职业类别个数（指标 1）；再将这些职业个数的声望得分加总，即可得到创业者拜年网中的职业声望总分（指标 2）。采取同样的方法，可以统计出拜年网中的单位类别个数（指标 3）和单位地位总分（指标 4），见表 4.3。必须要指出的是，尽管并没有直接使用前面提到的边燕杰 2004 年发表在《中国社会科学》上的一篇文章中所使用的测量指标，但这两种测量思路并没有本质区别。首先，网络异质性就直接表现为职业和单位类别个数；网络资源范围与最高资源潜力实质上是对职业声望总分与单位地位总分进行加总后的分类处理；而网络资源构成水平则是职业地位总分与单位地位总分的简单加总。

表 4.3　网络资源的测量条目描述 [a]

指标	描述	最小值	最大值	均值	标准差
职业类别个数	拜年网中成员从事职业类别数量加总	2	20	9.61	4.04
职业声望总分	拜年网中成员从事职业得分加总	108	1121	583.65	246.20
单位类别个数	拜年网中成员工作单位类别数量加总	1	12	6.98	2.71
单位地位总分	拜年网中成员工作单位得分加总	29	549	333.51	135.38

a. 样本数为 119。

① Ruan, D. The content of the General Social Survey discussion networks: An exploration of GSS discussion name generator in a Chinese context. Social Networks, 1998, Vol. 20, Issue 3: 247~264.

② Lin, N., Ensel, W.M., Vaughn, J.C. Social resources and strength of ties: Structural factors in occupational status attainment. American Journal of Sociological Review, 1981, Vol. 46, Issue 4: 393~405.

以上4个指标各自反映了创业者社会网络资源的某一个方面，彼此存在着较强的相关关系，但又不能进行简单的加总。为简化数据，可以采用因子分析的方法，用一个公共因子来代表这几个变量的主要特征。如表4.4所示，量表Cronbach Alpha值为0.940，单项与总和项的相关系数最小值为 0.749，可以认定测量量表具有较好的信度与效度。代表样本充分水平的KMO检验值为0.639，说明样本数量是充分的，超过了因子分析的样本限制条件。表明条目间相对关联程度的 Bartlett 球形检验值为 643.910，显著性水平 $P<0.01$，说明各条目是相互关联的，适合于提取公共因子。从因子分析结果来看，通过主成分方法提取出了一个公共因子，其方差贡献率为84.7%，也就是说，原来4个变量的所有方差中，有84.7%可以用所提取的公共因子来解释。

表4.4 网络资源的因子分析结果[a, b]

测量条目	因子载荷值	Item-to-total	Cronbach Alpha
职业类别个数	0.915	0.916	0.940
职业声望总分	0.925	0.756	
单位类别个数	0.918	0.849	
单位地位总分	0.924	0.749	

a. 公共因子提取办法为主成分方法，提取出了一个公共因子，对变量的累积方差贡献率为84.7%；

b. KMO样本充分性检验值为0.639；Bartlett球形检验值为643.910，$P<0.01$。

根据因子分析的结果，可以得出每个样本所对应的因子值，即该公共因子对应于每个样本个案上的值，它代表着每个样本所对应的网络资源水平。因子值是一个均值为0，标准差为1的标准分变量。与创业机会创新水平一样，将其转化成一个最低分为0、最高分为100的分值，分值越高，则喻示着其网络资源水平越高，具体计算方法如下所示：

（因子最小值－因子值）÷（因子最小值－因子最大值）×100

三、人力资本

对于人力资本变量，主要采纳两个最常用的创业者人力资本指标构成：工作经验年限与创业经历次数。工作经验年限是创业者创业前在其他企业组织内的工作时间。选择这个指标是因为先前研究表明，工作经验能为创业者带来特定领域的知识和诀窍，有助于创业者发现被别人所忽视的要素联系[①]，并且能为创业者建立以职业导向关系为基础的网络联系人[②]，从而可能会制约创业者的机会选择视野。创业经历次数是创业者在这次创业之前参与其他创业活动的次数，选择这个指标是因为研究已经发现创业经历能够为创业者塑造通向未来机会的发现之路[③]。

更为重要的是，许多研究实践反复证实，在没有理论指导指标排列重要性的条件下，相等权重是较好的处理办法[④]。因此，本研究根据相等权重构成来计算上述两个变量的算术平均数来测量创业者的人力资本，得分越高，就表明创业者的人力资本水平越高。在本次调查中，人力资本最小值为0，意味着既没有工作经验也没有创业经验，最大值为20。

四、控制变量

除此之外，还引入了一些可能影响创业机会识别的变量作为控制变量，这些变量包括性别、年龄、教育程度、所属产业、所属地区等。为了较准确地反映所要研究变量之间的关系，本研究对控制变量统一以"纯哑变量模型"进行虚拟变量设置，具体的简化结果以及虚拟变量取值标准如表4.5所示：

表4.5　控制变量的简化结果及取值标准[a]

控制变量	分类标准	D1	D2
性别	男	1	0
	女	0	0
年龄	40岁以上	1	0
	40岁以下	0	0
教育程度	本科以上	1	0
	本科以下	0	0
所属产业	制造业	1	0
	非制造业	0	0
所属地区	其他地区	1	0
	天津市	0	0

a. 样本量为119。

---

① Arenius, P., Clercq, D.D. A network-based approach on opportunity recognition. Small Business Economics, 005, Vol. 24, Issue 3: 249~265.

② Nahapiet, J., Ghoshal, S. Social capital, intellectual capital, and the organizational advantage. Academy of Management Review, 1998, Vol. 23, Issue 2: 242~266.

③ Stuart, R.W., Abetti, P.A. Impact of entrepreneurial and management experience on early performance. Journal of Business Venturing, 1990, Vol. 5, Issue 2: 151~162.

④ Welbourne, T.M., Andrews, A.O. Predicting performance of initial public offering: Should human resource management be in the equation?. Academy of Management Journal, 1996, Vol. 39, Issue 4: 891~919.

综上所述，从变量性质上看，因变量创业机会创新水平是一个分值介于0~100分的定距变量，分值越高，表明创业机会的创新水平越强。自变量网络规模、网络密度与网络资源都是定距变量。调节变量人力资本也属于定距变量。从变量之间的关系上看，如果以均值为标准将样本分为创业机会创新性较高和创业机会创新性较低的两组，对自变量和调节变量进行均值差异比较发现，网络规模（机会创新水平高低组的均值分别为88.93和62.84，F值为11.616，P<0.01）和网络资源（机会创新水平高低组的均值分别为59.75和39.92，F值为27.618，P<0.01）在两个群体中表现出了统计上的显著性，而网络密度以及人力资本等方面则并没有表现出显著性的差异。主要变量的描述性统计见表4.6。

表4.6 主要研究变量的描述性分析[a]

变量	平均值	标准差	变量说明
创业机会创新水平	57.13	27.810	定距，0~100分，分值越高表明创新性越强
网络规模	74.90	43.455	定距，拜年网亲属、朋友与熟人人数加总
网络密度	0.24	0.108	定距，拜年网亲属占总体人数的比重
网络资源	49.08	22.878	定距，0~100分，分值越高表明创新性越强
人力资本	4.77	3.849	定距，工作经验年限与创业经历次数的算术平均值

a. 样本量为119。

五、分析方法

研究使用多元回归技术来分析数据。因变量创业机会创新水平是由因子分值转化而来的数值，可视为定距变量使用，因此，可以使用普通多元线性回归（OLS）模型进行数据的分析处理。更为重要的是，研究需要检验有关创业者人力资本对社会资本构成与创业机会创新性之间关系的调节作用，因此就要用到调节回归模型（Moderated Regression Model, MRM）。下面，将研究所采纳的调节回归模型予以重点阐述。

调节回归模型所要解释的是自变量在何种条件下影响因变量，也就是说，当自变量与因变量的相关大小或方向正负受到其他因素的影响时，这个其他因素就是该自变量与因变量的调节变量。按照克劳迪亚·史古文（Claudia B. Schoonhoven）等学者的观点，调节回归模型是一种适合检验权变关系假设的研究技术[①]。

从统计分析技术上看，调节回归模型的基本原理是：通过检验调节变量和主变量之间的交互作用，来确定权变变量对原始双变量关系的调节效应。在调节回归分析中，通过将因变量对两个（或更多）主变量（一个是独立变量，一个是假设的调节变量），以及这些主变量的交互项进行回归，得到关于交互效应的统计显著性结果，并由此判断交互关系的存在及其性质。简单而言，Y 代表因变量，用 X 代表自变量，用 Z 代表调节变量。在全模型方程的回归分析结果中，如果增加的交互项显著地增加了回归方程解释因变量方差的能力，那么，表明交互或者权变效应存在。如果回归系数显著地不为零，说明独立变量和调节变量具有交互效应并影响因变量；并且，正的和显著的全模型交互项系数意味着：调节变量 Z 对因变量（Y）和自变量（X）之间的关系具有正向调节作用，即 Y 与 X 的正向关系在 Z 处于高水平的时候是被增强的；反之，负的显著的全模型交互项系数的含义则相反。

表 4.7　调节效应分析方法

调节变量 Z	自变量 X	
	类别	连续
类别	两因素有交互效应的方差分析，交互效应即调节效应	分组回归：按 Z 的取值分组，做 Y 对 X 的回归。若回归系数的差异显著，则调节效应显著。
连续	自变量使用哑变量，将自变量和调节变量中心化，做 $Y=\alpha X+\beta Z+cXZ+\varepsilon$ 的层级回归分析： 1. 做 Y 对 X 和 Z 的回归，得到确定系数 R^2。 2. 做 Y 对 X、Z 和 XZ 的回归，得到确定系数 R^2。若这个回归方程的 R^2 高于上一个方程的 R^2，则调节效应显著。或者，做 XZ 的回归系数检验，若显著，则调节效应显著。	将自变量和调节变量中心化，做 $Y=\alpha X+\beta Z+cXZ+\varepsilon$ 的层级回归分析（同左）。 除了考虑交互效应项 XZ 之外，还可以考虑高阶交互效应项（如 XZ^2，表示非线性调节效应；X^2Z 表示曲线回归的调节效应）

资料来源：温忠麟，侯杰泰，张雷．调节效应与中介效应的比较和应用．心理学报，2005，2：269．

① Schoonhoven, C. Problems with contingency theory: Testing assumptions hidden within the language of contingency theory. Amdinistrative Science Quarterly, 1981, Vol. 26, Issue 3: 347~377.

在具体的分析过程中，变量和数据特征会影响到调节回归模型的选择，调节回归模型与变量特征之间遵循下述的规律，见表 4.7。在自变量和调节变量均为类别变量时，应该使用两因素有交互效应的方差分析，交互效应即调节效应。在自变量为连续而调节变量为类别变量时，可以按照调节变量对样本进行分组做一般线性回归模型，若模型之间的自变量回归系数存在着显著性差异，则调节效应显著。在自变量为类别变量而调节变量为连续变量时，应该采纳逐步加入变量的层级回归法来比较加入交互作用和未加入交互效应的主效应模型之间确定系数的变化情况。在自变量和调节变量均为连续变量时，分析方法基本与第三种情况相类似，不同的是，在此时可以检测更加丰富的调节效应关系，如非线性调节效应和曲线回归的调节效应等。

依据以上论述不难发现，从统计手段上看，调节效应与交互效应并没有多大差异。但是，在理论建构角度看，调节效应和交互效应则有着本质区别。在交互效应分析中，两个自变量的地位可以是对称的，其中任何一个都可以解释为调节变量；也可以是不对称的，只要其中一个起到了调节变量的作用，交互效应就存在[①]。对此，萨布哈斯·莎玛（Subhash Sharma）等学者早在 1981 年就已经就如何识别调节变量与分析调节效应作出过细致讨论。在他们看来，识别调节变量与调节效应不仅要从统计角度审视回归模型确定系数的变化以及交互作用回归系数的显著性，而且需要审视调节变量与自变量或因变量之间的作用关系特征，见图 4.1[②]。

	与自变量和/或因变量相关	与自变量和因变量均不相关
交互作用不显著	I 非调节变量	II 潜在调节变量
交互作用显著	III 准调节变量	IV 调节变量

图 4.1 调节变量的识别标准与分类

资料来源：Sharma, S., Durand, R.M., Gur-Arie, O. Identification and analysis of moderator variable. Journal of Marketing Research, 1981, Vol.18, Issue.3: 292.

① 温忠麟，候杰泰，张雷．调节效应与中介效应的比较和应用．心理学报，2005, 2: 268~274.

② Sharma, S., Durand, R.M., Gur-Arie, O. Identification and analysis of moderator variable. Journal of Marketing Research, 1981, Vol.18, Issue.3: 291~300.

借助于图 4.1 不难发现，在交互作用显著的条件下，并不意味着所假定的调节变量就是真正的调节变量，调节效应也不一定存在。而只有当调节变量与因变量和自变量之间均不存在相关关系时，才能够判断该变量是影响自变量与因变量作用关系的调节变量。基于这个判断，本研究依从涉玛等人的建议，按照以下两个标准来检验变量之间的调节作用关系[①]：

标准 1：分别对自变量、调节变量以及两者交互效应进行层级回归，比较回归模型之间的确定系数变化以及交互效应回归系数的显著性水平。如果确定系数增加，即加入交互效应后的回归模型对因变量的解释力度增加，并且交互效应回归系数达到了统计上的显著性水平，那么，可以初步判断可能存在着调节效应；

标准 2：检验调节变量与自变量的相关性，如果两者之间存在着显著性的相关性，则意味着理论假设的调节变量是准调节变量，存在着一定的调节效应；如果两者之间不存在相关性，则意味着理论假设的调节变量就是真正的调节变量，可以认定调节效应非常强烈。

综上所述，鉴于因变量、自变量、调节变量均为定距的连续变量，选择逐步加入变量策略的一般线性模型来检验所提出的具体假设，同时遵照上述步骤来系统检验人力资本的调节作用。必须要指出的是，按照经验判断，在自变量与调节变量均为连续变量的条件下，利用两者直接相乘的方式加入交互效应可能会引起较为严重的多重共线性问题，从而使回归系数及其显著性水平产生较大的误差。为了避免此问题，按照学者们的建议，本研究先对自变量和调节变量分别进行中心化处理，即分别用变量值减去变量均值，然后将处理后的变量相乘所得到的新变量作为交互效应带入回归模型[②]。

第三节　结果与讨论

下面，将系统阐述数据分析结果，讨论假设检验情况及其蕴含的理论和实践启示。具体而言，首先介绍数据分析结果，接着围绕主要发现

① Sharma, S., Durand, R.M., Gur-Arie, O. Identification and analysis of moderator variable. Journal of Marketing Research, 1981, Vol.18, Issue.3: 296.

② Friedrich, R.J. In defense of multiplicative terms in multiple regression equations. American Journal of Political Science, 1982, Vol. 26, Issue 4: 797~833.

与结论进行细致的理论阐述和讨论。

一、分析结果与假设检验

本研究首先对研究变量进行相关分析，旨在初步判断变量之间的内在联系以及回归方程的多重共线性问题；然后选择层级回归技术逐步加入控制变量；控制变量、自变量与调节变量，以及控制变量、自变量、调节变量和交互效应，形成了三个回归模型，进而细致比较回归方程之间的确定系数以及变量的回归系数显著性水平，旨在检验所提出的具体理论假设。

表 4.8 显示了研究模型中主要变量之间的相关系数矩阵。从自变量与因变量之间的相关系数看，网络规模与网络资源变量与机会创新水平之间存在着显著性正相关关系，相关系数分别为 0.37（P<0.01）和 0.45（P<0.01），而网络密度与机会创新水平之间则不存在显著性相关关系。从调节变量与因变量的相关系数看，人力资本与机会创新水平之间存在着显著性正相关关系，相关系数为 0.22（P<0.01）。从控制变量与因变量的相关系数看，年龄、学历、所属产业与所属地区均与机会创新水平之间存在着显著性相关关系，相关系数分别为 0.27（P<0.01）、0.26（P<0.05）、0.22（P<0.01）、-0.27（P<0.01）。从调节变量与自变量之间的相关系数看，人力资本与网络规模、网络密度与网络资源之间并不存在显著性相关关系。

表 4.8 主要研究变量的相关系数矩阵[a, b]

		1	2	3	4	5	6	7	8	9	10
1	JHCX	1.00									
2	WLGM	0.37**	1.00								
3	WLMD	-0.10	-0.41**	1.00							
4	WLZY	0.45**	0.48**	-0.17	1.00						
5	RLZB	0.22**	0.07	-0.01	-0.03	1.00					
6	XB	0.05	0.08	-0.13	-0.09	0.07	1.00				
7	NL	0.27**	0.17	-0.04	0.08	0.58**	0.05	1.00			
8	XL	0.26*	0.15	-0.09	0.20*	0.15	0.07	0.12	1.00		
9	CHY	0.22**	0.24*	-0.14	-0.03	0.29*	0.13	0.36**	0.19	1.00	
10	DQ	-0.27**	0.09	-0.25**	-0.01	-0.21	0.05	-0.22*	-0.11	-0.06	1.00

a. JHCX 表示因变量机会创新水平；WLGM 表示自变量网络规模；WLMD 表示自变量网络密度；WLZY 表示自变量网络资源；RLZB 表示调节变量人力资本；XB 表示哑变量性别；NL 表示哑变量年龄；XL 表示哑变量学历；CHY 表示哑变量所属产业；DQ 表示哑变量所属地区。

b. *表示 P<0.05；**表示 P<0.01；双尾检验。

表 4.9　社会资本构成及其他变量对机会创新水平的层级回归结果 [a, b, c]

	因变量：创业机会创新水平				
	模型 1	模型 2	模型 3-1	模型 3-2	模型 3-3
性别	0.023	0.051	0.019	0.008	0.043
年龄	0.159*	0.054	0.105	0.046	0.051
学历	0.194**	0.092	0.100	0.116	0.083
产业	0.113	0.104	0.099	0.134	0.098
地区	-0.203**	-0.236***	-0.195**	-0.228***	-0.233***
网络规模		0.166*	0.188**	0.179*	0.165*
网络密度		-0.002	0.026	0.026	0.009
网络资源		0.351***	0.320***	0.312***	0.360***
人力资本		0.094	0.047	0.036	0.088
网络规模×人力资本			-0.244***		
网络密度×人力资本				0.235***	
网络资源×人力资本					-0.087
R square	0.175	0.367	0.422	0.415	0.374
Adjusted R square	0.138	0.315	0.368	0.361	0.316
R square change		0.177***	0.053***	0.046***	0.001
F-value	4.789***	7.030***	7.880***	7.659***	6.459***
N, df	119,5	119,9	119,10	119,10	119,10

a. 回归模型采取的是强制进入法，表中列示的是标准化回归系数，*表示 P<0.10；**表示 P<0.05；***表示 P<0.01，各模型的相关检验结果如下：

模型 1：D.W.值为 1.489，容忍度介于 0.835 到 0.976 之间，方差膨胀系数（VIF）介于 1.024 与 1.198 之间，由于 D.W.值接近于 2，容忍度小于 1，方差膨胀系数小于 10，所以模型的残差自相关与多重共线性并不严重；

模型 2：D.W.值为 1.492，容忍度介于 0.602 到 0.951 之间，方差膨胀系数（VIF）介于 1.052 与 1.660 之间，由于 D.W.值接近于 2，容忍度小于 1，方差膨胀系数小于 10，所以模型的残差自相关与多重共线性并不严重；

模型 3-1：D.W.值为 1.555，容忍度介于 0.585 到 0.934 之间，方差膨胀系数（VIF）介于 1.071 与 1.708 之间，由于 D.W.值接近于 2，容忍度小于 1，方差膨胀系数小于 10，所以模型的残差自相关与多重共线性并不严重；

模型 3-2：D.W.值为 1.373，容忍度介于 0.602 到 0.917 之间，方差膨胀系数（VIF）介于 1.091 与 1.662 之间，由于 D.W.值接近于 2，容忍度小于 1，方差膨胀系数小于 10，所以模型的残差自相关与多重共线性并不严重；

模型 3-3：D.W.值为 1.462，容忍度介于 0.602 到 0.943 之间，方差膨胀系数（VIF）介于 1.061 与 1.662 之间，由于 D.W.值接近于 2，容忍度小于 1，方差膨胀系数小于 10，所以模型的残差自相关与多重共线性并不严重。

b. 模型 2 表示自变量与调节变量对因变量的主效应模型，模型 3-1、模型 3-2、模型 3-3 分别表示加入交互效应的全效应模型。

c. 模型 2 的 R square change 来自于模型 2 与模型 1 的比较；模型 3-1、模型 3-2、模型 3-3 的 R square change 分别来自于其与模型 2 的比较。

从自变量、调节变量以及控制变量之间的相关系数看，除了网络规模与网络密度（相关系数为-0.41，P<0.01）、网络规模与网络资源（相关系数为 0.48，P<0.01）、所属地区与网络密度（相关系数为-0.25，P<0.01）、学历与网络资源（相关系数为 0.20，P<0.05）、年龄与人力资本（相关系数为 0.58，P<0.01）、所属产业与人力资本（相关系数为 0.29，P<0.05）、所属产业与年龄（相关系数为 0.36，P<0.01）、所属地区与年龄（相关系数为-0.22，P<0.05）等变量之间存在显著性相关关系外，其他变量之间均不存在显著性相关关系。据此可以初步判断，各变量之间自相关现象并不严重，意味着回归模型可能不会存在严重的多重共线性现象。

表 4.9 列出了本研究的普通线性回归模型的分析结果。其中，模型 1 是控制变量对因变量的回归模型；模型 2 是控制变量、自变量、调节变量对因变量的主效应模型；模型 3-1、3-2 及 3-3 是分别引入网络资源与人力资本、网络密度与人力资本、网络规模与人力资本的交互效应后的全效应模型。从整体上看，五个回归模型均达到了统计上的显著性水平，说明它们具有统计意义，可以进一步对模型特征予以深入探讨。

模型 2 是研究的主效应模型，展现了控制变量、自变量与调节变量对创业机会创新水平的作用关系。它对因变量的解释力度远远强于控制变量模型（模型 1），调整后的确定系数 R^2 增加了 0.177，并具有统计上的显著性（P<0.01），意味着主效应模型较控制变量模型对因变量的解释力度提高了 17.7%。观察模型中变量的回归系数可以发现，从控制变量来看，仅有地区差异与创业机会创新水平之间呈负向的相关关系（β=-0.236，P<0.01），意味着天津市创业者所识别的创业机会创新水平在总体上高于其他地区（包头、杭州等城市），说明近年来天津市的创业环境和创业活动质量得到了明显改善，这与 2005 年 GEM 的调查结果比较一致[①]。与此同时，样本偏差也可能夸大了天津市与其他地区的差异，因为作者在天津主要通过自行走访的方式发放问卷，而所选择的三个孵化机构均是天津市成长潜力较好的高科技创业企业聚居地，而在其他地区的问卷发放工作主要在当地开发区展开，意味着样本同时混杂着高技术创业和非技术创业，所以也可能夸大天津市与其他地区的差异。

从自变量的回归系数看，创业者网络规模与网络资源对其所识别的创业机会创新水平有着显著性影响。具体而言，网络规模与创业机会创新水平之间呈现为正向相关关系（β=0.166，P<0.1）。这说明创业者网络

① 高建等著. 全球创业观察中国报告：基于 2005 年数据的分析. 北京：清华大学出版社, 2006.

规模越大，其所识别创业机会的创新水平也就越高。网络资源与创业机会创新水平之间呈现为更突出的正向相关关系（β=0.351，$P<0.01$）。这意味着创业者所嵌入网络的资源越高，其所识别创业机会的创新性越强。除此之外，虽然网络密度与人力资本对创业机会创新水平呈现为正向作用关系，但两者的回归系数均没有达到 0.1 的显著性水平，说明网络密度与人力资本特征并不会影响到其所识别的创业机会创新水平。

模型 3-1、模型 3-2、模型 3-3 是分别加入人力资本与三个自变量交互效应后的全效应模型。从整体上看，与模型 2 相比，模型 3-1 与模型 3-2 对因变量的解释力有显著性提升，使得调整后的确定系数 R^2 分别增加了 0.053（$P<0.01$）和 0.046（$P<0.01$），即加入两个交互变量后的全效应模型较主效应模型对因变量的解释力度分别提高了 5.3%和 4.6%，说明交互效应的作用效果相当明显。但是，与模型 2 相比较，模型 3-3 调整后的确定系数 R^2 的增加值仅为 0.001，并没有达到统计上的显著性，意味着加入人力资本与网络资源交互作用后的全效应模型对因变量的解释力并没有得到显著性改善，交互效应并没有得到验证。据此，可以判断人力资本对网络资源与创业机会创新水平的关系并没有起到调节作用，因此否定了假设 2-2。

从自变量回归系数上看，网络规模与网络资源的回归系数仍具有统计上的显著性。模型 3-1 中分别为 0.188（$P<0.05$）和 0.320（$P<0.01$），在模型 3-2 中分别为 0. 179（$P<0.1$）和 0. 312（$P<0.01$），这说明创业者所嵌入网络的规模越大，资源越高，所识别到的创业机会创新性就越强。结合主效应模型的分析结果，可以认定其验证了假设 1-1 和 1-2。另一方面，与主效应模型一样，尽管网络密度与机会创新水平在模型 3-1 和模型 3-2 中都存在着正向作用关系（β 值分别为 0.047 和 0.036），但均不具有统计上的显著性。因此，只能认为创业者所嵌入网络的密度对其所识别的机会创新水平并没有显著性作用，两个竞争性假设 1-3-1 和 1-3-2 均没有得到实证数据的支持。

为了进一步判断人力资本是否对其他两个自变量与因变量的关系存在着调节作用，就需要审视其交互变量回归系数。从交互变量的回归系数上看，网络规模、网络密度与人力资本之间交互作用的回归系数均达到了统计上的显著性水平。更为重要的是，表 4.9 表明在主效应模型与全效应模型中，均没有发现人力资本变量与因变量之间的显著性作用关系。同时表 4.8 也指出，人力资本与网络规模与网络密度之间并不存在显著性的相关关系。换句话说，人力资本变量与自变量和因变量均不存在显著性相关关系，同时其与自变量的交互作用呈现为统计上的显著性，可以认定人力资本在模型中发挥了调节作用，是一个调节变量。

从调节方向上看，网络规模与人力资本之间交互作用的回归系数为-0.244（$P<0.01$），说明人力资本对网络规模与创业机会创新水平关系之间起着负向调节作用。也就是说，人力资本对网络规模与机会创新水平之间的正向作用关系有抑制作用，在创业者具备较高人力资本的情况下，网络规模对机会创新水平的正向作用更加微弱，反之亦然。网络密度与人力资本之间交互作用的回归系数为 0.235（$P<0.01$），说明人力资本对网络密度与创业机会创新水平关系之间起着正向调节作用。即人力资本越高的创业者，网络密度对机会创新水平的正向作用就越强。综合上述分析，可以认为假设 2-1 并没有得到实证数据支持，而假设 2-3 得到了实证数据的验证。

综上所述，假设 1 得到了部分支持，其中假设 1-1 与 1-2 得到了完全支持，而假设 1-3 则并没有得到支持；假设 2 得到了部分支持，其中假设 2-1 和假设 2-2 并没有得到验证，而假设 2-3 则得到了数据的检验，见表 4.10。

表 4.10　研究假设的检验情况

假设	内容	结论
假设 1	创业者社会资本水平与所识别创业机会的创新水平正相关	部分支持
假设 1-1	创业者所嵌入的网络规模与所识别创业机会的创新水平正相关	支持
假设 1-2	创业者所嵌入的网络资源与所识别创业机会的创新水平正相关	支持
假设 1-3-1	创业者所嵌入的网络密度与所识别创业机会的创新水平正相关	不支持
假设 1-3-2	创业者所嵌入的网络密度与所识别创业机会的创新水平负相关	不支持
假设 2	创业者人力资本正向调节着社会资本与机会创新性的作用关系	部分支持
假设 2-1	创业者人力资本正向调节着网络规模与机会创新性的作用关系	不支持
假设 2-2	创业者人力资本正向调节着网络资源与机会创新性的作用关系	不支持
假设 2-3	创业者人力资本正向调节着网络密度与机会创新性的作用关系	支持

二、讨论与启示

长期以来，创业研究停留于挖掘为什么有的人能够看到机会而另一些人却不能的深层次原因，却对于为什么创业者往往只能看到特定而非其他机会未能给予合理解释。本研究利用调查数据的统计分析探索了这个重要的问题，并得出了一些非常有价值的发现。下面，围绕社会资本在机会识别中的角色和人力资本调节作用的启示两个角度展开进一步讨论。

（一）社会资本在机会识别中角色的再认识

社会关系网络在创业者机会发现过程中扮演着重要角色。先前研究已反复验证了个体社会资本特征与其机会发现可能性之间的关系，发现网络规模更大和网络密度更低的个体，往往能够看到更多的创业机会[①]。原因在于，任何人都不可能掌控浮散于市场系统中的所有信息，而社会关系网络的优势就在于能以更低的成本、以更明确的方式来传递市场系统中的商业信息，从而在很大程度上影响着个体所能接触的信息数量。更为重要的是，有限理性假设意味着个体在信息处理方面的能力存在着局限性，正因为此，来自于关系网络的朋友或亲戚的建议就成为了个体决策的主要依据，朋友的建议可能有助于启发个体对特定信息价值的理解，从而发现创业机会。概括起来，这些研究普遍认同社会关系网络在创业机会发现过程中起着至关重要的作用，是决定机会发现可能性的关键因素[②]。

与先前研究不同，本研究超越了对社会资本与机会发现可能性关系的讨论，探索了创业者社会资本构成与其所发现机会特征之间的作用关系，从更微观的角度考察了社会资本在机会识别过程中的角色，得出了一些有价值的结论。首先，网络规模越大的创业者所发现创业机会的创新水平越高，这进一步强化了先前研究有关网络规模与个体创造力之间存在正向相关关系的结论[③]。其次，网络资源越高的创业者所发现创业机会的创新性越强，这意味着除了网络结构指标，网络资源在创业机会识别过程中仍扮演着重要角色，对于创业者可能识别到什么样特征的机会有着显著的影响。从这一点出发，本研究识别出了影响创业者机会发现的新变量，弥补了已有研究成果过分关注网络结构而忽视网络资源的

① Singh, R. Entrepreneurial opportunity recognition through social network. Doctoral Dissertation, University of Illinois at Chicago, U.S.A., 1998.

② Ardichivili, A., Cardozo, R., Ray, S. A theory of entrepreneurial opportunity identification and development. Journal of Business Venturing, 2003, Vol. 18, Issue 1: 105~123.

③ Hills, G., Lumpkin, G.T., Singh, R.P. Opportunity recognition: Perceptions and behaviors of entrepreneurs. In: Frontiers of Entrepreneurship Research (pp. 203~218). Wellesley, MA: Babson College, 1997.

缺陷[①]，进一步深化了创业领域内对机会识别问题的研究以及社会资本视角下的创业研究。具体而言，这些实证发现可能带来两条重要的理论启示：

第一，除了认知因素，社会结构因素仍影响着创新性机会的发现可能性。不少研究人员将创新性机会发现简单归结为创业者基于创造性与偏见的认知结构作用的结果，将创业机会片面地视为掺杂创业者主观意识的产物[②]。本研究的结果表明，创业者在社会系统中所处的位置及其交往状况在很大程度上制约其视野和想法，社会交往面广、交往对象趋于多样化、与高社会地位个体之间关系密切的创业者往往更容易看到创新程度更高的创业机会。这意味着，在机会识别过程中，创业者决不会拘泥于被动利用网络结构衍生的信息摄取优势，而是注重主动利用与网络中更高层次联系人之间的交流与思维碰撞去获取有价值的稀缺信息，从而发现创新性更强的机会。

这意味着，社会结构在机会识别过程中的角色不可忽视。未来研究可以从动态角度挖掘社会结构影响创业者机会识别的作用机制，例如，创业者如何撬动所嵌入网络结构和网络资源优势来发现、评价并修正机会；也可以从静态角度挖掘创业者社会资本、认知因素与机会发现活动之间的复杂联系。既然个体社会资本能够塑造其人力资本[③]，那么，在创业情境下，创业者社会资本也可能会影响其认知特征进而作用于所识别机会特征，或者说，创业者认知特征可能塑造其交往偏好、价值判断标准等，从而形成个体之间各具特色的社会网络，并最终影响其所识别创业机会的特征。简而言之，未来研究可以从更深层次去挖掘影响为什么有的创业者更容易识别到更具有创新性机会而另一些仅能看到模仿性机会的作用因素。

第二，有助于认识创业者特征在创业过程中的角色。长期以来，研究并没有就创业者特征对创业活动的影响达成实质性结论。本研究结果表明，创业者社会资本可能是塑造新企业特征的重要因素之一。具体而言，创业者社会资本构成影响着其所识别创业机会特征，决定了创业活动得以发生的初始条件。随着机会开发活动的实施，创业者社会资本特

---

① Hoang, H., Antoncic, B. Network-based research in entrepreneurship: A critical review. Journal of Business Venturing, 2003, Vol. 18, Issue 2: 165~187.

② Alvarez, S.A., Busenitz, L.W. The entrepreneurship of resource-based theory. Journal of Management, 2001, Vol.27, Issue 6: 755~775.

③ Coleman, J.S. Social capital in the creation of human capital. American Journal of Sociology, 1988, Vol. 94, Supplement: 95~120.

征往往会嵌入到新企业当中，在很大程度上决定着新企业的市场交易特征[①]。未来研究可以进一步细致比较不同类型创业者社会资本构成与所识别机会特征的作用关系。例如，先前研究已指出外部激励型和内部刺激型创业者在机会识别过程中所表现出的差异，认为前者始于决定创业的决策，涉及对不同创业机会选择的系统搜寻过程，后者始于识别可解决并且有价值的现实问题的偶然发现，涉及对既定创业机会的评价[②]。那么，检验不同类型创业者之间社会资本构成与机会识别特征之间关系则大有裨益。与此同时，从动态角度考察不同类型创业者如何利用社会资本来发现特定机会仍是非常有价值的问题，探索这些问题必将有助于进一步加深和强化对创业者社会资本构成与所识别创业机会特征的认识。

（二）人力资本调节作用的新启示

本研究发现，以创业者工作经验年限与创业经历次数为构成的人力资本调节着社会资本与所识别机会创新水平的作用关系。这也证实了有关机会识别研究的最新观点，即知识而非经验可能是决定创业者发现机会的重要因素[③]。事实上，创业机会发现是学习过程，其中，创业者以先前经验为依托，不断从创业事件中领悟到新知识，随着经由学习吸收的新知识积累，最终才能发现出创造性的问题解决途径[④]。细致考察人力资本的调节作用可以发现一些有趣的结论，见图 4.2。

图 4.2a 展示的是人力资本对网络规模与机会创新水平之间作用关系的负向调节作用。不难发现，在高人力资本条件下，网络规模与机会创新水平之间作用曲线斜率为负，意味着人力资本水平越高，网络规模越大，所识别创业机会创新水平反而越低；而在低人力资本条件下，网络规模与机会创新水平之间作用曲线斜率为正，意味着人力资本水平越低，网络规模越大，所识别创业机会创新水平相应越高，这说明人力资本对于网络规模与机会创新水平之间的正向相关关系存在着强烈的抑制作用。也就是说，创业者经验越丰富，越可能形成僵化的认知框架，从

① Larson, A., Starr, J.A. A network model of organization formation. Entrepreneurship Theory and Practice, 1993, Vol. 17, Issue 2: 5~15.

② Bhave, R.A. A process model of entrepreneurial venture creation. Journal of Business Venturing, 1994, Vol. 9, Issue 3: 223~242.

③ Shane, S. Prior knowledge and the discovery of entrepreneurial opportunities. Organizational Science, 2000, Vol. 11, Issue 4: 448~469.

④ Corbett, A.C. Experiential learning within the process of opportunity identification and exploitation. Entrepreneurship Theoy and Practice, 2005, Vol. 29, Issue 2: 473~491.

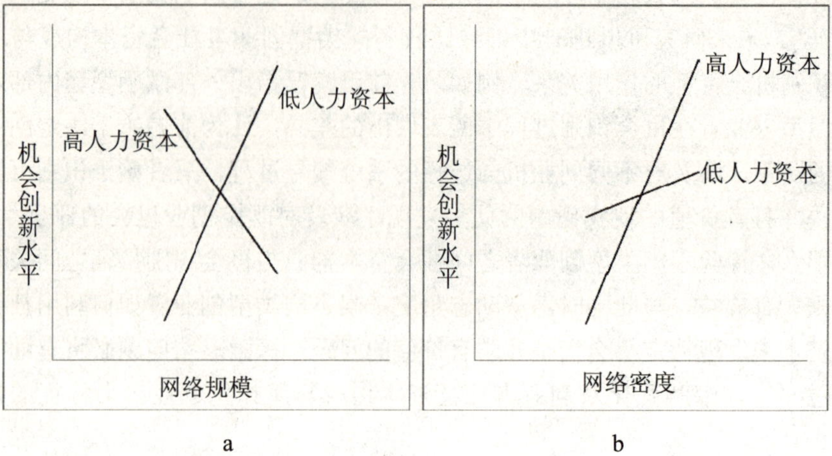

图 4.2　人力资本的交互作用斜率图

而带来所谓的知觉盲点和习惯反应[①]，一方面有助于提升创业者对外部信息的鉴别与筛选能力，另一方面也存在着将与自身价值判断不相符合的有价值信息排除在外的风险，难以寻求到创造性的解决问题途径。事实上，一项有关技术型创业者的研究也发现，高技术创业者大多数都倾向于嵌入一个规模狭小的科学家网络，因为这有助于其看到更具有创新性的机会[②]。与之相反，经验相对匮乏的创业者，则更依赖、信任并善于从网络中摄取承载机会的有价值信息。通过对不同来源信息的进一步处理和加工，往往才能看到更具有创新性的机会，表现为网络规模与机会创新水平之间作用曲线斜率为正的事实。

图 4.2b 是人力资本对网络密度与机会创新水平之间作用关系的正向调节作用斜率图。从中不难发现，在高人力资本条件下，网络密度与机会创新水平之间作用曲线更加陡峭；而在低人力资本条件下，网络密度与机会创新水平之间作用曲线更加平缓，说明人力资本对于网络密度与机会创新水平之间的正向相关关系存在着强化作用。从理论角度看，创业者经验越丰富，其相关知识，尤其是隐性知识的积累水平也就越高，容易形成对特定领域事物的深度判断。而在此时，高密度网络更有助于网络成员之间因相互信任、了解或熟悉而交流一些私密性信息。将创业

① Perry-Smith, J. E., Shalley, C.E. The social side of creativity: A static and dynamic social network perspective. Academy of Management Review, 2003, Vol. 28, Issue 1: 89~106.

② Maurer, I., Ebers, M. Dynamics of social capital and their performance implications: Lessons from biotechnology start-ups. Administrative Science Quarterly, 2006, Vol. 51, Issue 2: 262~292.

想法与更多的朋友或亲戚分享，创业者可能收获到更多的有价值建议或意见，通过对这些意见或建议的再吸收、处理与加工，从而更有助于发现创新性更强的机会。

综上所述，经验本身并不能作用于机会发现，从调节模型上看，似乎同时展现了经验的两面性。一方面，工作经验丰富的创业者能从高密度网络中受益，识别到更具有创新性的机会；另一方面，工作经验丰富的创业者反而不能借助更广泛的网络联系来发现创新性机会。究其原因，先前经验虽然能够为创业者带来对特定领域的深度知识，从而强化创业者对专业领域内问题的判断力和洞察力，但却会制约着创业者对其他领域内知识的吸收能力，甚至形成因认知框架僵化而导致的知觉盲点，反而会制约创业者对其他领域内新知识和信息的吸收能力，从而难以借助于大规模网络识别更具有创新性的机会。

这再次表明依据科学标准开展对创业者的分类比较研究是较有潜力的发展方向，它有助于我们从创业活动要素之间的复杂作用关系中找出共性规律。目前，已经有少数学者着手于这方面的研究工作，例如，古斯塔夫在其博士学位论文中深入比较了新手型创业者和专家型创业者在创建过程中的决策和行为模式差异[①]。更为重要的是，谢恩已经挖掘了创业者先前市场知识、市场服务方式知识以及顾客问题知识在机会发现中的角色，认为创业者特定知识结构决定其更容易看到特定而非其他机会。从这一点出发，未来研究可以在借鉴上述知识类型划分与测量方式的基础上，进一步检验创业者社会资本与知识之间的交互作用对所发现机会特征的影响，从更深层次去挖掘机会识别影响因素之间的作用关系与机制。

第四节　简要总结

本研究超越了对社会资本与机会发现可能性的讨论，从更深层次上挖掘了社会资本构成与所识别机会特征之间的内在联系。本研究发现网络规模与网络资源是机会发现的重要预测指标，网络规模和资源不仅影响着个体机会发现的可能性，而且在更深的层次上影响着个体所能识别

① Gustafsson, V. Entrepreneurial decision-making. Doctoral Dissertation. Jönköping: Jönköping International Business School, Sweden, 2004.

到的机会特征。经验并不能直接作用于机会发现，但它调节着社会资本与机会创新水平之间的作用关系。具体而言，它对网络规模与机会创新水平之间的正向作用有着抑制作用，对网络密度与机会创新水平之间的作用关系起着正向调节作用，但对于网络资源与机会创新水平之间的关系则并不存在调节效应。

本研究将网络资源引入机会识别研究并验证了其显著性作用，有助于在加深对机会识别问题的理论认识的同时，进一步深化社会资本视角下的创业研究成果，澄清了经验与机会发现之间的作用关系性质，有助于启发未来研究进一步探索创业者特征在机会识别过程中的角色，挖掘机会识别影响因素之间的复杂联系。

第五章　社会资本利用水平与新企业初期绩效

本章在提出创业者社会资本利用水平与新企业初期绩效之间关系的相关理论假设的基础上，利用调查数据的统计分析来检验所提出的理论假设，即立足于解释在创业过程中，创业者社会资本利用水平经由影响资源整合行动的效率和效果从而影响新企业初期绩效的中介模型，旨在系统阐述第二个研究问题：创业者社会资本利用水平如何影响新企业初期绩效。

本章内容大致按照以下的逻辑顺序展开：首先以社会资本理论为基础，结合先前相关研究成果，开展理论推导进而构建出有待检验的具体假设；然后细致阐述所涉及主要变量的测量手段及分析方法；紧接着对数据统计分析结果进行解释与讨论；最后简要概括主要发现及其对未来研究的启示。

第一节　理论推导与假设构建

如前所述，尽管大多数人都认同创业者社会资本在创业过程中扮演着重要角色的经验性判断，但社会资本与创业绩效之间的作用关系并没有得到实证数据的验证，社会关系网络对创业绩效的作用机制仍有待进一步探索。本章以网络支持水平与创业绩效正相关的普遍共识为出发点，进一步探索影响创业者获取网络支持表现差异的前因变量，构建并检验网络支持水平对前因变量与创业绩效之间关系的中介作用模型。基于这个判断，本研究认为在资源整合过程中，创业者的社会资本利用水平影响着其资源整合行动的效率和效果，从而最终作用于新企业初期绩效，并据此提出了有待检验的具体理论假设，旨在进一步挖掘创业者社会资本对新企业初期绩效作用关系的深刻内涵。

一、社会资本利用水平与新企业初期绩效

利用其社会关系网络是创业者获取创业资源从而谋求新企业初期生存和成长的主要手段。首先，网络关系能带来接触顾客和供应商的渠道。很显然，客户和供应商是创业成功的关键因素。创业者网络构成的多样化程度越高，就越容易从不同渠道去接触到顾客和供应商。更为重要的是，作为首位客户，亲人、朋友和熟人会在其自身网络中传递有关新企业的信息，给新企业带来更为广泛的客户和供应商资源，表现为所谓的滚雪球效应，从而经由改善新企业市场开拓效果来提升新企业绩效。其次，网络联系为拓宽新企业的融资基础提供了可能性。在创业过程中，来自于亲戚、朋友或熟人的资金支持非常关键。更为重要的是，新企业往往因为缺乏运营历史而难以从正规融资渠道那里获得信用，而在此时，社会网络就充当着为创业者提供非正式信用的功能，有助于创业者借助关系网络获得低成本的资金。而积累开发机会所必需的资源基础是确保新企业初期生存和后续成长的关键，正因为此，创业者社会关系网络有助于提升新企业绩效。

事实上，尽管有关社会资本与创业绩效关系的研究并没有取得普遍共识，但仍有不少研究验证了面向资源整合的社会资本利用水平对创业绩效的正向作用。以中国技术型创业企业为样本，赵黎明（Zhao Liming）和约翰·阿拉姆（John D. Aram）细致分析了创业者社会资本利用水平与新企业绩效之间的内在联系，发现创业者对关系网络的利用范围（即为获取资源所动用的联系人数量）、以及对关系网络的利用强度（即与联系人之间的沟通频率与所获取的资源水平）与新企业初期绩效之间存在着正向作用关系。在他们看来，创业者社会资本利用水平影响着其获取低成本外部资源的可能性，从而最终影响到新企业初期生存和成长的可能性[①]。近期的一项研究利用纵向数据进一步证实了创业者社会关系网络与新企业绩效之间的正向作用关系，它发现创业者所利用的社会资本水平，特别是动用外部会计、律师等专业人士网络能明显改善新企业存活可能性，并提升其成长速度和绩效，但对投资回报率则没有显著性作

---

① Zhao, L., Aram, J.D. Networking and growth of young technology-intensive ventures in China. Journal of Business Venturing, 1995, Vol. 10, Issue 5: 349~370.

用[①]。另一些有关成功新企业行为特征的研究也发现，成功新企业更多地依赖创业者网络中的会计师、律师等专业人士的信息和建议[②]，认为动用关系网络的外部管理咨询服务与新企业财务绩效之间存在着正向相关关系[③]，而缺乏与外部专家咨询师的联系是制约新企业成长扩张的主要障碍[④]。依据上述论述不难发现，在资源整合过程中，创业者社会资本利用水平在很大程度上影响着新企业初期绩效：

假设 3：创业者社会资本利用水平与新企业初期绩效之间正相关。

具体而言，创业者所动用关系强度越高，所动用的关系资源越丰富，就越容易获得相关信息和资源支持，从而有助于提升新企业初期绩效[⑤]。首先，创业者所动用社会关系的强度越高，就越容易从社会网络中获取必要的资源和信息支持，能较快地为新企业带来资金、市场、信息等外部支持。这有助于创业者把握稍纵即逝的机会价值，从而提升新企业绩效。与之相呼应，研究已经发现来自强关系网络的支持，尤其是家庭和亲属的资金、信息和情感支持，能够显著改善新企业初期绩效[⑥]。其次，创业所动用的关系资源水平越高，从社会网络中获取的资源和信息支持水平也越大，能较好地为新企业带来资金、市场、信息等外部支持，从而提升新企业初期绩效。例如，利用与领域内知名专家的关系可能迅速为新企业赢得合法性，提升新企业初期绩效。由此，本研究认为：

假设 3-1：创业者所利用关系强度与新企业初期绩效之间正相关。

假设 3-2：创业者所利用关系资源与新企业初期绩效之间正相关。

二、社会资本利用水平与资源整合行动

创业意味着面向新用途的资源配置，因为创业者不可能掌握开发机会所必需的所有资源，他们就必须依赖于外部资源持有者的帮助。但是，

---

① Watson, J. Modeling the relationship between networking and firm performance. Journal of Business Venturing, 2007, Vol. 22, Issue 6: 852~874.

② Duchesneau, D.A., Gartner, W.B. A profile of new venture success and failure in an emerging industry. Journal of Business Venturing, 1990, Vol. 5, Issue 5: 297~312.

③ Donckels, R., Lambrecht, J. Networks and small business growth: An explanatory model. Small Business Economics, 1995, Vol. 7, Issue 4: 273~289.

④ Larsson, E., Hedelin, L., Garling, T. Influence of expert advice on expansion goals of small business in rural Sweden. Journal of Small Business Management, 2003, Vol. 41, Issue 2: 205~212.

⑤ Aldrich, H.E., Reese, P.R. Does networking pay off? A panel study of entrepreneurs in the research triangle. In: Churchill, N.S., et al., eds. Frontiers of Entrepreneurship Research (pp. 325~339), Wellesley, MA: Babson College, 1993.

⑥ Bruderl, J., Preisendorfer, P. Network support and the success of newly founded businesses. Small Business Economics, 1998, Vol. 10, Issue 3: 213~225.

正如第二章所指出的，两个因素加剧了创业者通过正规渠道从资源持有者那里获取资源的难度。第一个因素是未来前景的不确定性，这导致资源持有者难以获取足够可信的信息来评价创业活动的潜力。因此，资源持有者往往难以对创业活动的价值、投资水平以及回收周期在事前作出非常有效的评价，所以在进行面向创业者投资的决策时往往会踌躇不决。第二个因素是信息不对称，相对于资源持有者，创业者掌握着更多的有关创业前景及其团队能力和承诺水平的信息。并且，为了保护机会的潜在价值，创业者往往不会向资源持有者完全暴露相关信息。更为重要的是，创业者可能会利用信息不对称从事投机行为，比如夸大创业的前景、刻意隐瞒技术商业化过程中的关键难题等。这就意味着如果作出资源投资决策，资源持有者就必然要承担信息不对称所带来的额外风险，从而抑制资源持有者的投资动机。

以上两个因素的交互作用就导致了这样的事实：新进入缺陷成为新企业高失败率的重要原因，即因为缺乏信用记录与运营业绩，创业者往往难以谋求资源持有者与顾客的认可，难以为新企业整合机会开发必需资源，从而导致了新企业面临着较高的失败风险。为了克服新进入缺陷，创业者往往利用其社会关系来获取其所必需的外部资源，而资源持有者也更乐意将资源投资给其熟悉或了解的创业者。利用社会关系网络，创业者不仅能以更低的成本获得资源，而且能获取其他人难以获取的稀缺资源，诸如资金、首份订单、核心员工等关键资源都主要来自于创业者的人际关系网络。

更为重要的是，在资源整合过程中，创业者之间赢得资源持有者支持的能力存在差异，并且这种差异可能会影响到新企业初期绩效水平①。这种能力差异所导致的直接后果就是创业者资源整合行动的效率和效果的差异。前者表现为资源整合行动的速度，即创业者整合创业必需资源所花费的时间长短。后者表现为资源整合行动的结果，即创业者所整合到的资源数量高低。具体而言，创业者所利用的关系强度越强，所利用的关系资源水平越高，不仅越容易说服资源持有者为创业提供必需资源，而且能够为创业赢得更为丰裕的必需资源。事实上，创业者动用的网络

① Stuart, T. Interorganizational alliances and the performance of firms: A study of growth and innovation rates in a high-technology industry. Strategic Management Journal, 2000, Vol. 21, Issue 8: 791~811.

成员特征可能会影响到其所获取资源的属性和特征①。例如，对于技术型创业活动而言，与风险资本家存在着直接或间接关系的创业者能更快地整合到创业必需的财务资源，而且所获取的财务资源水平也更加充裕②。依据以上论述，本研究认为：

假设 4：创业者社会资本利用水平与资源整合效果之间正相关。

假设 4-1：创业者所利用关系强度与资源整合效果之间正相关。

假设 4-2：创业者所利用关系资源与资源整合效果之间正相关。

假设 5：创业者社会资本利用水平与资源整合效率之间正相关。

假设 5-1：创业者所利用关系强度与资源整合效率之间正相关。

假设 5-2：创业者所利用关系资源与资源整合效率之间正相关。

三、资源整合行动与新企业初期绩效

创业是不拘泥于当前资源约束的机会识别与把握并追求机会价值实现的行为过程。在发现机会之后，快速整合必需资源来开发创业机会价值是创业成功的关键。研究发现，Inc.500 中 63%的创业者感知机会后在几个月内创立新企业，甚至有 26%的创业者在几周内创立新企业。因为机会的时效性与潜在竞争对手的存在决定了创业者只有在最短的时间内创立新企业以开发创业机会，才能有效地抓住机会并在与后来者的竞争中占据先入优势。从创业主意产生到创业行动实施中间相隔时间越长，其间的不确定对创业的影响就越大，企业家创业行为失败的风险也就越大。这意味着，创业者资源整合行动的速度越快，所花费的时间越少，越有利于创业者把握创业机会并实现创业机会价值，从而提高创业初期绩效，这意味着：

假设 6：创业者资源整合行动效率与新企业初期绩效之间正相关。

另一方面，新进入缺陷是新企业高失败率的重要原因。具体而言，因为缺乏信用记录与运营业绩，创业者往往难以谋求资源持有者与顾客的认可，难以为新企业整合机会开发必需资源，从而导致了新企业面临着较高的失败风险。换句话说，如果创业者所整合资源数量越多，新企业的资源基础条件就越好，其存活与成长的可能性就越高，相应地在创

---

① Starr, J.A., MacMillan, I.C. Resource cooperation via social constracting: Resource acquisition strategies for new venture. Strategic Management Journal, 1990, Vol. 11, Special Issue on Corporate Entrepreneurship: 79~92.

② Shane, S., Stuart, T. Organizational endowments and the performance of university start-ups. Management Science, 2002, Vol.48, Issue 1: 154~170.

业初期的绩效表现也就越好。与之相呼应，有研究发现，新企业初期规模与绩效在很大程度上取决于创业者在创业过程中为新企业塑造的资源基础条件。即在创业过程中，创业者所整合的资源异质性程度越高，新企业竞争优势就越强，绩效表现也就越好。因此，本研究认为，创业者资源整合行动效果仍可能在很大程度上决定着新企业初期绩效：

假设 7：创业者资源整合行动效果与新企业初期绩效之间正相关。

更为重要的是，既然利用社会资本是创业者整合资源的主要途径，那么，创业者所利用社会资本水平越高，其资源整合行动的效率和效果就越好，从而有助于创业者迅速把握并实现创业机会价值，提高新企业初期绩效，也就是说：

假设 8：创业者资源整合行动效率和效果在创业者社会资本利用水平与新企业初期绩效的正向作用关系中起到中介作用。

第二节　变量测量与分析方法

在这里，选择新企业初期绩效为因变量；所利用关系强度、关系资源两个反映创业者社会资本利用水平的变量为自变量；创业者资源整合行动效率和效果为中介变量，利用中介回归技术来验证所提出的理论假设。下面，本研究将细致阐述研究变量的测量手段与分析方法。

一、新企业初期绩效

测量新企业绩效并非易事。迄今为止，学术界仍未形成较为公认的测量方式，这可以在有关新企业绩效测量维度与方式的阶段性回顾与总结文献中找到证据。1992 年，坎迪德·布鲁西（Candida G. Brush）等学者选择 1987~1988 年间发表于顶级创业杂志中的 34 篇实证研究文献为分析对象，发现对于新企业绩效的测量方式，并出现被普遍认可的原则，仅存在着 5 种最为常用的绩效操作化指标，其中，“销售收入变化”似乎成为了最为流行的测量指标，在所选择的 34 篇文献中，至少有 16 篇文献都采用了这个指标，而“销售回报率”则是测量盈利水平最常用的指标[①]。在 4 年之后，高利·墨菲（Gregory Murphy）等学者选择 1987~1996

---

① Brush, C.G., Vanderwerf, P.A. A comparison of methods and sources for obtaining estimates of new venture performance. Journal of Business Venturing, 1992, Vol. 7, Issue 2: 157~170.

年间公开发表的 51 篇有关中小企业或新企业绩效的实证研究文献为对象，发现仅有 19%使用单一测量指标，而有 71%使用 2 到 4 个测量指标来衡量新企业绩效，在其识别的 8 个绩效相关指标中，其中以财务效率、成长性和盈利性三项指标最为常用，见表 5.1①。

表 5.1　新企业绩效测量维度与指标

测量维度	引用次数	常用指标
效率性	30	投资回报率、权益回报率、资产回报率等
成长性	29	销售增长率、雇员增长率、利润增长率等
盈利性	26	利润率、净利率、毛利率
规模性	15	销售额、员工数量、资产总额
流动性	9	流动比率、速动比率、资产周转率等
成功或失败	7	歇业、研究者主观认定
市场占有率	5	研究对象主观认定
财务杠杆	3	负债比率

资料来源：Murphy, G., Trailer, J., Hill, R. Measuring performance in entrepreneurship research. Journal of Business Research, 1996, Vol. 36, Issue 1: 17.

借助于表 5.1 不难发现，新企业绩效的测量方式至少存在着三个明显趋势：第一，测量指标多样化，研究越来越注重采纳多重指标来综合测量和反映新企业绩效的不同侧面。因为在相同条件下，多条目测量往往比单一条目测量能更好的刻画测量对象的特征②。第二，综合测量规模绩效与成长绩效，研究不仅注重测量以规模为基础的绩效特征，表现为资产规模、员工人数、销售收入等指标，而且重视测量以成长为基础的绩效属性，表现为其市场占有率变化、销售变化、利润等指标，在实际操作中也取得了非常好的效果。第三，客观测量逻辑仍具有良好的测量效果，要求创业者自行选择绩效指标水平更有助于提升测量信度，并且更有助于提升测量方式的内容效度，消除被调查者因主观偏好带来的测量误差。

本研究采纳被调查者自填的客观测量思路来衡量新企业初期绩效。理由在于，在问卷设计与修订过程中，不少创业者和业界专家均指出，既然研究关注的是新企业成立后第一年的绩效，但被调查者往往会因为记忆模糊而难以对新企业成立后第一年的绩效作出恰当的主观评价，势

① Murphy, G., Trailer, J., Hill, R. Measuring performance in entrepreneurship research. Journal of Business Research, 1996, Vol. 36, Issue 1: 15~23.

② Churchill, G.A. A paradigm for developing better measures of marketing constructs. Journal of Marketing Research, 1979, Vol. 16, Issue 1: 64~73.

必会放大因后视偏见而带来的测量误差。相比较而言，让被调查者自填对于成立后第一年的绩效状况更有助于避免测量误差。更为重要的是，在文献梳理过程中，也发现创业者自填的绩效测量办法在实际操作中具有较高的内在信度和外部效度①。

表 5.2　本研究使用的新企业初期绩效测量指标[a]

条目	绩效区间	数量	比例
成立 1 年后的资产规模为……	10 万以下	11	9.2%
	10 万到 50 万	38	31.9%
	50 万到 100 万	34	28.6%
	100 万到 500 万	28	23.5%
	500 万以上	8	6.7%
成立 1 年后的员工人数为……	5 人以下	19	16.%
	5 人到 20 人	69	58.0%
	20 人到 50 人	24	20.2%
	50 人到 100 人	5	4.2%
	100 人以上	2	1.7%
成立 1 年后的销售收入为……	20 万以下	26	21.8%
	20 万到 50 万	31	26.1%
	50 万到 100 万	29	24.4%
	100 万到 300 万	19	16.0%
	300 万以上	14	11.8%

a. 样本量为 119，对于绩效区间的划分，本研究利用探测性调查以及与业界专家的访谈基础上反复修改调整而来，从分布上看，并没有出现过度聚集的情况，具有广泛的代表性。

在指标选择层面，本研究遵循汉森等学者的建议，选择以规模为基础的指标来测量新企业绩效。因为新企业成立后第一年的规模指标可以同时反映新企业绩效的规模特征与成长特征②。对于具体指标选取而言，与先前研究一致，本研究要求被调查者自行选择新企业成立一年后的资产规模、员工人数与销售收入所归属的区间，并借此来衡量新企业初期绩效水平③，见表 5.2。

上述三个绩效指标各自反映了新企业初期绩效的某个侧面，彼此间存在着较强的相关关系，但又不能进行简单的加总来综合反映新企业初期绩效。为了简化数据，可以采用因子分析的方法，用一个公共因子来

① Chandler, G.N., Hanks, S.H. Market attractiveness, resource-based capabilities, venture strategies, and venture performance. Journal of Business Venturing, 1994, Vol. 9, Issue 4: 331~349.

② Hansen, E. Entrepreneurial networks and new organization growth. Entrepreneurship Theory and Practice, 1995, Vol. 19, Issue 4: 7~19.

③ Chandler, G.N., Hanks, S.H. Market attractiveness, resource-based capabilities, venture strategies, and venture performance. Journal of Business Venturing, 1994, Vol. 9, Issue 4: 331~349.

代表这几个变量的主要特征。如表 5.3 所示，三项指标的 Cronbach Alpha 值为 0.799，单项与总和项的相关系数最小值为 0.582，可以认定测量量表具有较好的信度与效度。代表样本充分水平的 KMO 检验值为 0.688，说明样本数量是充分的，超过了因子分析的样本限制条件。表明条目间相对关联程度的 Bartlett 球形检验值为 127.767，显著性水平 P<0.01，说明各条目是相互关联的，适合于提取公共因子。从因子分析结果来看，通过主成分方法提取出了一个公共因子，其方差贡献率为 72.7%，也就是说，原来 3 个变量的所有方差中，有 72.7%可以用所提取的公共因子来解释。

表 5.3　新企业初期绩效的因子分析结果[a, b]

测量条目	因子载荷值	Item-to-total	Cronbach Alpha
资产规模	0.889	0.733	
员工人数	0.800	0.582	0.799
销售收入	0.866	0.691	

a. 公共因子提取办法为主成分方法，提取出了一个公共因子，对变量的累积方差贡献率为 72.7%；
b. KMO 样本充分性检验值为 0.688；Bartlett 球形检验值为 127.767，P<0.01。

根据因子分析的结果，可以得出每个样本所对应的因子值，即该公共因子对应于每个样本个案上的值，它代表着每个样本所对应的新企业初期综合绩效水平。因子值是一个均值为 0，标准差为 1 的标准分变量，因子值越高，则意味着新企业初期绩效水平就越好。

二、社会资本利用水平

本研究采纳“提名生成法”来测量创业者面向资源整合行动所利用的社会资本水平。在本次调查中，首先要求被调查者回答他们在获取三项关键资源时是否使用过社会关系网络。如果在任意一项活动中使用过社会关系网络，则进一步要求被调查者仔细回忆对其帮助最大的五个联系人情况，并分别回答有关与有帮助联系人之间关系特征以及关系资源的问项。在此基础上，采纳相应的指标来测量社会资本利用水平。

关系强度。正如第二章所指出的，格拉诺维特较早地概括了衡量关系强度的三个指标，分别是互动频率，即花费在某种关系上的时间长短；亲密程度，即关系的亲疏远近；认识时间，即彼此之间认识时间的长短；互惠内容，即互惠交换内容的性质。博特将其进一步发展成为测量问卷，但他并没有涉及互惠内容，所以，通行的办法是利用“互动频率、亲密程度和认识时间”三项内容来考察关系强度。

与西方社会不同的是，关系强度的测量在中国社会有着特殊的背景。理由在于，东西方社会对于关系的理解各不相同，西方社会的关系是建立在态度、价值观和性格等个人特征相同或相近的基础上，主要表现为一种后天塑造的人际间吸引①。而中国社会的关系形态主要是先赋性的，或是在先赋性关系影响下发生、然后通过交往而获得的，因此血缘身份及衍生的关系（地缘或业缘）首先成为控制关系心理距离的依据②。杨宜音曾将中国社会中的关系特点归纳为三个特征：（1）与角色规范的伦理联系，以社会身份来界定自己与对方的互动规范；（2）注重亲密、信任和责任；（3）以自己为中心，通过他人而形成关系的网状结构③。

依据上述论述，本研究借鉴已有测量方法的长处，采用多重指标方法来测量关系的强度。他们分别是：认识时间（以年数计算）、交往频率（分为经常来往、有时来往、很少来往与没有来往）、亲密程度（从谈不上亲密到非常亲密的五维测度）、熟悉程度（从不熟悉到非常熟悉的五维测度）、信任程度（从谈不上信任到非常信任的五维测度），见表 5.4。必须要指出的是，本研究选择对被调查者帮助最大的第一人作为分析对象来反映其在资源整合行动中所使用的关系强度。因为帮助最大的第一人往往提供的是实质性帮助，并且这种方式已经被大多数学者所采纳，在实际操作中也取得了非常好的效果④。

表 5.4　关系强度的测量条目描述[a, b]

测量条目	最小值	最大值	均值	标准差
熟悉程度	1.00	5.00	4.43	0.81
信任水平	1.00	5.00	4.43	0.70
交往频率	2.00	4.00	3.64	0.55
亲密程度	1.00	5.00	4.26	0.86
认识时间	0.00	50.00	10.68	8.78

a. 样本数为 114，意味着整体样本中有 5 份表示在资源整合过程中没有用到任何关系；
b. 认识时间为 0 表明认识时间不到 1 年。

---

① Zucker, L.G. The production of trust: Institutional sources of economic structure, 1840-1920. In: Staw B.M., and Cummings L.L., eds. Research in Organizational Behavior (pp.53~111), Greenwich, CT: JAI Press, 1986.

② 费孝通. 乡土中国·生育制度. 北京: 北京大学出版社, 1998.

③ 杨宜音. “自己人”: 信任建构过程的个案研究. 社会学研究, 1999, 2: 38~52.

④ 赵延东. 下岗职工的社会资本与再就业. 博士学位论文. 中国社会科学院, 2001.

以上 5 个指标各自反映了创业者所利用关系强度的某一个方面，彼此存在着较强的相关关系，但又不能进行简单的加总。为简化数据，可以采用因子分析的方法，用一个公共因子来代表这几个变量的主要特征。值得一提的是，对上述 5 个指标的信度和效度检验发现，尽管量表 Cronbach Alpha 值为 0.805，但交往频率变量的单项与总和项的相关系数仅为 0.323，没有达到 0.350 的最低水平。所以在后续因子分析中将“交往频率”条目删除，以确保量表的整体信度和效度。表 5.5 列出了删除该指标后的因子分析结果及信度效度检验。

表 5.5 关系强度的因子分析结果 [a, b]

条目	因子载荷值	Item-to-total	Cronbach Alpha
熟悉程度	0.861	0.417	0.787
信任水平	0.768	0.425	
认识时间	0.592	0.400	
亲密程度	0.892	0.439	

a. 公共因子提取办法为主成分方法，提取出了一个公共因子，对变量的累积方差贡献率为 61.9%；
b. KMO 样本充分性检验值为 0.705；Bartlett 球形检验值为 168.529，P<0.01。

借助于表 5.5 不难发现，量表 Cronbach Alpha 值为 0.787，单项与总和项的相关系数最小值为 0.400，可以认定量表达到了较好的信度与效度水平。代表样本充分水平的 KMO 检验值为 0.705，说明样本数量是充分的，超过了因子分析的样本限制条件。表明条目间相对关联程度的 Bartlett 球形检验值为 168.529，显著性水平 P<0.01，说明各条目是相互关联的，适合于提取公共因子。从因子分析结果来看，通过主成分方法提取出了一个公共因子，其方差贡献率为 61.9%，也就是说，原来 4 个变量的所有方差中，有 61.9%可以用所提取的公共因子来解释。

根据因子分析的结果，可以得出每个样本所对应的因子值，即该公共因子对应于每个样本个案上的值，它代表着每个样本所对应的关系强度。因子值是一个均值为 0，标准差为 1 的标准分变量。与其他变量处理办法相同，将其转化成一个最低分为 0、最高分为 100 的分值，分值越高，则喻示其所利用的关系强度越高。

关系资源。关系资源变量反映的是创业者所动用联系人承载的社会资源水平，与网络资源的测量方式相类似，仍采用以下 4 个指标来测量关系资源情况。具体做法是：首先对职业量表中所列出的 21 种职业的每一种都进行统计，看是否有动用联系人从事该职业。如果一个人都没有，则将该职业赋值为“0”，如果有人从事该职业，无论从事的人数有多少，均将此职业取值为“1”，然后，将取值为“1”的职业个数加总，可得到创业者所利用联系人的职业类别个数（指标 1）；再将这些职业个数的声望得分加总，即可得到创业者所利用联系人的职业声望总分（指标 2）；采取同样的方法，可以统计出所利用联系人的单位类别个数（指标 3）和单位地位总分（指标 4）。表 5.6 列出了这 4 项指标的描述性统计结果。

表 5.6 关系资源的测量条目描述 [a]

指标	最小值	最大值	均值	标准差
职业类别个数	1	15	3.79	2.22
职业声望总分	15	1012	245.08	152.79
单位类别个数	1	8	3.38	1.50
单位地位总分	29	449	169.82	94.26

a. 样本量为 114，意味着整体样本中有 5 份表示在资源整合过程中没有用到任何关系。

与网络资源变量的处理办法相类似，采用因子分析的方法，用一个公共因子来代表这几个变量的主要特征。如表 5.7 所示，量表 Cronbach Alpha 值为 0.938，单项与总和项的相关系数最小值为 0.758，可以认定测量量表具有较好的信度与效度。代表样本充分水平的 KMO 检验值为 0.666，说明样本数量是充分的，超过了因子分析的样本限制条件。表明条目间相对关联程度的 Bartlett 球形检验值为 517.949，显著性水平 P<0.01，说明各条目是相互关联的，适合于提取公共因子。从因子分析结果来看，通过主成分方法提取出了一个公共因子，其方差贡献率为 84.3%，也就是说，原来 4 个变量的所有方差中，有 84.3%可以用所提取的公共因子来解释。

表 5.7 关系资源的因子分析结果 [a, b]

测量条目	因子载荷值	Item-to-total	Cronbach Alpha
职业类别个数	0.912	0.886	0.938
职业声望总分	0.934	0.765	
单位类别个数	0.920	0.853	
单位地位总分	0.907	0.758	

a. 公共因子提取办法为主成分方法，提取出了一个公共因子，对变量的累积方差贡献率为 84.3%；
b. KMO 样本充分性检验值为 0.666；Bartlett 球形检验值为 517.949，P<0.01。

根据因子分析的结果，可以得出每个样本所对应的因子值，即该公共因子对应于每个样本个案上的值，它代表着每个样本所对应的关系资源水平。因子值是一个均值为 0，标准差为 1 的标准分变量。与其他变量的处理办法一样，将其转化成一个最低分为 0、最高分为 100 的分值，分值越高，则喻示着其动用的关系资源越高。

三、资源整合行动效率与效果

本研究重点考察创业者在整合财务资源、人力资源与客户资源方面的行动效率和效果。具体而言，要求被调查者自填其获得首笔销售收入、首次雇佣关键员工以及获得首笔外部融资等三项活动中所花费的时间及其对数量水平的主观评价。对于测量思路而言，本研究并没有采取公共因子的提取办法来测量其资源整合行动的效率和效果。理由在于，大多数学者基本认同只有在创业者完成上述三项活动之后，才能塑造新企业创立和生存所必需的资源基础，意味着创业者整合关键创业资源活动的阶段性完结[①]。更为重要的是，近期的实证研究也表明，这三项活动是相对独立的离散事件，较快地实现首次雇佣关键员工并不意味着也能很快地赢得首笔销售收入，首次雇佣关键员工数量充裕并不意味着也能争取到较为满意的首笔销售收入[②]。这意味着这三项活动的完成时间之间并没有相关关系，从而不能利用因子分析来提取资源整合行动的效率水平。

对于资源整合行动效率而言，既然创业者完成上述三项资源整合行动的时间必然存在着先后顺序，本研究选择创业者最后完成的一项资源整合行动所对应的时间区间来衡量其资源整合行动的效率。必须要指出的是，本次调查发现，有 15.6%的创业者并没有获取外部融资，这可能是因为创业者/团队自身的资源禀赋水平较高，其自有资金投入已经能够维持新企业的初期运营，有理由认定其财务资源整合行动先于其他两项活动完成，故在此时选择其他两项活动中最后完成的时间区间来衡量其资源整合行动效率。基于此，资源整合行动效率是一个定序变量（1 表示 1 年以上；2 表示 6 个月到 1 年；3 表示 3 个月到 6 个月；4 表示 1 个月到 3 个月；5 表示不到 1 个月），其数值越大，意味着资源整合行动所花费的时间越少，其行动效率就越高。

① Katz, J., Gartner, W.B. Properties of emerging organizations. Academy of Management Review, 1988, Vol. 13, Issue 3: 429~441.

② Brush, C.G, Manolova, T.S., Edelman, L.F. Properties of emerging organizations: An empirical test. Journal of Business Venturing, in press.

表 5.8 是资源整合行动效率的描述性统计结果，不难发现，创业者资源整合行动的效率存在着较大的差异，有 11.8%的创业者花费了 1 年以上的时间才整合到财务、人力和客户资源，56.3%的创业者在 3 个月到 1 年的时间内完成了对三项关键资源的整合，仅有 9.2%的创业者在不到 1 个月的时间内完成了上述三项活动。在整合各项资源花费的时间来看，客户和人力资本的速度相对较快，分别有 84.8%和 87.4%的创业者在 6 个月以内赢得了首笔销售收入和雇佣了关键岗位员工，仅有 67.3%的创业者在 6 个月以内赢得了首笔外部融资。从总体上看，样本并没有出现过分聚集的现象，具有较好的代表性。

表 5.8　资源整合行动效率的描述性统计 [a]

条目	时间区间	数量	比例
赢得首笔销售收入	不到 1 个月	40	33.6%
	1 个月到 3 个月	35	29.4%
	3 个月到 6 个月	26	21.8%
	6 个月到 1 年	15	12.6%
	1 年以上	3	2.5%
首次雇佣关键岗位员工	不到 1 个月	44	37.0%
	1 个月到 3 个月	37	31.1%
	3 个月到 6 个月	23	19.3%
	6 个月到 1 年	9	7.6%
	1 年以上	6	5.0%
赢得首笔外部融资	不到 1 个月	33	27.7%
	1 个月到 3 个月	21	17.6%
	3 个月到 6 个月	26	21.8%
	6 个月到 1 年	13	10.9%
	1 年以上	8	6.7%
	至今没有	18	15.1%
资源整合行动效率	不到 1 个月	11	9.2%
	1 个月到 3 个月	27	22.7%
	3 个月到 6 个月	38	31.9%
	6 个月到 1 年	29	24.4%
	1 年以上	14	11.8%

a. 样本量为 119，对于时间区间的划分，本研究利用探测性调查以及与业界专家的访谈基础上反复修改调整而来，从分布上看，并没有出现过度聚集的情况，具有广泛的代表性。

对于资源整合行动效果而言，本研究要求被调查者对于上述三项活动的效果给予主观评价（从明显不足到相当可观的五维测度）。鉴于这三项活动之间的相关性不强，并且难以从理论层面区分三项活动之间的重要性排列，在这种情况下，相等权重是较好的处理办法[①]。具体而言，本研究利用相等权重原则来计算创业者对三项活动效果主观评价值加总，并借此来测量创业者资源整合行动的效果，得分越高，意味着创业者资源整合行动的效果越好，见表 5.9。

表 5.9　资源整合行动效果的条目描述[a]

测量条目	最小值	最大值	均值	标准差
首笔销售收入水平	1.00	5.00	2.96	0.93
首次招募到的关键岗位员工数量	1.00	5.00	2.63	0.89
首笔外部融资水平	1.00	5.00	2.76	0.98
资源整合行动效果	3.00	13.00	8.35	2.15

a. 样本量为 119，融资水平用均值替代法处理缺省值。

有必要指出的是，对于没有获取外部融资的样本，本研究采用被惯常使用的均值法来处理其变量赋值，即对其赋值为平均数 3。在本次调查中，资源整合行动效果变量最小值为 3，最大值为 13.00，均值为 8.35，标准差为 2.15。

四、控制变量

除此之外，还引入了一些可能影响新企业初期绩效的变量作为控制变量。这些变量包括性别、年龄、教育程度、所属产业、所属地区等五个变量，并对其统一以“纯哑变量模型”进行虚拟变量设置。第四章已经阐述了具体设置办法，在此不再一一赘述。除了上述变量，还增加了创业机会创新水平、创业者人力资本、重要帮助人数、首笔销售途径（1=借助过朋友帮助，0=没有借助过朋友帮助）、首次雇佣途径（1=借助过朋友帮助，0=没有借助过朋友帮助）、首笔融资途径（1=借助过朋友帮助，0=没有借助过朋友帮助）等六个变量作为控制变量。必须要指出的是，依据前面的论述，对于没有获取外部融资的样本，可以假定其自有资金已经能满足创业初期的资金需求，因此将其首笔融资途径赋值为 0。

综上所述，从变量性质上看，因变量新企业初期总体绩效是一个均值为 0、标准差为 1 的定距变量，分值越高，表明新企业初期总体绩效越好。自变量关系强度和关系资源都是定距变量。中介变量资源整合效率是定序变量，资源整合效果是由量表算数平均得出的分值，虽然本质

① Welbourne, T.M., Andrews, A.O. Predicting performance of initial public offering: Should human resource managēment be in the equation?. Academy of Management Journal, 1996, Vol. 39, Issue 4: 891~919.

上是一个定序变量，但可近似地作为定距变量使用。从变量之间的关系看，如果以均值为标准将样本分为总体绩效较高和总体绩效较低两组，对自变量和中介变量进行均值差异比较发现，关系资源（F 值为 7.515，P<0.01）、资源整合效率（F 值为 4.620，P<0.05）、资源整合效果（F 值为 7.498，P<0.01）在两个群体中表现出了统计上的显著性，而在关系强度方面则并没有表现出显著性的差异。主要变量的描述性统计见表 5.10。

表 5.10　主要研究变量的描述性分析[a]

变量	平均值	标准差	变量说明
总体绩效水平	0.000	1.000	定距，分值越高表明总体绩效水平越高
关系强度	68.88	16.566	定距，0~100 分，分值越高表明关系强度越大
关系资源	29.85	18.427	定距，0~100 分，分值越高表明关系资源越高
资源整合效率	2.93	1.148	定序，分值越高表明效率越高
资源整合效果	8.35	2.149	定距，对三项活动效果主观评价的算术平均值

a. 总体绩效、资源整合效率、资源整合效果的样本量为 119；关系强度与关系资源的样本量为 114。

五、分析方法

研究使用多元回归技术来分析数据，因变量新企业初期总体绩效是由因子分值转化而来的数值，可视为定距变量使用，因此，可以使用普通多元线性回归（OLS）模型进行数据的分析处理。另一方面，研究需要检验资源整合效率和资源整合效果的中介作用，势必需要进行自变量与中介变量之间的回归分析，而资源整合效率是一个 5 级的定序变量，不能简单地使用普通线性回归模型来分析。为此，本研究使用了一种新的分析定序因变量的统计方法，称为“定序因变量回归”（Ordinal Regression Model）。其基本思路是假定定序因变量其实是一个潜藏的连续变量的分类表现，可以使用一般线性模型，用指定的自变量来预测因变量不同类别的累加概率。定序因变量回归模型的基本公式为：

$$link(y_{ij}) = \theta_j - \left(\beta_1 x_{i1} + \beta_2 x_{i2} + \ldots + \beta_p x_{ip}\right)$$

其中 Y_{ij} 是第 i 个样本处于第 j 个类别的累加概率，link 是一个联结函数，θ_j 是第 j 个类别的阈值，x_{i1} 到 x_{ip} 是第 i 个样本的预测变量（自变量），β_1 到 β_p 是这些自变量的回归系数[①]。在实际预测中，需要将累加概率转换为一个函数后再加以预测，这个函数称为“联结函数（link function）”，本研究使用的是“logit”联结函数。

① McCullagh, P., Nelder, A.N. Generalized Linear Models. London: Chapman & Hall, 1989.

更为重要的是，研究需要检验资源整合效率和资源整合效果的中介作用，因此就要用到中介回归技术（Mediated Regression Model, MRM）。下面，将研究所采纳的调节回归技术予以重点阐述。简单而言，考虑自变量 X 对因变量 Y 的影响，如果 X 通过影响变量 M 来影响 Y，则称 M 为中介变量。可以用图 5.1 的方程来形象描述中介效应的基本原理。其中，c 是 X 对 Y 的总效应，ab 是经过中介变量 M 的中介效应，c′是直接效应。

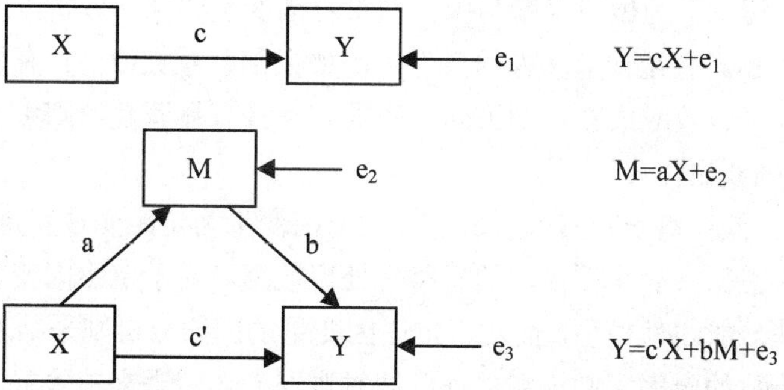

图 5.1　中介变量示意图

资料来源：温忠麟，侯杰泰，张雷．调节效应与中介效应的比较和应用．心理学报, 2005, 2: 270.

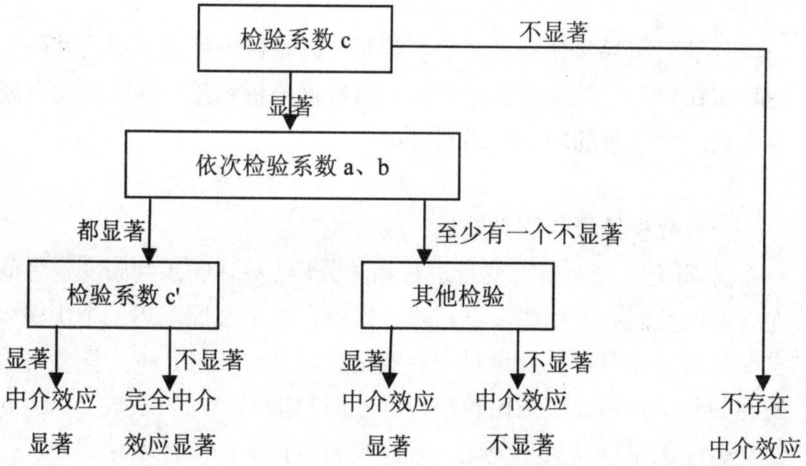

图 5.2　中介回归技术的步骤

资料来源：温忠麟，侯杰泰，张雷．调节效应与中介效应的比较和应用．心理学报, 2005, 2: 271.

中介效应的大小用 $c-c'=ab$ 来衡量。中介效应是间接效应，可以做上图中的三个回归分析，中介变量的检验程序如图 5.2 所示。具体而言，本研究按照以下三个步骤来检验中介效应①：步骤一，为做自变量对因变量的回归分析，检验回归系数 c 是具有统计上的显著性，如果不显著，则放弃检验自变量经由中介变量影响因变量的中介效应，如果回归系数 c 具有显著性，则进入下一步分析。步骤二，为做自变量对中介变量的回归分析，如果回归系数 a 具有统计上的显著性，则进入下一步分析。步骤三，为做自变量与中介变量对因变量的回归分析，此时，在回归系数 b 具有统计显著性的条件下，如果回归系数 c'仍具有显著性，则可认定中介效应成立，如果回归系数 c'不具有显著性，则可以判断中介效应完全成立。

综上所述，鉴于回归模型所涉及到的因变量为定距变量和定序变量，不能简单遵循一般线性模型的思路来处理数据。对于定距因变量的回归分析采纳一般线性模型，而对于定序因变量的回归分析则采纳以“logit”为联结函数的定序回归模型处理，同时遵照上述步骤来检验资源整合效率以及资源整合效果的中介效应。

第三节 结果与讨论

下面，将系统阐述数据分析结果，讨论假设检验情况及其蕴含的理论和实践启示。具体而言，首先介绍数据分析结果，接着围绕主要发现与结论进行细致的理论阐述和讨论。

一、分析结果与假设检验

本研究首先对研究变量进行相关分析，旨在初步判断变量之间的内在联系以及回归方程的多重共线性问题；然后按照上述三个步骤分别做自变量对因变量；自变量对中介变量；以及自变量、中介变量对因变量的回归分析，进而细致比较与检验各回归模型中回归系数 c、a、b 和 c'的显著性水平以及大小变化，旨在检验所提出的具体理论假设。

表 5.11 显示了研究模型中主要变量之间的相关系数矩阵。从自变量

① Baron, R. Kenny, D. The moderator-mediator variable distinction in social psychological research: Conceptual, strategic, and statistical considerations. Journal of Personality and Social Psychology, 1986, Vol. 51, Issue 6: 1173~1182.

与因变量之间的相关系数看，关系资源与总体绩效水平、资产规模、员工人数、销售收入均表现出显著性正相关关系，相关系数分别为 0.44（P<0.01）、0.40（P<0.01）、0.47（P<0.01）和 0.26（P<0.01），而关系强度与总体绩效水平、资产规模、员工人数以及销售收入之间均没有出现显著性相关关系。从中介变量与因变量的相关系数看，资源整合效率与总体绩效水平、资产规模和销售收入之间呈现为显著性的负向相关关系，相关系数分别为-0.25（P<0.01）、-0.30（P<0.01）和-0.22（P<0.05），资源整合效果与总体绩效水平、资产规模、员工人数和销售收入之间都呈现为显著性的正向相关关系，相关系数分别为 0.43（P<0.01）、0.36（P<0.01）、0.37（P<0.01）和 0.24（P<0.05）。从自变量与中介变量的相关系数看，关系强度与资源整合效率之间存在着正向相关关系，相关系数为 0.21（P<0.01），关系资源与资源整合效果之间存在着正向相关关系，相关系数为 0.29（P<0.01）。

从自变量、中介变量与部分控制变量的相关系数看，除了机会创新水平与资源整合效率（相关系数为-0.26，P<0.01）、重要帮助人数与关系资源（相关系数为 0.52，P<0.01）、重要帮助人数与资源整合效率（相关系数为 0.20，P<0.05）之间存在着显著性相关关系之外，其他变量之间均不存在显著性相关关系。据此可以初步判断，各变量之间自相关现象并不严重，意味着回归模型可能不会存在严重的多重共线性现象。

表 5.11 主要研究变量的相关系数矩阵 a, b

		1	2	3	4	5	6	7	8	9	10
1	ZTJX	1.00									
2	ZCGM	0.89**	1.00								
3	YGRS	0.80**	0.57**	1.00							
4	XSSR	0.87**	0.69**	0.51**	1.00						
5	GXZY	0.44**	0.40**	0.47**	0.26**	1.00					
6	GXQD	0.07	0.05	0.10	0.03	0.23*	1.00				
7	ZHXL	-0.25**	-0.30**	-0.12	-0.22*	-0.07	0.21**	1.00			
8	ZHXG	0.43**	0.36**	0.37**	0.24*	0.29**	0.06	0.08	1.00		
9	BZRS	-0.06	-0.11	0.08	-0.01	0.52**	0.16	0.20*	0.04	1.00	
10	JHCX	0.36**	0.39**	0.33**	0.13	0.18	-0.14	-0.26**	0.23	-0.10	1.00

a. ZTJX 表示总体绩效水平；ZCGM 表示资产规模；YGRS 表示员工人数；XSSR 表示销售收入；GXZY 表示关系资源；GXQD 表示关系强度；ZHXL 表示资源整合效率；ZHXG 表示资源整合效果；BZRS 表示提供重要帮助的人数；JHCX 表示机会创新水平；

b. *表示 P<0.05；**表示 P<0.01；双尾检验。

表 5.12 列出了自变量对总体绩效水平以及自变量、中介变量对总体绩效水平的一般线性回归结果。其中，模型 1 是自变量对总体绩效水

平的回归结果，模型 2-1 与模型 2-2 是自变量和中介变量对总体绩效水平的回归结果。从整体上看，回归模型均达到了统计上的显著性水平，说明它们具有统计意义，可以进一步对模型特征予以深入探讨。

表 5.12　社会资本利用水平及其他变量对总体绩效水平的回归结果 [a, b, c]

	因变量：总体绩效水平		
	模型 1	模型 2-1	模型 2-2
性别	0.060	0.050	0.111
年龄	0.047	0.035	0.095
学历	0.027	0.021	-0.015
产业	0.161*	0.161*	0.111
地区	-0.117	-0.099	-0.147*
人力资本	-0.113	-0.120	-0.130
机会创新水平	0.172*	0.170*	0.185**
重要帮助人数	-0.248**	-0.232**	-0.184**
关系资源	0.527***	0.511***	0.415***
关系强度	0.015	0.029	0.011
资源整合效率		-0.084	
资源整合效果			0.346***
R square	0.355	0.360	0.457
Adjusted R square	0.292	0.291	0.398
R square change		0.005	0.106***
F-value	5.668***	5.219***	7.794***
N, df	114,10	114,11	114,11

a. 回归模型采取的是强制进入法，表中列示的是标准化回归系数，*表示 P<0.10；**表示 P<0.05；***表示 P<0.01，各模型的相关检验结果如下：

模型 1：D.W.值为 1.939，容忍度介于 0.581 到 0.875 之间，方差膨胀系数（VIF）介于 1.143 与 1.718 之间，由于 D.W.值接近于 2，容忍度小于 1，方差膨胀系数小于 10，所以模型的残差自相关与多重共线性并不严重；

模型 2-1：D.W.值为 1.908，容忍度介于 0.571 到 0.860 之间，方差膨胀系数（VIF）介于 1.163 与 1.750 之间，由于 D.W.值接近于 2，容忍度小于 1，方差膨胀系数小于 10，所以模型的残差自相关与多重共线性并不严重；

模型 2-2：D.W.值为 1.889，容忍度介于 0.544 到 0.856 之间，方差膨胀系数（VIF）介于 1.168 与 1.840 之间，由于 D.W.值接近于 2，容忍度小于 1，方差膨胀系数小于 10，所以模型的残差自相关与多重共线性并不严重；

b. 模型 1 表示自变量对因变量的主效应模型，模型 2-1 与模型 2-2 是分别加入中介变量后的全效应模型。

c. 模型 2-1 与模型 2-2 的 R square change 来自于其与模型 1 的比较。

表 5.12 中模型 1 的回归结果表明，关系资源与新企业初期绩效之间存在着显著性的正向作用关系（$\beta=0.527$，$P<0.01$）。这意味着，在创业过程中，创业者面向资源整合活动所动用的关系资源越高，就越容易获得必要的资源支持，表现为新企业更加迅速的规模扩张的事实。这个发现进一步证实了社会资本视角下创业研究的基本判断，即创业者所动用的社会资本水平越高，其获取的网络支持水平就越大，相应地新企业初期绩效表现就越好。更为重要的是，有关关系资源对资产规模、员工人数和销售收入的定序回归结果仍显示，关系资源与资产规模（$\beta=0.069$，$P<0.01$）、关系资源与员工人数（$\beta=0.065$，$P<0.01$）、关系资源与销售收入（$\beta=0.043$，$P<0.01$）均呈现为显著性的正向作用关系，详见附录 C。换句话说，在创业过程中，创业者面向关键资源整合所动用的关系资源越高，新企业初期的资产规模越大，雇员规模越高，销售收入也越强，从而支持了假设 3-2。

出乎意料的是，研究并没有发现关系强度与新企业初期绩效之间的显著性作用。有关关系强度对资产规模、员工人数和销售收入的定序回归结果仍显示，关系强度与资产规模、关系强度与员工人数、关系强度与销售收入均没有得出显著性的相关关系，详见附录 C。因此，假设 3-1 并没有得到支持，根据前面对中介效应检验步骤的论述，可以认定关系强度与新企业绩效之间并没有直接联系，无需再检验中介效应。事实上迄今为止，学者们并没有就关系强度与创业绩效之间的关系达成一致。有研究发现强关系对创业绩效有着促进作用[①]，而另一些研究则认为强关系是一种负担而非优势，甚至有损于创业绩效[②]。对此可能的解释是，关系强度仅为创业者赢得创业资源支持提供了一种可能性而非必然性。相比较而言，联系人特征，即联系人所承载的资源水平才真正决定着创业者所能从中获取的资源水平高低。正因为此，创业者所动用的关系强度与新企业初期绩效之间并不存在着显著性的作用关系。

表 5.13 分别是自变量对中介变量的回归结果，可以进一步为上述观点提供支持。其中，模型 1-1 是关系强度对资源整合效果的回归模型，结果显示模型 F 值并没有达到统计上的显著性，说明关系强度与资源整

① Rowley, T., Behrens, D., Krackhardt, D. Redundant governance structures: An analysis of structural and relational embeddedness in the steel and semiconductor industries. Strategic Management Journal, 2000, Vol. 21, Issue 3: 369~386.

② Garguilo, M., Benassi, M. The dark side of social capital. In: Leenders, A.J., Gabbay, S.M. eds. Corporate social capital and liability. Boston: Kluwer Academic Publishers, 1999.

合效果之间并不存在着联系，关系强度并非是决定资源整合效果的关键因素。换句话说，关系强度越大，并不意味着就能够整合到更多的资源，反之亦然，即假设 4-1 并没有得到实证数据支持。相比较而言，模型 1-2 的回归结果则表明，关系资源与资源整合效果之间存在着显著性的正向作用关系（β=0.302，P<0.01），说明创业者所动用的关系资源越丰富，其所整合到的关键资源数量就越大，支持了假设 4-2。

表 5.13　社会资本利用水平对资源整合效果的回归结果 [a, b]

	因变量：资源整合效果	
	模型 1-1	模型 1-2
性别	-0.157	-0.102
年龄	-0.168	-0.180
学历	0.138	0.079
产业	0.165	0.136
地区	0.154	0.115
人力资本	0.127	0.093
机会创新水平	0.030	-0.028
首笔销售途径	0.011	-0.013
首次雇佣途径	-0.017	-0.028
首笔融资途径	-0.234**	-0.278***
关系强度	0.118	
关系资源		0.302***
R square	0.140	0.200
Adjusted R square	0.048	0.114
F-value	1.514	2.322**
N, df	114,11	114,11

a. 回归模型采取的是强制进入法，表中列示的是标准化回归系数，*表示 P<0.10；**表示 P<0.05；***表示 P<0.01，各模型的相关检验结果为：

模型 1-1 模型的 D.W.值为 1.903，容忍度介于 0.578 到 0.903 之间，方差膨胀系数（VIF）介于 1.107 与 1.729 之间，由于 D.W.值接近于 2，容忍度小于 1，方差膨胀系数小于 10，所以模型的残差自相关与多重共线性并不严重；

模型 1-2 模型的 D.W.值为 1.949，容忍度介于 0.582 到 0.967 之间，方差膨胀系数（VIF）介于 1.035 与 1.719 之间，由于 D.W.值接近于 2，容忍度小于 1，方差膨胀系数小于 10，所以模型的残差自相关与多重共线性并不严重；

b. 模型 1-1 表示关系强度对资源整合效果的回归模型，模型 1-2 表示关系资源对资源整合效果的回归模型。

表 5.14 社会资本利用水平对资源整合效率的回归结果[a]

	因变量：资源整合效率	
	模型 1-1	模型 1-2
性别	-0.403	-0.560
年龄	-0.823	-0.699
学历	-0.231	-0.201
产业	0.220	0.102
地区	1.318***	1.132**
人力资本	-0.056	-0.062
机会创新水平	-0.009	-0.009
首笔销售途径	-0.526	-0.509
首次雇佣途径	0.083	-0.091
首笔融资途径	-0.294	-0.468
关系资源	-0.002	
关系强度		0.018
1 年以上	-3.581***	-2.687***
6 个月到 1 年	-1.824**	-0.921
3 个月到 6 个月	-0.166	0.755
1 个月到 3 个月	1.543*	2.475**
Chi-Square	29.816***	31.673***
-2 Log Likelihood	314.413	312.556
Cox and Snell	0.230	0.243
N	114	114

a. 采取的是定序回归模型，联结函数为 logit，表中列示的是回归系数，*表示 P<0.1，**表示 P<0.05，***表示 P<0.01。

表 5.14 是关系强度与关系资源变量对资源整合效率的定序回归分析结果。有趣的是，结果显示关系资源、关系强度与资源整合效率之间并不存在显著性相关关系，但并不能武断地判定创业者面向资源整合所利用的社会资本水平并不会影响到其资源整合速度。因为尽管创业者社会资本利用水平虽然并没有影响其整体资源整合速度，仍可能会对特定资源的整合效率产生作用。为此，本研究进一步分别检验了关系资源与关系强度变量对客户、人力和财务资源整合速度的影响，见附录 D。结果发现，关系强度与赢得首笔销售速度（β=0.022，P<0.05）、关系强度与赢得首笔外部融资速度（β=0.038，P<0.01）之间存在着显著性正向作用关系。这说明创业者动用的关系强度越高，其获取首位客户与首笔外

部融资的速度也越快，不仅再次验证了首位客户以及创业资金主要来自于创业者强关系网络的结论，而且表明创业者动用的关系强度越高，创业者赢得客户和财务资源的速度就越快，从而越有助于把握稍纵即逝的创业机会价值。但是，关系资源对上述三项活动均没有呈现出显著性影响，这也再次表明，在资源整合过程中，关系强度仅提供了资源获取的可能性，而关系资源则能够从根本上影响其所整合到的资源数量和水平。依据以上论述，可以认为假设 5-1 得到了部分支持，而假设 5-2 则没有得到实证数据的支持。

对于假设 6 和假设 7 而言，在表 5.10 中，加入资源整合效率变量后的模型 2-1 调整后的确定系数 R^2 仅较模型 1 增加了 0.005，并且没有达到统计上的显著性。这意味着加入资源整合效率变量后并没有从整体上改善模型对因变量的解释力。与此同时，资源整合效率的回归系数并没有达到统计上的显著性水平，说明资源整合效率并不会影响新企业初期的总体绩效水平，由此否定了假设 6。相比较而言，加入资源整合效果变量后的模型 2-2 调整后的确定系数 R^2 较模型 1 增加了 0.106，并且达到了统计上的显著性，意味着加入资源整合效率变量后从整体上改善了模型对因变量的解释力，并且资源整合效果的回归系数达到了统计上的显著性水平（β=0.346，$P<0.01$）。这说明资源整合效果与总体绩效水平之间存在着显著性的正向相关关系，由此支持了假设 7。对比上述结果可以看出，在创业初期，与资源获取行动速度相比较，资源获取数量更加关键，能够在很大程度上影响新企业的初期绩效表现。这与先前研究发现的创业者在创业阶段构建的新企业资源基础越好，新企业生存和成长表现也就越好的结论相一致①。

表 5.15 列出了中介效应检验结果。在步骤一中，关系强度与新企业总体绩效水平之间并没有出现显著性相关关系，由此可以判定以关系强度为前因变量的中介效应并不存在。在步骤二中，关系资源与资源整合效果之间存在着显著性正向作用关系（β=0.302，$P<0.01$），而关系资源与资源整合效率之间则并没有出现显著性相关关系，说明资源整合效率不可能成为关系资源与总体绩效水平之间的中介变量。在步骤三中，可以发现关系资源、资源整合效果与新企业总体绩效水平之间均存在着显著性正向相关关系，回归系数分别为 0.415（$P<0.01$）和 0.346（$P<0.01$）。

① Chandler, G.N., Hanks, S.H. Market attractiveness, resource-based capabilities, venture strategies, and venture performance. Journal of Business Venturing, 1994, Vol. 9, Issue 4: 331~349.

因此，资源整合效果在关系资源与新企业总体绩效水平间的中介效应成立，按照前面的公式，可以计算出其中介效应占总效应的比例为19.8%，即中介效应占到主效应模型的19.8%左右。

表 5.15 资源整合效率与效果中介效应的检验[a]

步骤	解释变量	被解释变量	回归系数
步骤一	**自变量** 关系强度 关系资源	**因变量** 总体绩效水平	 0.015 0.527***
步骤二	**自变量** 关系资源	**中介变量** 资源整合效率 资源整合效果	 -0.002 0.302***
步骤三	**自变量** 关系资源 **中介变量** 资源整合效果	**因变量** 总体绩效水平	 0.415*** 0.346***

a. *表示 P<0.1，**表示 P<0.05，***表示 P<0.01。

表 5.16 列出了资源整合效果在关系资源与资产规模、销售收入、员工人数等三个绩效指标之间的中介效应检验结果，回归结果见附录 C。借助于表 5.16 不难发现，在步骤一中，关系资源与资产规模、员工人数与销售收入之间均存在着显著性的正向作用关系，回归系数分别为 0.069、0.065、0.043；在步骤二中，关系资源与资源整合效果之间存在着显著性正向作用关系（β=0.302，P<0.01）。在步骤三中，可以发现关系资源、资源整合效果分别与资产规模、员工人数和销售收入之间均存在着显著性正向相关关系。因此，可以判断，资源整合效果在关系资源与资产规模、员工人数与销售收入间的中介效应均成立。

表 5.16 资源整合效果中介效应的检验[a]

步骤	解释变量	被解释变量	回归系数
步骤一	**自变量** 关系资源	**因变量** 资产规模 员工人数 销售收入	 0.069*** 0.065*** 0.043***
步骤二	**自变量** 关系资源	**中介变量** 资源整合效果	 0.302***
步骤三	**自变量** 关系资源 **中介变量** 资源整合效果	**因变量** 资产规模 员工人数 销售收入	 0.059***、0.056***、0.030*** 0.375***、0.290**、0.367***

a. *表示 P<0.1，**表示 P<0.05，***表示 P<0.01。

综上所述，假设 3 得到了部分支持，假设 3-1 没有得到支持，假设 3-2 得到了支持；假设 4 得到了部分支持，假设 4-1 没有得到支持，假设 4-2 得到了支持；假设 5 得到了部分支持，假设 5-1 得到了部分支持，假设 5-2 没有得到支持；假设 6 没有得到支持，而假设 7 得到了支持；假设 8 得到了部分支持，见表 5.17。

表 5.17　研究假设的检验情况

假设	内容	结论
假设 3	创业者社会资本利用水平与新企业初期绩效之间正相关	部分支持
假设 3-1	创业者所利用关系强度与新企业初期绩效之间正相关	不支持
假设 3-2	创业者所利用关系资源与新企业初期绩效之间正相关	支持
假设 4	创业者社会资本利用水平与资源整合效果之间正相关	部分支持
假设 4-1	创业者所利用关系强度与资源整合效果之间正相关	不支持
假设 4-2	创业者所利用关系资源与资源整合效果之间正相关	支持
假设 5	创业者社会资本利用水平与资源整合效率之间正相关	部分支持
假设 5-1	创业者所利用关系强度与资源整合效率之间正相关	部分支持
假设 5-2	创业者所利用关系资源与资源整合效率之间正相关	不支持
假设 6	创业者资源整合行动效率与新企业初期绩效之间正相关	不支持
假设 7	创业者资源整合行动效果与新企业初期绩效之间正相关	支持
假设 8	创业者资源整合行动效率和效果在创业者社会资本利用水平与新企业初期绩效的正向作用关系中起到中介作用	部分支持

二、讨论与启示

本研究依托先前研究发现的核心创业资源大都来自于社会关系网络的基本结论，系统剖析并利用实证数据验证了社会资本变量经由资源整合效率和效果影响新企业初期绩效的中介效应模型。基本发现是关系资源变量是能够预测新企业初期绩效的重要指标，创业者面向资源整合行动所动用的关系资源水平越高，其资源整合效果就越好，相应地，新企业初期规模和绩效表现也就越好。关系强度变量对于新企业初期绩效的预测力仍未得到验证，但它能作用于资源整合效率。具体而言，创业者面向资源整合行动所动用的关系强度越高，就能够越快地整合到核心创业资源，但并不能保证创业者能够整合到更多、更好的核心创业资源。这些发现不仅有助于进一步认识社会资本在创业过程中扮演的角色，而且有助于启发未来研究探索社会资本与创业作用关系的思路与方法。

（一）社会资本与创业绩效作用关系再认识

已有研究过分关注创业者所嵌入网络结构特征对创业绩效的影响，而忽视了创业者所嵌入网络资源对创业绩效的作用机制。与先前研究不同的是，本研究发现与网络结构变量相比较，关系资源在机会开发过程中扮演着更为重要的角色。事实上，创业者所嵌入的网络结构特征仅为创业者提供了一种潜在的格局优势，如果创业者占据结构洞位置，他可能较好地操纵和利用流动于网络中的信息，这对于机会发现活动有着较为直接的作用关系，表现为网络规模越大，创业者所识别的创业机会创新水平越高的事实。而一旦创业者决定把握机会实施创业活动，那么，创业者就需要赢得来自其关系网络中的实质性支持和帮助，即借助网络以低成本获取有价值资源，甚至是别人难以获取的稀缺性资源。在此时，创业者所嵌入的网络结构特征就难以起到决定性作用，相反，创业者所嵌入网络的资源水平则能够在很大程度上影响其能够从网络中摄取的实质性资源支持的水平。

这意味着，创业成败不仅取决于创业者是谁及其认识谁，而且取决于其在创业过程中动用了谁。更为重要的是，社会资本在创业过程中的不同阶段可能扮演着不同的角色。在机会识别过程中，网络结构和网络资源非常关键，但一旦进入了机会开发阶段，网络结构的重要性迅速下降，而创业者所动用的关系资源水平则起到主导作用，在很大程度上能够预测创业成败和绩效表现高低。与之相呼应，近期的一项研究系统比较了创业者与非创业者、技术型创业者与非技术型创业者的社会资本构成差异，并进一步比较了其在社会资本不同维度之间的转化路径，发现创业者与非创业者、技术型创业者与非技术型创业者的社会资本构成水平并没有显著差异。但是，与非创业者相比较，创业者往往能有效地将结构资本转化为认知资本并最终转变为关系资本，即创业者更善于利用合适的网络联系人去获取相应的机会和资源；技术型创业者更注重从结构资本中获益，倾向于利用桥联系来获取非冗余信息，而非技术型创业者则更善于从关系资本中获益，往往能从中获得必需的资源[①]。沿着这个逻辑，未来研究可以探索社会资本变量在创业过程中不同阶段、不同活动中的动态角色演变，这必将有助于进一步深化对社会资本与创业关系的认识。

① Liao, J., Welsch, H. Roles of social capital in venture creation: Key dimensions and research implications. Journal of Small Business Management, 2005, Vol. 43, Issue 4: 345~362.

（二）资源整合效果中介作用的启示

本研究发现社会资本对新企业绩效并非是直接作用关系，而是经由一些重要的中介变量发生着间接作用。具体而言，创业者在创业过程中利用的关系资源水平越高，其资源整合行动的效果就越好，从而最终提升新企业初期绩效，这有助于澄清对社会资本与创业绩效之间关系认识模糊的尴尬状况。更为重要的是，这项结论进一步强化了博特将社会资本隐喻为优势的判断①，即对于创业者而言，社会资本具有带来价值和优势的潜力，但取决于创业者如何根据创业过程中具体活动特征相机选择利用其社会网络联系人为创业服务。

有关组织生成过程的研究已经发现在新企业成立之前，创业者大致需要完成 23 项活动，并且这 23 项活动对于新企业创建成败的影响各不相同。②以撰写商业计划为例，一些研究认为，撰写商业计划能够提升新企业创建成功率改善新企业初期绩效，谢恩等人以目标设定理论为基础，发现在开展营销和促销活动之前撰写商业计划能够提高创业者的行动质量，降低新企业流产的风险，甚至有利于新企业的后续发展。另一些研究认为，它与新企业创建成功之间没有关系，洪尼格等人发现撰写商业计划仅是创业者应对外部利益相关者需求来谋求合法性的手段，与新企业创建成功率乃至初期绩效之间没有任何联系③。还有一些研究认为，撰写商业计划对新企业创建成功率的贡献取决于创业情境，廖建文和加特纳发现在高财务和竞争不确定性条件下，越早准备商业计划越有利，而在财务和竞争不确定性较低时，越晚准备商业计划越有利④。

细致比较这些研究不难发现，其研究结论之间的矛盾可能来自于其对创业者撰写商业计划的初衷以及目的的理解各不相同。呼吁撰写商业计划有助于改善绩效的学者认为其是创业者细致思考、规划与决策创业活动的关键事件；而宣称撰写商业计划不能改善绩效的研究则认为其是创业者为创业赢得合法性并获取创业资源的一种重要手段。如果假设上

① Burt, R.S. The network structure of social capital. In: Sutton, R.I., Staw, B.M., eds. Research in Organizational Behavior. Greenwich, CT: JAI Press, 2000.

② Shane, S., Delmar, F. Planning for the market: Business planning before marketing and the continuation of organizing efforts. Journal of Business Venturing, 2004, Vol. 19, Issue 6: 767~785.

③ Honig, B., Karlsson, T. Institutional forces and the written business plan. Journal of Management, 2004, Vol. 30, Issue 1: 29~48.

④ Liao, J., Gartner, W.B. The effects of pre-venture plan timing and perceived environmental uncertainty on the persistence of emerging firms. Small Business Economics, 2006, Vol. 27, Issue 1: 23~40.

述两种情况同时存在于创业实践的话，怀着不同目的的创业者在商业计划准备过程中应如何选择网络联系人来寻求建议和支持，以及选择不同的网络联系人寻求建议和支持又将会对创业绩效带来什么样的影响就非常值得关注。事实上，有少数学者已经注意到这一点，开始剖析创业者在创业过程中所使用讨论网对其行为和绩效的影响，以及创业者所使用讨论网在创业活动不同阶段的动态演变关系[①]。

综上所述，本研究仅仅考察了创业过程的一个侧面，即资源整合行动与社会资本之间的相互关系。事实上，在创业过程中，创业者从事其他活动时仍需要合理地利用其社会资本，从这一点出发，未来研究可以进一步挖掘社会资本与创业过程中其他活动之间的相互关系及其对创业绩效的影响。这有助于深入认识创业过程中影响因素与行为之间的复杂作用关系及其对创业绩效的影响机制。

第四节 简要总结

本研究立足于先前研究发现的网络支持水平与新企业绩效之间存在正向作用关系的基本结论，往前追溯影响网络支持水平的前因变量并验证前因变量、支持水平与新企业绩效之间的中介效应模型，目的在于澄清尽管存在社会资本能改善创业绩效但却难以得到实证数据支持的现状，从更深层次揭示社会资本影响创业活动和创业绩效的作用机理。

具体而言，依托先前研究发现的核心创业资源大都来自于社会关系网络的基本结论，本研究系统剖析并利用实证数据验证了社会资本变量经由资源整合效率和效果影响新企业初期绩效的中介效应模型。基本发现是关系资源变量是能够预测新企业初期绩效的重要指标，创业者面向资源整合行动所动用的关系资源水平越高，其资源整合效果就越好，相应地，新企业初期规模和绩效表现也就越好。关系强度变量对于新企业初期绩效的预测力仍未得到验证，但它能作用于资源整合效率。具体而言，创业者面向资源整合行动所动用的关系强度越高，就能够越快地整合到核心创业资源，但并不能保证创业者能够整合到更多、更好的核心创业资源。这些发现不仅有助于进一步认识社会资本在创业过程中扮演

① Greve, A., Salaff, J.W. Social networks and entrepreneurship. Entrepreneurship Theory and Practice, 2003, Vol. 27, Issue 3: 1~22.

的角色，而且有助于启发未来研究探索社会资本与创业作用关系的思路与方法。

本研究将关系资源引入新企业绩效研究并验证了其显著性作用，有助于在加深对新企业绩效来源的理论认识的同时，进一步深化社会资本视角下的创业研究成果，澄清了社会资本与创业绩效之间的作用关系，有助于启发未来研究深入到行为层面去探索创业过程中影响因素与行为之间的复杂作用关系及其对创业绩效的影响机制。

第六章　社会资本利用方式与新企业初期绩效

本章在归纳创业者社会资本利用方式与新企业初期绩效之间关系的相关理论假设的基础上，利用调查数据的统计分析来检验所提出的理论假设，即立足于解释创业者社会资本利用方式与新企业初期绩效之间的内在联系，旨在系统阐述所提出的第三个研究问题：在特定机会条件下，创业者如何利用社会资本更有助于提升新企业初期绩效。

本章内容大致按照以下的逻辑顺序展开论述：首先结合先前相关研究成果，开展理论推导进而构建出有待检验的具体假设；然后细致阐述所涉及主要变量的测量手段及分析方法；紧接着对数据统计分析结果进行解释与讨论；最后简要概括主要发现及其对未来研究的启示。

第一节　理论推导与假设构建

如前所述，不同机会的开发活动各不相同。这意味着，作为有助于创业的关键无形资源，在开发特定机会时，创业者选择恰当的方式利用社会资本可能更有助于提升创业成功率，并改善新企业绩效。基于这个判断，本研究依托不同机会对应不同机会开发活动的基本认识，结合已有相关研究成果，力图从理论层面阐述创业者社会资本利用方式、创业机会特征以及新企业初期绩效之间的内在联系，论证创业机会特征对社会资本利用方式与新企业初期绩效关系间的非线性调节作用，进而构建出有待检验的具体假设，旨在挖掘创业者与创业机会之间的匹配关系内涵。

一、社会资本利用方式

创业是创业者动用、维持和建构社会资本来发现机会并获取开发机会必需资源的行为过程。既然不同创业机会的开发过程各不相同，就有必要讨论在开发不同创业机会时，创业者如何利用社会资本更可能提升创业成功率并改善新企业绩效。事实上，一些研究已经发现了创业者网络特征随着创业过程动态演进而呈现为阶段式变化，表现为创业者网络与创业活动之间的共生演进过程[①]。例如，近期一项跟踪研究发现在创业不同阶段，创业者构建着不同的网络，在创业动机形成阶段，创业者与少数密切联系人之间讨论商业创意；在计划阶段，创业者需要动用更大规模的社会网络，因为他们可能不知道谁能提供帮助，所以他们尽可能联系未来可能用得着的联系人；一旦企业开始运营，创业者倾向于将其网络聚焦于那些能提供资源和客户的关键联系人[②]。

在机会开发过程中，创业者一方面致力于从现有社会网络关系中寻求创业支持和帮助，另一方面着手于建立新的联系人来获取必需的信息和资源。研究人员发现，创业者平均每周会花费 5 个小时来建立新联系人和维持已有联系人[③]。换句话说，如果将创业者社会资本视为可为创业所用并能为创业带来价值的无形资源的话，创业者可以选择注重利用创业前已存在的社会关系网络来为自己服务，也可以选择探索并建立新的社会关系为机会开发所用。借鉴詹姆斯·马奇有关探索与资源开发的理论观点，即探索逻辑的本质在于找寻、挖掘与沉淀组织未曾掌握的新知识、资源与技术，而开发逻辑则是利用、配置与调动组织内已有的知识、资源与技术[④]，可以将前者称为开发式利用，既侧重于开发已有社会关系中承载的资源；将后者称为探索式利用，既偏向于探索新的社会关系资源来为创业服务。

事实上，感悟创业实践也会发现，创业者的确在积极与可能为创业带来价值的个体联系、交往和互动，并且这种网络活动并不以个体是事

---

① Hoang, H., Antoncic, B. Network-based research in entrepreneurship: A critical review. Journal of Business Venturing, 2003, Vol. 18, Issue 2: 165~187.

② Greve, A., Salaff, J.W. Social networks and entrepreneurship. Entrepreneurship Theory and Practice, 2003, Vol. 27, Issue 3: 1~22.

③ Aldrich, H.E., Reese, P.R. Does networking pay off? A panel study of entrepreneurs in the research triangle. In: Churchill, N.S., et al., eds. Frontiers of Entrepreneurship Research (pp. 325~339), Wellesley, MA: Babson College, 1993.

④ Levinthal, D.A., March, J.A. The myopia of learning. Strategic Management Journal, 1993, Vol. 14, Special Issue: Organizations, Decision Making and Strategy: 95~112.

先处于创业者网络体系之中为前提。换句话说，如果个体是创业者个人网络中的联系人，创业者会花费时间、资金与精力与之交往，交流与创业相关的事宜，进而说服对方为自己提供相应的支持。如果个体并非是创业者个体网络中的联系人，创业者仍会主动与之交往并建立联系，向对方讲述创业想法与创业前景，从而赢得对方的信任并获得相应的支持。由此，本研究认为：

假设 9：社会资本利用方式是一个多维度概念。

二、社会资本利用方式与新企业初期绩效

社会资本利用方式可能会影响到新企业初期绩效。这可以在近期有关创业者网络活动与创业绩效关系的研究中找到证据。已有不少研究发现了创业者网络活动与创业绩效之间存在的正向相关关系，认为积极利用社会关系网络资源能够改善新企业初期绩效。其中，阿尔德瑞奇等人考察了创业者网络活动与创业初期绩效之间的关系，发现在生存年限低于 3 年的创业企业中，所动用的网络密度与盈利水平之间存在着负向相关关系，而所动用网络的资源水平则与盈利水平之间呈现为正向相关关系；对于生存年限大于 3 年的创业企业，网络规模与盈利水平之间存在着正向相关关系，而网络密度以及网络资源与盈利水平之间则不存在显著性作用关系①。另一项研究进一步指出创业者网络活动能为创业带来价值，因为通过网络活动，创业者能够有效利用嵌入网络中的社会资源，从而为创业以较低的成本带来信息、资金和技术等有价值资源②。

上述网络活动与创业绩效关系研究的合理性在于，社会网络能为工具性行动服务，创业者会理性选择最有可能并且能给创业带来实质性支持的个体并与之进行积极交往互动。更为重要的是，因为时间和资源稀缺性，创业者并没有任何冗余的时间与资金可以浪费，他必须在有限时间内找到恰当的对象开展网络活动，从而为创业赢得宝贵的支持，往往表现为获取与创业相关的信息、客户、资金、技术等。大量研究证据可以证实上述观点。例如，研究发现与风险资本家与专业服务组织的关系

① Aldrich, H.E., Rosen, B., Woodward, W. The impact of social networks on business foundings and profit: A longitudinal study. In: Churchill, N.S., et al., eds. Frontiers of Entrepreneurship Research (pp. 154~168). Wellesley, MA: Babson College, 1987.

② Florin, J., Lubatkin, M., Schulze, W. A social capital model of high-growth ventures. Academy of Management Journal, 2003, Vol. 46, Issue 3: 374~384.

是创业者获取关键人才和市场信息的主要手段①；与分销商、供应商、竞争者或顾客组织的关系是创业者获取信息和行业诀窍的重要渠道②。利用与高地位战略联盟伙伴的关系带来的声望与符号价值，生物技术企业能赢得宝贵的公众认可与支持③，往往能更快上市并赢得更高的市场价值④。

事实上，网络活动是创业者社会资本利用方式的一种形象表现。如果创业者积极对其网络内联系人开展网络活动，那么，他采纳的就是开发式逻辑利用无形的社会资源。与此同时，如果创业者积极对其网络之外的新联系人开展网络活动，那么他就是在采纳探索式逻辑利用无形的社会资源。根据上述网络活动与创业绩效之间存在正向相关关系的研究结论不难发现，创业者社会资本利用方式仍可能会影响到新企业初期绩效，具体而言：

假设10：开发式利用与新企业初期绩效之间正相关。

假设11：探索式利用与新企业初期绩效之间正相关。

三、创业机会的调节作用

依据以上论述可以得出，创业者利用网络内的联系人关系来获得相应的网络支持有助于提升创业绩效。但在大多数情况下，创业者过分嵌入已有关系网络会制约创业者行为，甚至有损于创业企业绩效⑤。这意味着，创业者在维持并利用已有网络中承载资源的同时，应同时注重建构新的社会关系为创业服务，规避过分嵌入性所带来的负效应。这意味着，因为时间和资源有限性，创业者能否在资源和时间制约条件下合理权衡开发式利用与探索式利用就成为了创业成功的关键。更为重要的是，研究人员已发现创业机会特征是决定后续机会开发路径的关键因素，认为创业机会与开发路径之间的匹配关系在很大程度上决定着创业绩

---

① Freeman, J. Venture capital as an economy of time. In: Leenders, R., Gabbay, S.M., eds. Corporate Social Capital and Liability (pp. 460~482), Boston: Kluwer Academic Publishing, 1999.

② Brown, B., Bulter, J.E. Competitors as allies: A study of entrepreneurial networks in the U.S. wine industry. Journal of Small Business Management, 1995, Vol. 33, Issue 3: 57~66.

③ Higgins, M.C., Gulati, R. Getting offto a good start: The effects of upper echelon affiliations on underwriter prestige. Organization Science, 2003, Vol. 14, Issue 3: 244~263.

④ Stuart, T.E., Hoang, H., Hybels, R.C. Interorganizational endorsements and the performance of entrepreneurial ventures. Administrative Science Quarterly, 1999, Vol. 44, Issue 2, 315~349.

⑤ Uzzi, B. Social structure and competition in interfirm networks: The paradox of embeddedness. Administrative Science Quarterly, 1997, Vol. 42, Issue 1: 35~67.

效[①]。那么，在特定机会条件下，创业者适度采纳探索式利用必然会在很大程度上影响新企业初期绩效。换句话说，本研究认为创业机会创新水平调节着探索式利用与新企业初期绩效之间的作用关系。

具体而言，在所开发创业机会创新水平较低时，意味着其往往是对现有“手段—目的”关系的局部优化，甚至是直接复制现有“手段—目的”关系，即或者存在明确的市场，或者存在明确的产品或服务。在此时，创业者面临的是创业机会价值被其他人更快、更好把握的风险[②]，采纳目标导向过程更有助于创业成功，即在确定需要达成的目标条件下，迅速去找寻实现该目标的最佳手段，行为焦点是尽可能快速的占据市场空间从而实现创业机会价值[③]。换句话说，在所开发创业机会的创新水平较低时，如果创业者过分注重开拓社会关系网络，注重吸纳新联系人为创业服务并不会提升创业绩效，甚至会有损于创业绩效，因为建立关系的时间和精力投入远远高于利用已有关系的花费，这非常不利于创业者迅速把握稍纵即逝的机会价值，因此：

假设 12：在开发低创新性创业机会时，探索式利用与新企业初期绩效之间负相关。

在开发中度创新性的创业机会时，创业者有着可预测的未来空间，同时也面临着难以预测的未来趋势。在此时，最佳的行为逻辑是在重复性试验中不断学习、纠偏，逐渐摸索出未来趋势的分布状态从而识别出相应的应对之策。更为重要的是，因为存在着可预测未来空间，创业仍面临着较高的模仿风险，快速把握机会价值仍然非常关键。换句话说，创业者在注重利用已有关系网络的同时，可以适当拓展新的关系网络来获取新的信息、知识、技术等资源，从而化解因机会创新性所带来的不可预测因素，并将其转化为可预测的行动策略。例如，如果打算加盟一个连锁店，创业者可能仅仅需要找寻熟悉的朋友借贷启动资金并获得相关信息和意见支持即可。而如果打算开办一家面向渐进性创新技术商业化的新企业，创业者不仅需要从已有网络中赢得信息和支持，也需要适当寻求领域外个体的意见和建议，从而加深自己对技术与市场等方面深

---

① Samuelsson, M. Creating new ventures: A longitudinal investigation of the nascent venturing process. Doctoral dissertation. Jönköping: Jönköping International Business School, Sweden, 2004.

② Sarasvathy, S., Dew, N., Velamuri, R., et al. Three views of entrepreneurial opportunity. In: Acs. Z.J., Audretsch, D. B., eds. Handbook of Entrepreneurship Research, Dordrecht, and NL: Kluwer, 2003.

③ Sarasvathy, S.D. Causation and effectuation: Toward a theoretical shift from economic inevitability to entrepreneurial contingency. Academy of Management Review, 2001, Vol. 26, Issue 2: 243~263.

度知识的理解。

与之相呼应，研究已发现更广泛的建立拓展顾客关系能增加创业者从关键客户关系那里获得的知识。其原因在于，随着创业者适当的关系拓展，其能够赢得新的外部知识输入，从而强化创业者开发机会的能力①。因此，在开发中度创新性的创业机会时，探索式利用社会资本能够提升新企业初期绩效，但并不能起到决定性作用，即：

假设13：在开发中度创新性创业机会时，探索式利用对新企业初期绩效的正向作用较弱。

更为重要的是，在所开发创业机会的创新水平较高时，创业者往往面临的不确定性水平很高。在此时，创业者往往会采纳启发式决策来快速行动，在行动中不断化解机会的不确定性因素，从而逐渐形成对环境变化的判断力②；更倾向于手段导向而非目标导向的行为方式，注重利用现有手段去试验可能的产出，从而在各种可能产出中间找出最优解，行为决策的原则是可承担的损失而非可获得的收益③。另一方面，创业机会的创新水平越高，意味着创业机会价值就越难以被利益相关者所接受，越难以赢得被公众认可的合法性从而加大资源获取难度④。也就是说，在开发创新性较高的创业机会时，创业者要以新的方式甚至是从未有过的方式来配置和利用资源，但新的资源配置方式可能会对现有手段形成挑战，使得利益相关者对于创业机会的价值保持怀疑、甚至是抵触心理，从而难以赢得合法性并获取创业必需资源⑤。

正因为此，创业者不会仅停留于已有的社会关系网络，转而注重更广泛地动员社会关系来收集相关信息，广泛地寻求外部资源支持，尝试各种可能的手段去试验创业机会的真正价值，探寻一切可能的途径来获取开发创业机会所必需的资源。其实，研究人员已经指出在开发创新型机会时，积极与利益相关者进行沟通和交往，通过建立与关键利益相关

---

① Zhao, L., Aram, J.D. Networking and growth of young technology-intensive ventures in China. Journal of Business Venturing, 1995, Vol. 10, Issue 5: 349~370.

② Busenitz, L.W., Barney, J.B. Differences between entrepreneurs and managers in large organizations: Bias and heuristics in strategic decision-making. Journal of Business Venturing, 1997, Vol. 12, Issue 1: 9~30.

③ Sarasvathy, S.D. Causation and effectuation: Toward a theoretical shift from economic inevitability to entrepreneurial contingency. Academy of Management Review, 2001, Vol. 26, Issue 2: 243~263.

④ 张玉利, 杜国臣. 创业的合法性悖论. 中国软科学, 2007, 10: 47~58.

⑤ Aldrich, H.E., Fiol, M. Fools rush in? The institutional context of industry creation. Academy of Management Review, 1994, Vol. 19, Issue 4: 645~670.

者或某些权威人士的良好关系是为创业赢得合法性并争取资源整合的关键途径。为此，本研究认为：

假设 14：在开发高创新性创业机会时，探索式利用对新企业初期绩效的正向作用较强。

综上所述，本研究认为创业机会创新水平调节着探索式利用与新企业初期绩效之间的作用关系。在不同机会条件下，探索式利用与新企业初期绩效之间的作用关系不尽相同，这也意味着创业机会创新水平对探索式利用与新企业初期绩效之间的作用关系起着非线性的调节作用，由此：

假设 15：创业机会创新水平对探索式利用与新企业初期绩效之间的作用关系起着非线性的调节作用。

第二节　变量测量与分析方法

在这里，选择新企业初期绩效为因变量，自变量是探索式利用和开发式利用，创业机会创新水平为调节变量，选择性别、年龄、学历、地区差异以及所属产业为控制变量，利用调节回归技术来验证所提出的理论假设。下面，本研究主要细致介绍创业者社会资本利用方式的测量手段与相关检验结果。

一、社会资本利用方式

如前所述，本研究认为社会资本利用方式实质上是对创业者网络活动特征的抽象，它是一个多维度的概念，具体而言，探索式利用意味着创业者注重建立并利用新联系人所承载的社会资源来为创业服务，而开发式利用意味着创业者注重维持并利用事先存在的网络内联系人所承载的社会资源来为创业服务。

但令人遗憾的是，对于探索式与开发式利用两个变量而言，在已有研究中并不存在现成的测量方式，这意味着本研究需要在广泛借鉴相关文献观点的基础上自行开发出上述两个变量的测量量表。为此，本研究的量表开发工作主要遵照以下程序开展：首先，系统梳理有关探索与开发的理论文献，进一步明确两者的理论内涵；接着，基于创业者社会资本利用方式是其网络活动特征抽象的基本判断，系统梳理有关创业者网络活动的文献，重点归纳创业者网络活动的测量方式。在上述两项工作的基础上，本研究初步设计了测量量表，并经过第三章所指出的流程在研究团队、业界专家、与创业者三者之间交互验证其内容效度，并最终确定了测量量表。为了系统检验测量量表的信度与效度，本研究首先采纳探索性因子分析（Exploratory factor analysis）来初步判断量表的结构、信度与效度，并初步删除不合理条目，接着采纳验证性因子分析（Confirmatory factor analysis）来系统检验测量量表的有效性，重点考察量表的收敛效度（Convergent validity）与区分效度（Discriminatory validity），从而最终选定最佳的测量条目组合，并以此为依据进入后续的实证分析。

借助于文献梳理发现，詹姆斯·马奇在其开创性论著中，首次系统阐述了组织学习过程中的探索模式与开发模式。他指出探索注重挖掘、沉淀、积累新知识，而开发则偏向于利用组织内已有的知识，认为组织过分重视探索而忽视开发，可能在长期内有益而短期则损失，反之，组织过分重视开发而忽视探索，则在短期内有益而长期则损失[①]。此后，马奇等人又进一步深化了两者的理论内涵，即认为探索的本质在于寻求新的事物，而开发的本质则在于利用已有的事物[②]。将探索与开发应用到本研究的情境，不难发现探索式利用注重建立并利用网络之外的新联系人，即认识并建立新朋友关系为己服务，而开发式利用则偏向于维持并利用网络内的旧联系人，即维持并利用老朋友关系为己服务。更为重要的是，对有关创业者网络活动的文献梳理发现，研究人员一般从主体用于建立和维持联系人所花费的时间[③]以及主体为建立和维持联系人所进行的交往频繁程度[④]两个方面来衡量其网络活动特征。除此之外，本研究认为主体用于建立和维持联系人所花费的资金投入仍是衡量网络活动特征的重要条目。理由在于，在中国情境下，建立、维持和利用关系必然离不开宴请、送礼等资金投入活动，而在有限资金条件下，创业者必须理性配置其所用于建立和维持联系人所花费的资金投入方向。

依托以上论述，本研究分别从时间投入、资金投入、交往频率三个

① March, J.G. Exploration and exploitation in organizational learning. Organization Science, 1991, Vol. 2, Issue 1: 71~87.

② Levinthal, D.A., March, J.A. The myopia of learning. Strategic Management Journal, 1993, Vol. 14, Special Issue: Organizations, Decision Making and Strategy: 95~112.

③ Greve, A., Salaff, J.W. Social networks and entrepreneurship. Entrepreneurship Theory and Practice, 2003, Vol. 27, Issue 3: 1~22.

④ Hansen, E.L. Entrepreneurial network and new organization growth. Entrepreneurship Theory and Practice, 1995, Vol. 19, Issue 4: 7~19.

维度去测量创业者社会资本利用方式特征。除此之外，本研究增加了对网络活动结果评价与网络活动主观倾向两个条目来测量社会资本利用方式特征。具体而言，所有条目均采用李克特的主观评价量表测量，分别是从极不同意到非常同意的5维测量，具体测量条目及其描述性统计见表6.1与表6.2。

表6.1 社会资本利用方式的测量条目描述[a]

条目	潜变量	描述
花费大部分时间去维持已有关系	开发式利用	时间投入，5维测量
频繁地与老朋友沟通交流		交流频率，5维测量
花费于维持已有关系的资金更多		资金投入，5维测量
注重利用以前认识的老朋友为创业服务		主观倾向，5维测量
创业前认识的朋友对创业的帮助更大		结果评价，5维测量
花费大部分时间去建立新关系	探索式利用	时间投入，5维测量
频繁地与新朋友沟通交流		交流频率，5维测量
花费建立新关系的资金更多		资金投入，5维测量
注重寻求与他人建立朋友关系为创业服务		主观态度，5维测量
创业后认识的朋友对创业的帮助更大		结果评价，5维测量

a. 在问卷中，所有条目采取混合排列方式，使用5维李克特态度量表测量。

表6.2 社会资本利用方式的测量条目的描述性统计[a]

条目	最小值	最大值	均值	标准差
花费大部分时间去维持已有关系	2.00	5.00	3.29	0.827
频繁地与老朋友沟通交流	2.00	5.00	3.56	0.908
花费于维持已有关系的资金更多	2.00	5.00	3.24	0.820
注重利用以前认识的老朋友为创业服务	2.00	5.00	3.80	0.766
创业前认识的朋友对创业的帮助更大	2.00	5.00	3.66	0.730
花费大部分时间去建立新关系	2.00	5.00	3.67	0.782
频繁地与新朋友沟通交流	1.00	5.00	3.69	0.851
花费建立新关系的资金更多	2.00	5.00	3.59	0.868
注重寻求与他人建立朋友关系为创业服务	1.00	5.00	4.02	0.854
创业后认识的朋友对创业的帮助更大	2.00	5.00	3.68	0.780

a. 样本量为119。

在此基础上，本研究首先采用探索性因子分析（限定提取两个因子）分别获得开发式利用与探索式利用的因子载荷值及相关检验值，目的在于初步探测量表的因子结构并删除不合理条目。具体而言，按照第四章的论述，本研究的因子取舍标准是因子载荷必须高于 0.5，对于不符合这个要求的条目将在分析中予以删除；对于测量信度和效度的初步判断标准是，删除该条目后的 Alpha 系数应小于总体量表的 Cronbach Alpha 系数，保留在变量测度项中的单项与总和项（Item-to-total）的相关系数应大于 0.35[①]。对于不符合这两个要求的条目将在分析中予以删除。表 6.3 列示了探索性因子分析的结果。

借助于表 6.3 不难发现，代表样本充分性水平的 KMO 检验值为 0.622，说明样本数量是充分的，超过因子分析的样本限制条件。表明条目间相对关联程度的 Bartlett 球形检验值为 198.327，显著性水平 $P<0.01$，说明各条目间是相互关联的，提取公共因子是有条件的。所提取的两个公共因子对量表整体的方差贡献率为 42.6%，也就是说，上述 10 个变量的所有方差中，有 42.6%可以用所提取的两个公共因子来解释。从量表信度来看，探索式利用因子的 Cronbach Alpha 系数值为 0.628，开发式利用因子的 Cronbach Alpha 系数值为 0.640。但是，对条目的检验发现，“花费于维持已有关系的资金更多”条目单项与总和项的相关系数为 0.198，小于 0.35 的最低标准，应该予以删除；“花费大部分时间去建立新关系”条目单项与总和项的相关系数为 0.273，小于 0.35 的最低标准，应该予以删除；“注重寻求与他人建立朋友关系为创业服务”条目在删除条目后的 Alpha 值为 0.630，大于整体条目的 Alpha 值，应该予以删除。

表 6.3 社会资本利用方式的探索性因子分析结果[a, b]

条目	开发式利用	探索式利用	Item-to-total	删除条目的 Alpha	Alpha
花费大部分时间去维持已有关系	0.741	-0.151	0.532	0.514	
频繁地与老朋友沟通交流	0.666	-0.187	0.401	0.584	
花费于维持已有关系的资金更多	**0.412**	**0.122**	**0.198**	**0.677**	0.640
注重利用以前认识的老朋友为创业服务	0.755	-0.026	0.510	0.510	
创业前认识的朋友对创业的帮助更大	0.602	0.139	0.354	0.605	
花费大部分时间去建立新关系	**0.081**	**0.494**	**0.273**	**0.625**	
频繁地与新朋友沟通交流	0.028	0.817	0.609	0.449	
花费建立新关系的资金更多	0.110	0.712	0.425	0.552	0.628
注重寻求与他人建立朋友关系为创业服务	**-0.121**	**0.483**	**0.271**	**0.630**	
创业后认识的朋友对创业的帮助更大	-0.088	0.616	0.351	0.589	

a. 公共因子提取办法为主成分方法，对变量的累积方差贡献率为 42.6%；
b. KMO 样本充分性检验值为 0.622；Bartlett 球形检验值为 198.327，$P<0.01$。

① Nunnally, J.C. Psychometric theory. New York: McGraw-Hill Book Company, 1978.

在删除上述三项条目之后，再进行一次探索性因子分析，结果如表6.4所示。两个因子组成条目在删除条目后的Alpha值均小于全部条目的Alpha值，其单项与总和项的相关系数也高于0.35的最低水平，所以不用删除任何条目。两个维度所有条目因子载荷水平已达到较高水平，最小值为0.639，说明各维度构成条目的一致性程度达到了最优水平，符合因子分析法中的条目构成要求。从相关统计检验量来看，代表样本充分性水平的KMO检验值为0.656，说明样本数量是充分的，超过因子分析的样本限制条件。表明条目间相对关联程度的Bartlett球形检验值为132.526，显著性水平P<0.01，说明各条目间是相互关联的，提取公共因子是有条件的，所提取的两个公共因子对量表整体的方差贡献率为55.1%，也就是说，上述7个变量的所有方差中，有55.1%可以用所提取的两个公共因子来解释。

表6.4 条目修正后的探索性因子分析结果 [a, b]

条目	开发式利用	探索式利用	Item-to-total	删除该条目后的Alpha	Alpha
花费大部分时间去维持已有关系	**0.730**	-0.070	0.489	0.590	0.677
频繁地与老朋友沟通交流	**0.694**	-0.187	0.439	0.629	
注重利用以前认识的老朋友为创业服务	**0.785**	0.015	0.542	0.558	
创业前认识的朋友对创业的帮助更大	**0.637**	0.131	0.378	0.659	
频繁地与新朋友沟通交流	0.003	**0.811**	0.533	0.450	0.651
花费建立新关系的资金更多	0.057	**0.785**	0.480	0.527	
创业后认识的朋友对创业的帮助更大	-0.119	**0.688**	0.377	0.558	

a. 公共因子提取办法为主成分方法，对变量的累积方差贡献率为55.1%，比第一次因子分析有了提高；

b. KMO样本充分性检验值为0.656；Bartlett球形检验值为132.526，P<0.01。

从量表信度来看，开发式利用因子的Cronbach Alpha系数值为0.677，探索式利用因子的Cronbach Alpha系数值为0.651。尽管大多数研究认为量表要达到信度要求，其Cronbach Alpha系数必须高于0.70的水平[①]，但是在实际操作过程中，研究人员也会选择低于0.70的临界值来作为量表信度要求，但可以肯定的是，量表Cronbach Alpha系数绝对不能低于0.50[②]。例如，在对创业导向的测量量表探索构成中，丹尼·米

① Nunnally, J.C. Psychometric theory. New York: McGraw-Hill Book Company, 1978.

② Santos, R.A. Cronbach's Alpha: A tool for assessing the reliability of scales. Journal of Extension, 1999, Vol. 37, Issue 2: 1~15.

勒（Danny Miller）最初开发的创新、风险承担、超前行动三个维度量表实际测量的 Cronbach Alpha 系数基本上均高于 0.70 的水平①。但是，沿用该量表，约翰·维克伦德（John Wiklund）实际操作中所达到的 Cronbach Alpha 系数仅为 0.64②。这意味着，Cronbach Alpha 系数所决定的量表信度标准绝非一成不变，特别是对于新开发量表而言，往往要经历相当长的反复修正和完善，才能在操作中赢得相对稳定的信度水平。基于上述论述，虽然本研究两个因子的 Cronbach Alpha 系数分别为 0.677 和 0.651，并没有达到 0.70 的水平，但仍可以初步判断量表具有较好的测量信度。

下面，本研究利用 AMOS 5.0 软件继续对测量量表进行验证性因子分析，以求进一步检验量表的合理性。一般来看，验证性因子分析的主要功能是对量表的建构效度进行检测，其手段在于透过检测量表的收敛效度和区别效度来增强对量表建构效度的信心。表 6.5 列出了对量表验证性因子分析的标准因子载荷值以及各项拟合度指标。

表 6.5　社会资本利用方式的验证性因子分析结果[a, b, c]

条目	标准化因子载荷值	标准误	C.R.	P
开发式利用			2.751	0.006
花费大部分时间去维持已有关系	0.462	0.35		
频繁地与老朋友沟通交流	0.586	0.34	4.036	0.000
注重利用以前认识的老朋友为创业服务	0.717	0.51	4.059	0.000
创业前认识的朋友对创业的帮助更大	0.462	0.21	3.819	0.000
探索式利用			2.951	0.003
频繁地与新朋友沟通交流	0.777	0.60		
花费建立新关系的资金更多	0.632	0.40	3.418	0.000
创业后认识的朋友对创业的帮助更大	0.463	0.21	3.299	0.000

a. 表中一些变量因设置该负荷为 1，不计算 C.R.值，因此未列出；

b. 模型的拟合度指标为：X^2=14.521；d.f.=14；X^2/d.f.=1.037；GFI=0.966；NFI=0.893；IFI=0.996；TLI=0.993；CFI=0.995；RMSEA=0.018；

c. 单维度模型的拟合度指标为：X^2=63.608；d.f.=14；X^2/d.f.=4.543；GFI=0.860；NFI=0.533；IFI=0.594；TLI=0.354；CFI=0.569；RMSEA=0.173。

从模型拟合度指标看，X^2/d.f.最好是小于 2.5，NFI、CFI 和 GFI 最

① Miller, D. The correlates of entrepreneurship in three types of firms. Management Science, 1983, Vol. 29 Issue 7: 770~791.

② Wiklund, J. The sustainability of the entrepreneurial orientation-performance relationship. Entrepreneurship Theory and Practice, Vol. 24, Issue 3: 37~48.

好是大于 0.90[1]，但一些研究也认为 0.90 的指标比较保守，如果大于 0.80 也是比较好的拟合[2]。依据上述标准，可以判断模型的整体拟合情况良好，X^2/d.f.=1.037（低于 2.5）；GFI=0.966（高于 0.90）；NFI=0.893（高于 0.80）；IFI=0.996（高于 0.90）；TLI=0.993（高于 0.90）；CFI=0.995（高于 0.90）；RMSEA=0.018（低于 0.08）。更为重要的是，从两维度与单维度的对比模型看，两维度模型的拟合度普遍高于单维度模型。具体而言，单维度模型的拟合度指标为 X^2=63.608（P=0.00）；d.f.=14；X^2/d.f.=4.543；GFI=0.860；NFI=0.533；IFI=0.594；TLI=0.354；CFI=0.569；RMSEA=0.173。

在收敛效度方面，一般认为各条目的因子载荷值应该大于 0.50 且需显著，即对应的 C.R.值应该大于 2[3]。在本次调查中，除了“花费大部分时间去维持已有关系”、“创业后认识的朋友对创业的帮助更大”、“创业前认识的朋友对创业的帮助更大”三个条目的标准化因子载荷值接近 0.50 的水平，其他条目的标准化因子载荷值均高于 0.50。更为重要的是，所有条目的 C.R.值均大于 2，且达到了统计上显著性或非常显著的水平，因此可以判断该测量模型的收敛效度在总体上还是不错的，具有一定的收敛效度。在区别效度方面，遵照先前研究的建议，约束模型的 X^2 值应大于无相应约束的原 CFA 模型的 X^2 值[4]，在本次调查中，约束模型的 X^2 值（63.608）大于原 CFA 模型的 X^2 值（14.521），据此可以判断社会资本利用方式两个维度之间具有一定的区别效度。

更为重要的是，验证性因子分析的结果也验证了假设 9，即社会资本利用方式是一个多维度的概念，可以分为探索式利用与开发式利用两个维度，前者代表的是创业者建立并利用网络之外新联系人的水平，而后者则代表创业者维持并利用网络以内旧联系人的行为特征。

① Steiger, J. Structure model evaluation and modification: An interval estimation approach. Multivariate Behavioral Research, 1990, Vol. 25, Issue 2: 173~180.

② Bagozzi, R., Yi, Y. On the evaluation of structural equation models. Journal of the Academy of Marketing Science, 1988, Vol. 16, Issue 1: 74~94.

③ Fornell, C., Larcker, D. Evaluation structural equation models with unobservable variables and measurement error. Journal of Marketing Research, 1981, Vol. 18, Issue 1: 39~50.

④ Gerbing, D.W., Anderson, J.C. An updated paradigm for scale development incorporating unidimensionality and its assessment. Journal of Marketing Research, 1988, Vol. 25, Issue 2:186~192.

表 6.6 主要研究变量的描述性分析[a]

变量	平均值	标准差	变量说明
总体绩效水平	0.000	1.000	定距，分值越高表明总体绩效水平越高
开发式利用	0.000	1.000	定距，分值越高表明开发式利用水平越高
探索式利用	0.000	1.000	定距，分值越高表明探索式利用水平越高
创业机会创新水平	0.000	1.000	定距，分值越高表明创业机会创新水平越高

a. 样本量为 119。

综上所述，从变量性质上看，因变量新企业初期总体绩效是一个均值为 0、标准差为 1 的定距变量，分值越高，表明新企业初期总体绩效越好。自变量开发式利用和探索式利用都是定距变量。调节变量创业机会创新水平是定距变量。从变量之间的关系看，如果以均值为标准将样本分为总体绩效较高和总体绩效较低的两组，对自变量和调节变量进行均值差异比较发现，开发式利用（F 值为 4.436，$P<0.05$）、机会创新水平（F 值为 6.796，$P<0.01$）在两个群体中表现出了统计上的显著性，而在探索式利用方面则并没有表现出显著性的差异，主要变量的描述性统计见上表 6.6。

二、分析方法

研究使用多元回归技术来分析数据，因变量总体绩效水平是由因子分值转化而来的数值，可视为定距变量使用，因此，可以使用普通多元线性回归（OLS）模型进行数据的分析处理。研究需要检验有关创业机会创新水平对探索式利用与总体绩效水平之间关系的非线性调节作用。第四章已经细致阐述了调节回归模型的原理和操作步骤，在这里不再一一赘述。但有必要指出的是，验证非线性调节作用需要将调节变量的平方项与自变量相乘的方式加入交互效应。遵照先前研究的建议，为了避免多重共线性问题，研究对探索式利用、创业机会创新水平以及创业机会创新水平的平方项分别进行中心化处理，即分别用变量值减去变量均值，然后将处理后的变量相乘所得到的新变量作为交互效应带入回归模型[①]。

① Cohen, J., Cohen, P., West, S.G., et al. Applied multiple regression/correlation analysis for the behavior sciences (3rd ed.). Mahwah, NJ: Lawrence Erlbaum Association, 2003.

第三节 结果与讨论

下面，将系统阐述数据分析结果，讨论假设检验情况及其蕴含的理论和实践启示。具体而言，首先介绍数据分析结果，接着围绕主要发现与结论进行细致的理论阐述和讨论。

一、分析结果与假设检验

本研究首先对研究变量进行相关分析，旨在初步判断变量之间的内在联系以及回归方程的多重共线性问题；然后选择层级回归技术逐步加入控制变量；控制变量、自变量、调节变量、调节变量平方项；控制变量、自变量、调节变量、调节变量平方项、探索式利用与调节变量的交互效应；控制变量、自变量、调节变量、调节变量平方项、探索式利用与调节变量的交互效应、探索式利用与调节变量平方项的交互项，形成了四个回归模型。进而细致比较回归方程之间的确定系数以及变量的回归系数显著性水平，旨在检验所提出的具体理论假设。

表 6.7 主要研究变量的相关系数矩阵 a, b

		1	2	3	4	5	6	7	8	9
1	ZTJX	1.00								
2	KFLY	0.23*	1.00							
3	TSLY	0.06	0.00	1.00						
4	JHCX	0.36**	0.06	0.27**	1.00					
5	XB	0.06	0.03	0.10	0.05	1.00				
6	NL	0.22*	-0.03	0.12	0.27**	0.05	1.00			
7	XL	0.17	-0.07	0.11	0.26**	0.07	0.12	1.00		
8	CHY	0.28*	0.09	-0.04	0.22*	0.13	0.36**	0.17	1.00	
9	DQ	-0.17	-0.10	0.19*	-0.27**	0.05	-0.22*	-0.15	-0.07	1.00

a. ZTJX 表示总体绩效水平；KFLY 表示开发式利用；TSLY 表示探索式利用；JHCX 表示机会创新水平；XB 表示哑变量性别；NL 表示哑变量年龄；XL 表示哑变量学历；CHY 表示哑变量所属产业；DQ 表示哑变量所属地区；

b. *表示 P<0.05；**表示 P<0.01；双尾检验。

表 6.7 显示了研究模型中主要变量之间的相关系数矩阵。从自变量与因变量之间的相关系数看，开发式利用与总体绩效水平之间存在着显著性正相关关系，相关系数 0.23（P<0.05），而探索式利用与总体绩效水平之间则不存在显著性相关关系。从调节变量与因变量的相关系数看，

机会创新水平与总体绩效水平之间存在着显著性正相关关系，相关系数为0.36（P<0.01）。从控制变量与因变量的相关系数看，年龄、所属产业与总体绩效水平之间存在着显著性相关关系，相关系数分别为 0.22（P<0.05）、0.28（P<0.05）。从调节变量与自变量之间的相关系数看，创业机会创新水平与探索式利用之间存在着显著性相关关系，相关系数为0.27（P<0.01）。

从自变量、调节变量以及控制变量之间的相关系数看，除了年龄与创业机会创新水平（相关系数为0.27，P<0.01）、学历与创业机会创新水平（相关系数为0.26，P<0.01）、所属产业与创业机会创新水平（相关系数为 0.22，P<0.05）、年龄与所属产业（相关系数为 0.36，P<0.01）、年龄与所属地区（相关系数为-0.22，P<0.05）等变量之间存在显著性相关关系外，其他变量之间均不存在显著性相关关系。据此可以初步判断，各变量之间自相关现象并不严重，意味着回归模型可能不会存在严重的多重共线性现象。

表6.8列出了本研究的一般线性回归模型的分析结果。其中，模型1是控制变量对因变量的回归模型；模型2是控制变量、自变量、调节变量对因变量的主效应模型；模型3-1、3-2是分别引入探索式利用与创业机会创新水平、探索式利用与创业机会创新水平平方项的交互效应后的全效应模型。从整体上看，四个回归模型均达到了统计上的显著性水平，说明它们具有统计意义，可以进一步对模型特征予以深入探讨。

模型2是研究的主效应模型，展现了控制变量、自变量与调节变量对创业机会创新水平的作用关系。它对因变量的解释力度远远强于控制变量模型（模型1），调整后的确定系数R^2增加了0.077，并具有统计上的显著性（P<0.01），意味着主效应模型较控制变量模型对因变量的解释力度提高了7.7%。观察模型中变量的回归系数可以发现，从控制变量来看，性别、年龄、学历、所属地区、所属产业与总体绩效水平均没有呈现出显著性的作用关系。从自变量的回归系数看，开发式利用与创业机会创新水平对总体绩效水平有着显著性影响，具体而言，开发式利用与总体绩效水平之间呈现为正向相关关系（β=0.196，P<0.05），说明创业者越注重维持并利用网络内的旧联系人资源，越有助于提升新企业初期的绩效水平；创业机会创新水平与总体绩效水平之间呈现为更突出的正向相关关系（β=0.256，P<0.01），意味着创业者所发现机会的创新水平越高，新企业初期绩效水平也就越好。除此之外，虽然探索式利用与创业机会创新水平平方项对总体绩效水平呈现为负向作用关系，但两者的

表 6.8 社会资本利用方式及其他变量对总体绩效水平的层级回归结果[a, b, c]

	因变量：总体绩效水平			
	模型 1	模型 2	模型 3-1	模型 3-2
性别	0.024	0.015	0.015	-0.008
年龄	0.103	0.087	0.087	0.088
学历	0.105	0.070	0.072	0.054
产业	0.211**	0.154	0.155	0.131
地区	-0.122	-0.027	-0.029	-0.022
开发式利用		0.196**	0.196**	0.190**
探索式利用		-0.027	-0.028	0.023
机会创新水平		0.256***	0.256***	0.186*
机会创新水平平方项		-0.071	-0.086	-0.051
探索式利用×机会创新水平			0.036	0.021
探索式利用×机会创新水平平方项				0.176*
R square	0.122	0.224	0.225	0.245
Adjusted R square	0.083	0.160	0.153	0.168
R square change		0.077***	0.001	0.015*
F-value	3.129**	3.492***	2.653***	3.162***
N, df	119,5	119,9	119,10	119,11

a. 回归模型采取的是强制进入法，表中列示的是标准化回归系数，*表示 P<0.10；**表示 P<0.05；***表示 P<0.01，各模型的相关检验结果如下：

模型 1：D.W.值为 1.933，容忍度介于 0.835 到 0.976 之间，方差膨胀系数（VIF）介于 1.024 与 1.198 之间，由于 D.W.值接近于 2，容忍度小于 1，方差膨胀系数小于 10，所以模型的残差自相关与多重共线性并不严重；

模型 2：D.W.值为 1.767，容忍度介于 0.741 到 0.968 之间，方差膨胀系数（VIF）介于 1.033 与 1.349 之间，由于 D.W.值接近于 2，容忍度小于 1，方差膨胀系数小于 10，所以模型的残差自相关与多重共线性并不严重；

模型 3-1：D.W.值为 1.760，容忍度介于 0.741 到 0968 之间，方差膨胀系数（VIF）介于 1.033 与 1.349 之间，由于 D.W.值接近于 2，容忍度小于 1，方差膨胀系数小于 10，所以模型的残差自相关与多重共线性并不严重；

模型 3-2：D.W.值为 1.812，容忍度介于 0.657 到 0.945 之间，方差膨胀系数（VIF）介于 1.059 与 1.589 之间，由于 D.W.值接近于 2，容忍度小于 1，方差膨胀系数小于 10，所以模型的残差自相关与多重共线性并不严重。

b. 模型 2 表示自变量与调节变量对因变量的主效应模型，模型 3-1、模型 3-2 分别表示加入交互效应的全效应模型。

c. 模型 2 的 R square change 来自于与模型 1 的比较；模型 3-1、模型 3-2 的 R square change 分别来自于其与模型 2 的比较。

回归系数均没有达到 0.1 的显著性水平，只能说明探索式利用不会影响到其新企业初期绩效水平，同时创业机会创新水平与新企业初期绩效之间是线性而非 U 型作用关系。

模型 3-1、模型 3-2 是分别加入交互效应后的全效应模型。从自变量回归系数上看，在模型 3-2 中，开发式利用与创业机会创新水平的回归系数仍具有统计上的显著性，分别为 0.190（$P<0.05$）和 0.186（$P<0.10$）。这说明从总体上看，创业者注重维持并利用已有网络内的旧联系人资源能够显著改善新企业初期绩效，据此可以认为假设 10 得到了支持。与之相反，在主效应模型中，探索式利用对新企业初期绩效之间呈现为非显著性的负向作用关系（$\beta=-0.027$），而在模型 3-2 中，探索式利用与新企业初期绩效之间的关系转变为非显著性的正向作用关系（$\beta=0.023$），这只能说明探索式利用在短期内并不能直接作用并改善新企业绩效，但在考虑权变因素（创业机会创新水平）之后，探索式利用则可能在短期内作用于新企业初期绩效，因此，否定了假设 11。

从交互效应的显著性上看，与模型 3-1 相比，模型 3-2 对因变量的解释力有着显著性提升，使得调整后的确定系数 R^2 增加了 0.007（$P<0.1$），即加入探索式利用与机会调节作用平方项交互作用后的全效应模型较主效应模型对因变量的解释力度提高了 0.7%，说明交互效应的作用效果比较显著。但是，与模型 2 相比较，模型 3-1 调整后的确定系数 R^2 的增加值仅为 0.001，并没有达到统计上的显著性，意味着加入探索式利用与创业机会创新水平交互作用后的全效应模型对因变量的解释力并没有得到显著性改善，交互效应并没有得到验证。据此，可以判断创业机会创新水平对探索式利用与新企业初期绩效之间的关系起到了调节作用，但它并不是一种线性调节关系，而是非线性调节关系，因此，假设 15 得到了支持。

从调节方向上看，探索式利用与创业机会创新水平平方项交互作用的回归系数为 0.176（$P<0.10$）。这说明从总体上看，创业机会创新水平对探索式利用与新企业初期绩效水平之间起着正向调节的作用，并且，随着创业机会创新水平的动态变化，探索式利用与新企业初期绩效水平之间的作用关系呈现为 U 型曲线。即在机会创新水平较低时，探索式利用与新企业初期绩效之间呈现为负向作用关系，随着机会创新水平提升到一定临界值，探索式利用与新企业初期绩效之间的作用关系朝正向关系转变，并且，其正向作用关系的强度要大于负向作用关系的强度。

图 6.1 展示的创业机会创新水平非线性调节作用的斜率图可以清晰地阐明这个现象。从中不难发现，在面临低创新水平机会时，探索式利用与新企业初期绩效之间呈现为负向作用，由此支持了假设 12；在面临中度创新水平机会时，探索式利用与新企业初期绩效之间呈现为微弱的正向作用，证实了假设 13；在开发高度创新性机会时，探索式利用与新企业初期绩效之间呈现为强烈的正向作用，证实了假设 14。

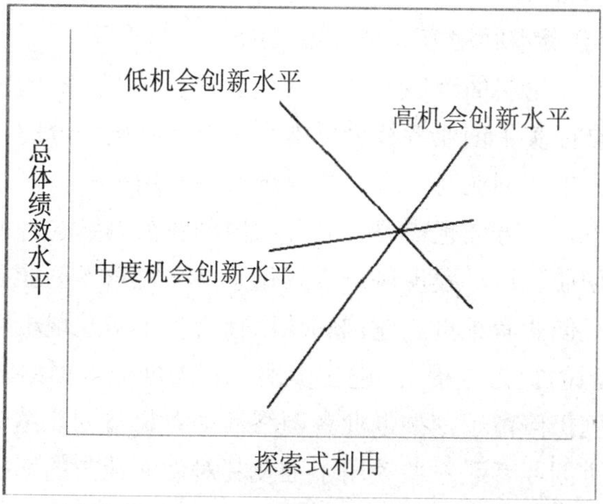

图 6.1　创业机会创新水平的交互作用斜率图

综上所述，假设 9 得到了支持，假设 10 得到了支持，假设 11 没有得到验证；假设 12、13、14、15 均得到了实证数据的部分支持，见表 6.9。

表 6.9　研究假设的检验情况

假设	内容	结论
假设 9	社会资本利用方式是一个多维度概念	支持
假设 10	开发式利用与新企业初期绩效之间正相关	支持
假设 11	探索式利用与新企业初期绩效之间正相关	不支持
假设 12	在开发低创新性创业机会时，探索式利用与新企业初期绩效之间负相关	部分支持
假设 13	在开发中度创新性创业机会时，探索式利用对新企业初期绩效的正向作用较弱	部分支持
假设 14	在开发高创新性创业机会时，探索式利用对新企业初期绩效的正向作用较强	部分支持
假设 15	创业机会创新水平对探索式利用与新企业初期绩效之间的作用关系起着非线性的调节作用	部分支持

二、讨论与启示

本章依托不同机会所对应的开发活动各不相同的基本结论，系统剖析并利用实证数据验证了创业者社会资本利用方式对新企业初期绩效的作用关系，同时验证了创业机会创新水平对探索式利用与新企业初期绩效之间的非线性调节作用。研究结果不仅有助于进一步认识社会资本在创业过程中扮演的角色，而且有助于启发未来研究探索社会资本与创业作用关系的思路与方法。

（一）社会资本利用方式是多维概念

本研究从理论层面阐述了创业者社会资本利用方式的维度划分，并利用实证数据证实了创业者社会资本利用方式维度划分的合理性。这表明在创业过程中，创业者一方面注重维持并利用创业前网络中旧联系人资源为己服务，一方面也需要建立并利用创业前网络之外的新联系人资源来服务于创业。这一发现进一步强化了网络视角下创业研究的基本命题，即创业是创业者维持、建构和动用社会资本来发现机会并获取开发机会必需资源的行为过程①。进一步地，有关创业者网络活动与创业绩效关系的研究仍停留于挖掘创业者网络活动对象与创业绩效的一般性关系，即只注重创业者联系并动用了谁及其对创业绩效的影响，但并没有更细致地讨论创业者网络活动对象事先存在于其网络还是事后加入其网络对创业活动绩效的影响。更为重要的是，先前研究对创业者实施网络活动的成本并没有给予足够重视。可以作出这样的判断，建立并利用新联系人的成本必然高于维持并利用已有联系人，与探索式利用相比较，开发式利用的成本更低。也就是说，基于网络活动与创业绩效之间关系的研究可以将网络活动成本因素纳入分析视野，进一步提炼创业者网络活动与创业绩效之间的作用关系。从这一点出发，本研究结果是对已有文献的一个重要补充。

作为一项探索性研究努力，尽管本研究发现了社会资本利用方式的维度划分依据，但验证性因子分析并没有取得最佳效果，有三个条目的因子载荷值并没有达到最低要求，说明量表的建构效度仍存在一些问题，从而可能影响到后续回归分析的结果。这意味着，未来研究需要在系统的定性研究基础上，利用深度访谈来认识、总结、提炼、归纳创业实践，结合更加系统性的理论文献梳理，作为量表开发的探索性工作，它还需

---

① Larson, A., Starr, J.A. A network model of organization formation. Entrepreneurship Theory and Practice, 1993, Vol. 17, Issue 2: 5~15.

要在系统的定性研究基础上，进一步提炼概念的测量问项并利用探测性调查进行反复的修正与检验，从而更加科学地刻画创业者社会资本利用方式的概念内涵与操作化途径、及其与新企业初期绩效之间的复杂关系。

（二）社会资本利用方式对绩效作用关系的启示

首先，研究发现了社会资本利用方式不同维度对新企业初期绩效不同的作用关系。具体而言，开发式利用与新企业初期绩效之间存在显著性正向作用关系，更为重要的是，开发式利用与新企业初期绩效之间的作用关系并不会受到权变因素的影响。这进一步强化并验证了网络效率命题，即在创业过程中，创业者积极动用个体网络内联系人能够改善新企业初期绩效[①]。其次，研究发现探索式利用并不能直接作用于新企业初期绩效，创业机会水平对探索式利用与新企业初期绩效之间的关系起着非线性调节作用，在高创新性机会条件下，创业者面临的不确定性程度非常高，而在此时，创业者的最佳行动战略就是超越已有关系网络，积极去建立并利用新的联系人，获取新的、异质性的信息、知识、技术等资源，同时也能够从中得到一些与众不同的想法、观点或建议，甚至启发创造性的问题解决办法。有研究也发现通过与他人之间的交往，创业者能够获取到新的外部知识并将其与现有知识相结合，有助于提升创业者的知识吸收能力、创造和利用能力[②]，从而有助于其逐步化解不确定性因素的影响，增加创业活动对不确定性环境的适应性，从而改善创业绩效。站在更广阔的视野，这个发现还进一步证实了詹姆斯·马奇的观点，即开发行为逻辑能够显著的改善组织短期绩效，探索行为逻辑并不能促进组织短期绩效，甚至有损于组织短期绩效，但在不确定环境条件下，探索行为逻辑则能够对组织短期绩效起到促进作用[③]。

这两点发现有助于进一步深化网络视角下的创业研究成果。以往研究大都集中于讨论网络结构、网络内容与创业绩效之间的内在联系。即便是有关网络活动与创业绩效关系的研究仍注重挖掘活动对象特征对创业绩效的影响，但是并没有在承认社会资本构成创业者关键资源的前提下，探索创业者如何选择、利用、配置社会资本及其对新企业绩效的影响。本研究的发现有助于启发探索社会资本与创业绩效之间关系的新思

① Dubini, P., Aldrich, H.E. Personal and extended networks are central to the entrepreneurial process. Journal of Business Venturing, 1991, Vol. 6, Issue 5: 305~313.

② Helena, Y., Autio, E., Sapienza, H. Social capital, knowledge acquisition, and knowledge exploitation in young technology-based firms. Strategic Management Journal, 2001, Vol. 22, Issue 6: 587~613.

③ March, J.G. Exploration and exploitation in organizational learning. Organization Science, 1991, Vol. 2, Issue 1: 71~87.

路，未来研究可以在考虑网络内容、网络结构对创业绩效影响关系的基础上，从战略层面考虑创业者社会资本利用方式对创业绩效的影响。

更为重要的是，尽管本研究发现开发式利用与新企业初期绩效之间存在着显著性的正向作用关系，但仍需要未来研究进一步探索开发式利用与创业长期绩效的影响关系。已有研究指出，网络嵌入性与创业企业绩效之间呈现为倒U型关系，过分嵌入性与过低嵌入性都无助于创业绩效，而适度嵌入性则能够显著改善创业企业绩效[①]。更为重要的是，经由维持、建构并利用其个体社会关系网络，创业者会逐渐塑造出新企业所嵌入的组织关系网络特征[②]。那么，如果创业者过分注重开发式利用，那么可能会将新企业制约在相对狭小、同质的网络关系当中，不利于其吸收新的信息、知识和技术等资源，从而可能有损于新企业的长期绩效。沿着这条逻辑，未来研究可以采纳跟踪式的研究设计，进一步探索开发式利用与创业绩效之间的动态匹配关系，以及开发式利用与探索式利用的交互作用对创业绩效的作用关系。这必将有助于从战略层面识别社会资本与创业绩效之间的作用关系，进而为有效管理创业活动提供科学的知识基础与理论依据。

另一方面，未来研究可以进一步探索其他权变因素对创业者社会资本利用方式与新企业初期绩效之间关系的作用机制。创业活动是多层次重叠、多维度交织、多要素并存的复杂现象，一系列的内外部因素会影响到创业者的行为选择，从而作用于新企业绩效。例如，不同类型的创业活动可能对应着不同的社会资本利用方式。对于技术型创业活动而言，知识和技术获取是决定创业成败的关键因素[③]，那么，探索式利用则可能因更有助于获取新鲜的信息、知识和技术而改善新企业绩效；对于非技术型创业活动而言，探索式利用则可能会因降低行动速度、提高行动成本而有损于创业绩效。

第四节　简要总结

本研究依托不同机会所对应的开发活动各不相同的基本结论，系统

① Uzzi, B. Social structure and competition in interfirm networks: The paradox of embeddedness. Administrative Science Quarterly, 1997, Vol. 42, Issue 1: 35~67.

② 杨俊，张玉利. 基于企业家资源禀赋的创业行为过程分析. 外国经济与管理, 2004, 2: 2~6.

③ Lane, P.J., Lubatkin, M. Relative absorptive capacity and Interorganizational learning. Strategic Management Journal, 1998, Vol. 19, Issue 5: 461~477.

剖析并利用实证数据验证了创业者社会资本利用方式对新企业初期绩效的作用关系，同时验证了创业机会创新水平对探索式利用与新企业初期绩效之间的非线性调节作用。

基本发现是社会资本利用方式是一个多维度的概念，可以划分为开发式利用与探索式利用两个维度。前者意味着注重维持并利用网络内旧联系人资源，而后者意味着注重建立并利用网络之外的新联系人资源。开发式利用方式是有助于预测新企业初期绩效的重要指标，创业者越注重利用网络中的旧联系人资源，新企业初期绩效表现也就越好。在面临低创新水平机会时，探索式利用方式与新企业初期绩效之间呈现为负向作用；在面临中度创新水平机会时，探索式利用方式与新企业初期绩效之间呈现为微弱的正向作用；在开发高度创新性机会时，探索式利用方式与新企业初期绩效之间呈现为强烈的正向作用。

本研究将社会资本利用方式引入新企业绩效研究并验证了其显著性作用，有助于在加深对新企业绩效来源的理论认识的同时，进一步深化社会资本视角下的创业研究成果，澄清了社会资本与创业绩效之间的作用关系，有助于启发未来研究从战略层面去探索创业者网络活动选择对创业绩效的影响机制。

第七章　结论与展望

本章对全书的主要结论进行总结与回顾，归纳本研究可能的创新点，阐述研究结论对理论和实践的启示，并对全书的不足和未来的研究方向加以展望。

第一节　主要结论

本书立足于过程视角下创业研究的前沿问题，研究了创业者社会资本构成与所识别创业机会特征的作用关系，识别了创业者社会资本作用于新企业初期绩效的两条有效路径，并利用实证数据检验了相关理论假设，附录E列示了论文假设的检验情况。全书在一定程度上揭示了社会资本在促进创业活动发生与开展时的作用机制，并立足于社会资本理论视角阐述了创业活动关键要素之间的匹配关系内涵。具体而言，书中的研究结论主要体现在以下几个方面。

一、创业者社会资本是影响其所识别创业机会创新水平的重要因素

创业者在社会系统中所处的位置及其交往状况在很大程度上制约其视野和想法。社会交往面广、交往对象趋于多样化、与高社会地位个体之间关系密切的创业者往往更容易看到创新程度更高的创业机会。尽管已有研究拘泥于探索创业者在所嵌入网络中的位势优势对机会发现的促进作用，这一发现却表明创业者更善于撬动网络资源而非仅依靠在网络中的位势优势来识别创新性机会。在机会识别过程中，创业者决不会拘泥于被动利用网络结构衍生的信息摄取优势，而是注重主动利用与网络中更高层次联系人之间的交流与思维碰撞去获取有价值的稀缺信息，从而发现创新性更强的机会。这意味着，除了网络结构指标，网络资源在

创业机会识别过程中仍扮演着重要角色，网络资源变量更应该引起机会识别研究的重视。

但是，对于人力资本构成不同的创业者，社会资本与创业机会创新性之间的关系呈现为不同的特点。人力资本水平较高的创业者更容易从高密度的网络结构中发现创新性更强的机会，而难以借助更广泛的网络联系来发现创新性机会。而人力资本水平较低的创业者更难以从高密度的网络结构中发现创新性更强的机会，而借助于更广泛的网络联系往往能发现更具有创新性的创业机会。这表明创业者先前的工作经验并不能直接促进创新性机会的发现，甚至在某些情况下可能不利于创业者发现更具有创新性的机会。究其原因，先前工作经验虽然能为创业者带来对特定领域的深度知识，强化创业者对专业领域内问题的判断力和洞察力，但却可能给创业者带来僵化的认知框架，反而会制约创业者对其他领域内新知识和信息的吸收能力，从而导致其难以借助于大规模网络识别更具有创新性的机会。

这些发现有助于进一步深化社会网络与机会发现之间关系的研究。先前研究主要集中于讨论个体网络结构特征对机会发现可能性的影响，但网络内容变量并没有引起学者们的足够重视。笔者发现网络资源变量不仅影响着个体机会发现的可能性，而且在更深层次上影响其所发现机会的创新性，说明对于机会发现而言，除了网络结构特征，网络内容仍起到非常关键的作用，弥补了已有研究成果过分关注网络结构而忽视网络资源的缺陷，进一步深化了创业领域内对机会识别问题的研究以及社会资本视角下的创业研究。

二、社会资本嵌入到活动层面影响新企业初期绩效

社会资本与新企业绩效并非直接作用关系，而是嵌入到活动层面对新企业初期绩效发生作用。具体而言，在创业过程中，所利用关系资源更丰富的创业者更容易整合到更丰裕的创业资源，从而提升新企业初期绩效。但尽管所利用关系强度更高的创业者往往能以更快的速度整合创业资源，但并不能确保创业者能够迅速应付创业初期的资源需求，并不会显著改善新企业初期绩效。

这说明与所利用关系强度相比较，所利用关系资源是能够预测新企业初期绩效的重要指标。创业者所嵌入的网络结构特征仅为创业者提供了一种潜在的格局优势，强关系仅为创业者赢得创业资源支持提供了一种可能性而非必然性。相比较而言，联系人特征，即联系人所承载资源

水平才真正决定着创业者所能从中获取的创业资源支持水平的高低。在机会开发过程中，创业者决不会局限于从网络中强关系（家人、亲戚、亲密朋友等）获取相关创业支持，更注重利用这些强关系去撬动更广阔网络中承载的社会资源。换句话说，与先前研究不同的是，在机会开发过程中，强关系网络可能并非是创业资源的主要来源，而更多地扮演着为创业者撬动更多资源支持的桥梁作用。这有助于启发未来研究更理性深入的挖掘强关系网络在创业过程中扮演的角色。

站在理论层面，社会资本具有为创业活动带来价值和优势的潜力，但其贡献程度则取决于创业者如何根据具体活动特征来相机选择利用网络联系人为创业服务。创业成败不仅取决于创业者是谁及其认识谁，更取决于创业者在创业过程中动用了谁。从这一点出发，除了网络结构指标,网络资源变量更应该引起有关社会资本与创业绩效关系研究的重视，未来研究可以进一步探索社会资本对创业过程中其他活动的作用从而影响新企业初期绩效的作用机制。

三、社会资本不同维度在创业过程不同阶段扮演着不同角色

在机会识别阶段，善于撬动网络资源与结构优势的创业者更容易看到创新性机会。而一旦进入机会开发阶段，撬动网络结构虽然能提升创业者获取创业资源的速度，但并不能保证创业者获取足够的资源数量。而在此时，更善于撬动网络资源的创业者则能够从网络中摄取更高的资源支持水平，并在很大程度上影响到创业成败与绩效表现高低。这意味着，社会资本不同维度可能在创业过程不同阶段扮演着不同角色。

与之相呼应，近期的一项研究也发现，创业者与非创业者、技术型创业者与非技术型创业者的社会资本构成水平并没有显著差异。但是，与非创业者相比较，创业者往往能有效地将结构资本转化为认知资本并最终转变为关系资本，即创业者更善于利用合适的网络联系人去获取相应的机会和资源；技术型创业者更注重从结构资本中获益，倾向于利用桥联系来获取非冗余信息，而非技术型创业者则更善于从关系资本中获益，往往能从中获得必需的资源。沿着这条逻辑，未来研究可以探索社会资本不同维度变量在不同创业阶段中角色的动态演化机制，这必将有助于进一步深化对社会资本与创业关系的认识。

四、创业者依据机会特征选择社会资本利用方式有助于创业成功

作为创业的关键性资源，创业者遵照着双重逻辑来利用社会资本为

创业服务。一方面注重撬动创业前已存在网络所承载的社会资源为创业服务，即开发式利用；另一方面也积极探索并建立新的网络联系人来为创业服务，即探索式利用。并且，创业者社会资本利用方式会影响到新企业初期绩效。具体而言，撬动创业前已存在网络资源有助于改善短期创业绩效，探索新联系人则难以改善短期绩效，但在面临高创新性机会时，探索并建立新联系人则可能贡献于短期绩效。换句话说，创业成败不仅取决于创业者动用了谁，更取决于他在特定初始条件制约下如何利用社会资本。

创业机会特征是影响创业者社会资本利用方式权衡选择的重要因素之一。在面临低创新水平机会时，过分注重探索式利用（即探索并建立新联系人为创业服务）的创业者可能不利于把握机会价值，从而侵蚀新企业初期绩效。而在面临高度创新性机会时，采取探索式逻辑来选择、配置并利用社会资本的创业者往往能收获更高的新企业初期绩效。这表明，从战略层面剖析创业者如何选择、配置并利用社会资本有助于进一步挖掘社会资本与创业绩效之间的复杂关系。

这些发现还有助于进一步深化网络视角下的创业研究成果。尽管研究发现开发式利用与新企业初期绩效之间存在着显著性的正向作用关系，但仍需要未来研究进一步探索开发式利用与创业长期绩效的影响关系。已有研究发现，网络嵌入性与创业企业绩效之间呈现为倒U型关系，过分嵌入性与过低嵌入性都无助于创业绩效，而适度嵌入性则能够显著改善创业企业绩效。那么，如果创业者过分注重开发式利用，那么可能会将新企业制约在相对狭小、同质的网络关系当中，不利于其吸收新的信息、知识和技术等资源，从而可能有损于新企业的长期绩效。沿着这条逻辑，未来研究可以采纳跟踪式的研究设计，进一步探索开发式利用与创业绩效之间的动态匹配关系，以及开发式利用与探索式利用的交互作用对创业绩效的作用关系。这必将有助于从战略层面识别社会资本与创业绩效之间的作用关系，进而为有效管理创业活动提供科学的知识基础与理论依据。

第二节　主要创新点

本书理论创新与实际应用并重，体现多学科交叉的特点。与已有研究相比较，本书的特色主要表现在以下三个方面：（1）针对新企业创业者而非成熟企业创业者开展研究，有助于提高所收集数据的准确性；（2）立足于过程视角审视社会资本与创业活动之间的作用关系，有助于揭示社会资本如何作用于创业活动的微观机理；（3）深入到行为层面挖掘社会资本影响新企业初期绩效的作用机制，有助于进一步推动社会资本与创业活动关系研究朝向过程视角进一步深化。依托上述研究特色，本书可能的创新点体现为：

一、将网络资源纳入分析框架并验证了重要作用

网络结构、网络内容与网络治理构成了网络视角下相关研究的三项主体内容。但在创业研究领域，网络视角下的创业研究兴起以来，研究过分集中于探索网络结构、网络治理对新企业绩效的影响，而忽视了对网络内容角色的考察。具体而言，并没有深入剖析创业者所嵌入网络中联系人特征对创业活动的影响。事实上，即使两个网络结构相同的创业者，如果联系人特征不同，其行为绩效也会表现出差异。也就是说，除了网络结构，联系人特征仍可能在创业过程中扮演着重要角色。

与先前研究不同的是，本书将网络资源纳入机会发现研究、将关系资源纳入社会资本与创业绩效关系研究，利用实证数据验证了网络资源对创业机会创新水平以及关系资源对新企业初期绩效的正向作用关系，揭示并突出了网络资源在创业过程中的重要角色。这一方面有助于弥补已有研究忽视网络内容变量的缺陷，另一方面在研究操作过程中，将社会学研究领域发展较为成熟的网络内容测量手段引入创业领域，有助于进一步深化网络视角下的创业研究成果。

二、基于要素互动的过程视角揭示了社会资本影响创业绩效的机制

尽管存在着社会资本有助于创业绩效提升的经验判断，但实证研究并没有取得一致性的结论，未能有效地揭示出社会资本与创业绩效之间的转化“黑箱”。正因为此，识别并归纳社会资本对创业绩效的作用路径和机制就成为了学者们长期关注的重点问题。

与先前研究注重检验社会资本变量与创业绩效之间的定量关系不同的是，本书立足于要素互动的过程视角，揭示并验证了社会资本与新企业初期绩效之间的转化路径。具体而言，立足于网络支持水平与创业绩效之间正相关的已有结论，从行为过程视角系统剖析并验证了关系资源经由资源整合行动效果对新企业初期绩效的中介效应模型；立足于不同机会对应的开发活动不尽相同的基本认识，从要素互动角度阐述并验证

了创业机会特征对探索式利用与新企业初期绩效之间的非线性调节作用关系。这构成本书的第二个创新点。

三、验证了社会资本利用方式的区分维度及对创业绩效的作用机制

网络有助于推动创业活动进展已成为普遍共识。已有大多数研究注重挖掘创业者处于以及使用什么样的网络特征与创业绩效之间的内在联系，但并没有考虑创业者如何使用网络对创业绩效的作用关系。

与已有研究不同的是。本书从理论层面阐述了社会资本利用方式的概念内涵，认为它是一个由开发式利用与探索式利用构成的两维度概念，并利用探索性因子分析和验证性因子分析检验了该理论判断。进一步地，本书利用实证数据进一步探索了开发式利用与探索式利用对新企业初期绩效的作用关系，发现开发式利用对绩效有着明显的促进作用，探索式利用对绩效的作用取决于创业机会特征的非线性调节作用。这有助于研究超越对网络特征变量与绩效之间作用关系的讨论，并为未来研究从战略层面去考虑创业者选择、配置并利用网络的行为逻辑与创业绩效之间的复杂作用关系奠定了微观的知识基础。这构成本书的第三个可能的创新点。

第三节　理论与实践启示

基于以上理论贡献与可能的创新点，本书还可能为理论和实践带来以下四个方面的启示：

一、对机会发现研究的启示

机会发现是创业领域亟待解决的核心问题。2000 年以来，对于个体机会发现可能性的研究在国外已有不少累积性成果，形成了以社会网络、创业警觉、知识走廊、认知偏见等概念为核心的观点体系。但是，研究并没有对为什么个体更容易发现特定而非其他机会作出合理解释。对此，本书可以为机会发现研究带来两个方面的启示：

第一，除了认知因素，社会结构仍影响着创新性机会的发现可能性。不少研究人员将创新性机会发现简单归结为创业者基于创造性与偏见的认知结构作用的结果，将创业机会片面地视为掺杂创业者主观意识的产物。本研究的结果表明，创业者在社会系统中所处的位置及其交往状况

在很大程度上制约其视野和想法，社会交往面广、交往对象趋于多样化、与高社会地位个体之间关系密切的创业者往往更容易看到创新程度更高的创业机会。这启示未来研究可以从动态角度挖掘社会结构影响创业者机会识别的作用机制，例如，创业者如何撬动并利用其网络结构与资源优势来发现、评价并修正机会。更为重要的是，在创业情境下，创业者社会资本也可能会影响其认知特征进而作用于所识别机会特征，或者说，创业者认知特征可能塑造其交往偏好、价值判断标准等，从而形成个体之间各具特色的社会网络，并最终影响其所识别创业机会的特征。这启示未来研究还可以挖掘创业者社会资本、认知因素与机会发现活动之间的复杂联系。

第二，有助于认识创业者特征在创业过程中的角色。本研究结论表明，创业者社会资本可能是塑造新企业特征的重要因素之一。具体而言，创业者社会资本构成影响着其所识别创业机会的特征，决定了不同创业者在创业活动上的起点差异，随着机会开发活动的实施，创业者社会资本特征往往会嵌入到新企业当中，形成各具特色的新企业网络关系，从而在很大程度上决定着新企业的市场交易特征。未来研究可以进一步细致比较不同类型创业者社会资本构成与所识别机会特征的作用关系。

二、对网络视角下创业研究的启示

自20世纪80年代以来，网络视角下的创业研究方兴未艾，立足于探索社会网络与机会识别、资源获取以及创业绩效之间的复杂作用关系，但研究却在经历20世纪90年代中期的快速发展后迅速陷入停滞，对于网络与机会识别关系的研究停留于对网络结构特征与机会发现可能性的讨论；对于网络与创业绩效关系的研究也陷入了循环论证网络结构对绩效促进作用的境地。本书可能为网络视角下的创业研究带来以下两个方面的启示：

第一，重视网络内容在创业过程中的角色。本研究结论表明，创业成败不仅取决于创业者是谁及其认识谁，而且取决于其在创业过程中动用了谁。社会资本不同构成维度在创业过程中的不同阶段可能扮演着不同的角色。在机会识别过程中，网络结构和网络内容都非常关键，但一旦进入了机会开发阶段，网络结构的重要性迅速下降，而创业者所动用的关系资源水平则起到主导作用，在很大程度上预测着创业成败和绩效表现高低。沿着这条逻辑，未来研究可以探索社会资本变量在创业过程不同阶段、不同活动中的动态角色演变，这必将有助于进一步深化对社会资本与创业关系的认识。

第二，网络对绩效并非直接作用，而是嵌入行为层面影响着创业绩效。本研究结果表明，关系资源经由影响三项关键创业资源的整合行动效果作用于新企业初期绩效，这进一步强化了社会资本仅仅是潜在优势的理论判断，即对于创业者而言，社会资本具有带来价值和优势的潜力，但取决于创业者如何根据创业过程中具体活动特征相机选择利用其社会网络联系人为创业服务。但更为重要的是，有关组织生成过程的研究已经发现在新企业成立之前，创业者大致需要完成 23 项活动，并且这 23 项活动对于新企业创建成败的影响各不相同。未来研究可以进一步挖掘社会资本与创业过程中其他活动之间的相互关系及其对创业绩效的影响，有助于深入认识创业过程中影响因素与行为之间的复杂作用关系及其对创业绩效的影响机制。

三、对资源异质性来源的启示

本书还能为探寻企业异质性资源的深层次来源提供新启示。学者们已开始注重从创业过程探索企业异质性资源的来源。有研究推导了从资源价值预期的异质性到企业资源异质性的转化逻辑：创业者独特的认知结构导致其对能够发现蕴涵于经济主体之间资源价值预期差异中的创业机会，因为开发创业机会不仅需要特定的有形资源，而且需要独特的无形资源（知识），从而最终导致了新企业之间的资源异质性。

从这一点出发，本书的研究结论有助于启发企业资源异质性的另一个来源。个体所嵌入社会结构的异质性决定了其社会资本构成的异质性，从而导致个体因容易获取特定信息而发现异质性的创业机会，表现为个体社会资本构成与创业机会创新性之间的内在联系。更为重要的是，个体社会资本异质性还决定着其资源整合效率和效果的异质性，导致创业者所构筑新企业资源基础之间的差异性。也就是说，除了创业认知结构，创业者所嵌入社会结构是异质性创业机会的又一来源，同时决定着创业者所整合的资源特征差异，进而最终导致了新企业之间的资源异质性。

四、对创业管理与政策实践的启示

本书对于创业管理与政策实践的启示主要体现为以下五个方面：

第一，创业实践是充满挑战与风险的复杂行为过程，创业者需要在非常短的时间内将创意转变为可开发的创业机会，并迅速整合资源以实现创业机会价值。对于创业者来说，时间既是朋友，又是敌人，如何在有效的时间里最有效的活动往往决定创业成败的关键。创业者资源匮乏的事实进一步加剧了这个问题的重要性，因为创业者根本没有资源可浪费，浪费就可能意味着失败。正因为此，创业成败的关键并非是“你是谁”，而在于“你认识谁”，以及“你选择动用以及如何利用了谁”。

第二，有创业打算的个体应善于利用非所控但可用的资源去发现并评价创业机会。如果立志于捕获创新性的机会，如创办技术型企业，创业者应先审慎检查自己的关系网络中是否存在着富含有关新技术与新知识信息的联系人，如大学教授、科研人员、技术专家等，多与他们交流将有助于积累特定领域知识并获取最新的技术信息，更有助于识别别人所看不到，或者是先于别人看到有价值的创新性创业机会。尤其是对那些有着丰富工作经验的个体而言，更应该保持开放的心态，学会善于撬动工作领域外的广泛网络关系和网络资源来获取并评价新知识信息，才更有助于发现创新性更强的机会。

第三，对于正在创业的个体而言，应注重寻求网络中地位更高的朋友来为创业提供帮助，更为重要的是，需要审慎判断所打算把握机会的属性特征。如果机会创新性很强，那么有意识地注重建立并利用新朋友关系，有助于其拓宽视野，掌握更多信息，从而化解高创新性机会所蕴涵的不确定性。如果机会创新性较低，那么更应该重视从创业前认识的朋友那里寻求帮助，尽快将想法变为现实，实现创业机会价值。

第四，对于相关政府部门而言，要改善我国的创业环境，营造并鼓励创业活动、尤其是创新性创业活动，相关政策措施就不能仅停留于税收减免、资金与管理支持等层面，更应重视并强化营造产、学、研之间的良好互动机制，引入企业家、科研机构与大学等参与主体之间的交往与交流体制，培育三者之间的互动网络，从而促进信息与知识的交流与交换，这有助于促进更多有创业意愿的个体看到更具有创新性的创业机会，从而培育出更多的机会型创业活动，从根本上改变我国创业活动结构不合理的事实。

第五，在政策制定层面，鉴于网络内容能够显著提高创业成功率、甚至改善创业绩效的基本认识，相关政府部门应该加大对创业支撑服务体系的建设工作投入，鼓励设置面向创业企业提供专业咨询指导服务的中介机构。这在客观上能够提升创业者在创业过程中可利用的社会资源，从而提高创业成功率与创业企业的成长性。尤其是对于创新性较强的创业活动而言，对于社会资源的依赖更加强烈，在创业者自身社会资本水平不足以支撑创业活动的条件下，政府资助的服务体系就显得更加关键。

第四节 局限性与未来的研究方向

一、局限性

虽有以上的理论与实践贡献，但是本书在以下方面还有许多不足，需要在提高自身研究能力的基础上，在未来的学术研究工作中逐步克服。

首先，由于对创业者调查的异常艰难性，以及时间与经费上的困难，本研究并没有采取随机抽样原则开展调查，而是借助于朋友关系进行的一种便利性抽样。并且，尽管样本量基本达到了变量数量要求，但总量仍不是很高，这些因素都可能在一定程度上影响到研究的外部效度。另一方面，研究采纳回顾式调查的设计，难以从根本上克服回顾式调查所带来的幸存者误差（即只能以创业成功样本为对象，而抽取不到失败的样本）以及后视偏见（即被调查者可能因记忆模糊或有意夸大等因素侵蚀调查数据的真实性），这也会在一定程度上给研究结论带来偏差。

其次，鉴于自身研究能力的不足，在问卷设计过程中并没有充分考虑到可能产生调查误差的因素及应对办法。如对于同源偏差而言，以前对其处理方式并不了解，只是在调查结束以后才知晓（例如采取在量表中实现插入一个与条目无关的记号条目法），这需要在将来的研究中进一步踏实掌握研究方法的理论和操作技巧与基础。

再次，创业机会创新水平的条目鉴别力分析结果不令人满意，或许是由于量表本身的问题产生的，也或许是因为量表处理技巧缺失造成的。从前人的研究成果看，对创业机会创新水平的测量还不成熟，还需要更多实证研究的系统检验与支持。

最后，社会资本利用方式的验证性因子分析并没有取得最佳效果，有三个条目的因子载荷值并没有达到最低要求。这也说明量表的建构效度仍存在一些问题，从而可能影响到回归分析的结果。无论如何，作为量表开发的探索性工作，它还需要在系统的定性研究的基础上，进一步提炼概念的测量问项并利用探测性调查进行反复的修正与检验。

二、未来研究方向

鉴于研究引发的理论启示与存在的局限性，计划在未来进行以下几方面的深入探索：

第一，跟踪式研究设计已成为创业领域的重要设计思路。有关创业研究范式探索的研究已指出跟踪式设计有助于把握动态复杂的创业过程中事件之间的因果关系，以及挖掘影响因素与行为之间的复杂作用联系（Van de Ven, 2004）。因为条件限制，本书未能采取跟踪式设计来展开论述，在将来的研究中，可以进行此方面的研究工作，从而更准确的把握创业现象的本质特征，提高研究结论的普适性与有效性。

第二，继续修正并完善社会资本利用方式概念的测量量表，存在两点努力方向。第一是以现有量表为基础，继续结合专家访谈、探测性调查等手段对量表进行反复的修正与完善；第二是可以在更加系统性的梳理相关理论文献的基础上，借鉴有关机会探索能力与机会开发能力等成型的量表，将其嫁接到社会资本利用情境下，从不同角度探测有助于测量社会资本利用方式的量表。

第三，考察探索式利用与开发式利用在创业过程演进中的动态关系及其对创业绩效的影响。对于探索行为逻辑与开发行为逻辑究竟是同时具备还是先后达到更好？詹姆斯·马奇并没有给予明确的说明，在未来需要进一步加以理论和实证研究，从动态角度剖析社会资本与创业绩效之间的作用关系。

第四，挖掘社会资本与创业过程中其他活动的相互关系及其对创业绩效的影响。近期研究也明确指出了这一点，创业者社会资本与绩效之间的关系并非是简单的直接作用关系，它很可能嵌入到行为过程中从而最终影响到创业绩效。如在撰写商业计划过程中，创业者对商业计划的不同认识、社会资本利用水平以及新企业绩效之间的互动关系就是非常值得未来研究进一步探索的问题。

第五，适当拓展调研区域，提高样本的代表性水平，强化研究结论的普适性。本书中的调查局限于天津、山东、内蒙古和浙江四个地区，如果条件允许，未来可以进一步拓展调查区域，增加样本容量，进一步检验社会资本与创业绩效之间的复杂联系。

参考文献

一、中文部分

[1] 阿玛尔·毕哈德，新企业的起源与演进. 魏如山，马志英译. 北京：中国人民大学出版社，2004.

[2] 艾尔·巴比，社会研究方法. 邱泽奇译. 北京：华夏出版社，2006.

[3] 边燕杰，李煜. 中国城市家庭的社会网络资本. 清华社会学评论. 厦门：鹭江出版社，2001.

[4] 边燕杰. 城市居民社会资本的来源及作用：网络观点与调查发现. 中国社会科学，2004，3：136~146.

[5] 边燕杰. 网络脱生：创业过程的社会学分析. 社会学研究，2006，6：74~88.

[6] 戴维·希尔德布兰德等著. 社会统计方法与技术. 北京：社会科学文献出版社，2005.

[7] 费孝通. 乡土中国·生育制度. 北京：北京大学出版社，1998.

[8] 高建等著. 全球创业观察中国报告：基于 2005 年数据的分析. 北京：清华大学出版社，2006.

[9] 林强，姜彦福，张健. 创业理论及其架构分析. 经济研究，2001，9：85~96.

[10] 林嵩，张帏，林强. 高科技创业企业资源整合模式研究. 科学学与科学技术管理，2005，3：143~147.

[11] 刘常勇. 创业管理的 12 堂课. 北京：中信出版社，2002.

[12] 温忠麟，候杰泰，张雷. 调节效应与中介效应的比较和应用. 心理学报，2005，2：268~274.

[13] 吴明隆. SPSS 统计应用实务. 北京：中国铁道出版社，2001.

[14] 杨俊，张玉利. 国外 PSED 项目研究评述及其对我国创业研究的启

示. 外国经济与管理, 2007, 7: 1~9.
[15] 杨俊, 张玉利. 基于企业家资源禀赋的创业行为过程分析. 外国经济与管理, 2004, 2: 2~6.
[16] 杨俊. 创业过程的研究评述与发展动态. 外国经济与管理, 2004, 9: 8~12.
[17] 杨俊. 企业家创业机会的感知过程. 经济管理, 2006, 21: 39~42.
[18] 杨宜音. "自己人": 信任建构过程的个案研究. 社会学研究, 1999, 2: 38~52.
[19] 张广利, 陈仕中. 社会资本理论发展的瓶颈: 定义及测量问题探讨. 社会学研究, 2006, 12: 102~106.
[20] 张健, 姜彦福, 林强. 创业理论研究与发展动态. 经济学动态, 2003, 5: 71~74.
[21] 张文宏. 社会资本: 理论争辩与经验研究. 社会学研究, 2003, 4: 23~35.
[22] 张玉利, 陈寒松, 李乾文. 创业管理与传统管理的差异与融合. 外国经济与管理, 2004, 5: 2~7.
[23] 张玉利, 杜国臣. 创业的合法性悖论. 中国软科学, 2007, 10: 47~58.
[24] 张玉利, 聂伟, 杨俊等. 中国创业研究与教育的新进展——创业研究与教育研讨会综述. 南开管理评论, 2006, 3: 109~112.
[25] 张玉利, 薛红志, 杨俊. 论创业研究的学科发展及其对管理理论的挑战. 外国经济与管理, 2007, 1: 1~9.
[26] 张玉利, 杨俊. 企业家创业行为调查. 经济理论与经济管理, 2003, 9: 61~66.
[27] 张玉利. 企业家型企业的创业与快速成长. 天津: 南开大学出版社, 2003.
[28] 赵延东, 罗家德. 以社会网方法衡量社会资本. 见: 郭毅, 罗家德主编. 社会资本与管理学. 上海: 华东理工大学出版社, 2007: 369~390.
[29] 赵延东. 下岗职工的社会资本与再就业. 博士学位论文. 中国社会科学院, 2001.

二、英文部分

[1] Acs, Z.J. The changing structure of the US economy: Lessons from

the steel industry. New York: Praeger, 1984.

[2] Adler, P.S., Kwon, S. Social capital: Prospects for a new concept. Academy of Management Review, 2002, Vol. 27, Issue 1: 17~40.

[3] Aldrich, H.E., Fiol, M. Fools rush in? The institutional context of industry creation. Academy of Management Review, 1994, Vol. 19, Issue 4: 645~670.

[4] Aldrich, H.E., Martinez, M.A. Many are called, but few are chosen: An evolutionary perspective for the study of entrepreneurship. Entrepreneurship Theory and Practice, 2001, Vol. 25, Issue 4: 41~56.

[5] Aldrich, H.E., Reese, P.R. Does networking pay off? A panel study of entrepreneurs in the research triangle. In: Churchill, N.S., et al., eds. Frontiers of Entrepreneurship Research (pp. 325~339), Babson College, Wellesley, MA, 1993.

[6] Aldrich, H.E., Rosen, B., Woodward, W. The impact of social networks on business foundings and profit: A longitudinal study. In: Churchill, N.S., et al., eds. Frontiers of Entrepreneurship Research (pp. 154~168). Babson College, Wellesley, MA, 1987.

[7] Aldrich, H.E., Zimmer, C. Entrepreneurship through social networks. In: Sexton, D.L., Smilor, R.W., eds. The Art and Science of Entrepreneurship (pp.14). Acta Universitatis Upsaliensis, Uppsala, 1986.

[8] Alsos, G.A., Ljunggren, E.C. Does the business start-up process differ by gender? In: Reynolds, P.D. et al., eds. Frontiers of Entrepreneurship Research. Wellesley, MA: Babson College, 1998.

[9] Alvarez, S.A., Busenitz, L.W. The entrepreneurship of resource-based theory. Journal of Management, 2001, Vol.27, Issue 6: 755~775.

[10] Ardichivili, A., Cardozo, R., Ray, S. A theory of entrepreneurial opportunity identification and development. Journal of Business Venturing, 2003, Vol. 18, Issue 1: 105~123.

[11] Arenius, P., Clercq, D.D. A network-based approach on opportunity recognition. Small Business Economics, 2005, Vol. 24, Issue 3: 249~265.

[12] Arrow, K. The limits of organization. New York: W.W. Norton, 1974.

[13] Bagozzi, R., Yi, Y. On the evaluation of structural equation models.

Journal of the Academy of Marketing Science, 1988, Vol. 16, Issue 1: 74~94.

[14] Barney, J. Firm resources and sustained competitive advantage. Journal of Management, 1991, Vol. 17, Issue 1: 99~120.

[15] Baron, R., Kenny, D. The moderator-mediator variable distinction in social psychological research: Conceptual, strategic, and statistical considerations. Journal of Personality and Social Psychology, 1986, Vol. 51, Issue 6: 1173~1182.

[16] Baron, R.A. Cognitive mechanisms in entrepreneurship: Why and when entrepreneurs think differently than other people. Journal of Business Venturing, 1998, Vol. 13, Issue 4: 275~294.

[17] Barringer, B.R., Jones, F.F., Neubaum, D.O. A quantitative content analysis of the characteristics of rapid-growth firms and their founders. Journal of Business Venturing, 2005, Vol. 20, Issue 5: 663~687.

[18] Batjargal, B., Liu, M. Entrepreneur's access to private equity in China: The role of social capital. Organization Science, 2004, Vol. 15, Issue 2: 159~172.

[19] Bhave, R.A. A process model of entrepreneurial venture creation. Journal of Business Venturing, 1994, Vol. 9, Issue 3: 223~242.

[20] Bhide, A.V. The origin and evolution of new business. Oxford: Oxford University Press, 2000.

[21] Bian, Y. Work and inequality in urban china. Albany, NY: Stage University of New York Press, 1994.

[22] Birch, D.L. The job generation process. Cambridge, MA: MIT Program in Neighborhood and Regional Change, 1979.

[23] Bird, B.J., Brush, C. A gendered perspective on organizational creation. Entrepreneurship Theory and Practice, 2002, Vol. 26, Issue 3: 41~65.

[24] Bird, B.J. The operation of intentions in time: The emergence of the new venture. Entrepreneurship Theory and Practice, 1992, Vol. 17, Issue 1: 11~20.

[25] Birley, S. The role of networks in the entrepreneurial process. Journal of Business Venturing, 1985, Vol. 1, Issue 1: 107~117.

[26] Bourdieu, P. The form of capital. In: Richardson, J.G., eds. Handbook of Theory and Research for the Sociology of Education (pp. 241~258), New York: Greenwood, 1985.

[27] Brittain, J.W., Freeman, J.H. Organizational proliferation and density dependent selection. In: Kimberly, J.R., Miles, R.H, eds. The Organizational Life Cycle (pp. 291~338). San Francisco: Jossey-Bass, 1980.

[28] Brown, B., Bulter, J.E. Competitors as allies: A study of entrepreneurial networks in the U.S. wine industry. Journal of Small Business Management, 1995, Vol. 33, Issue 3: 57~66.

[29] Bruderl, J., Preisendorfer, P. Network support and the success of newly founded businesses. Small Business Economics, 1998, Vol. 10, Issue 3: 213~225.

[30] Brush, C.G., Greene, P.G., Hart, M.M. From initial idea to unique advantage: The entrepreneurial challenge of constructing a resource base. Academy of Management Executive, 2001, Vol. 15, Issue 1: 64~80.

[31] Brush, C.G., Vanderwerf, P.A. A comparison of methods and sources for obtaining estimates of new venture performance. Journal of Business Venturing, 1992, Vol. 7, Issue 2: 157~170.

[32] Burt, R.S. Structural holes: The social structure of competition. Cambridge: Harvard University Press, 1992.

[33] Burt, R.S. The gender of social capital. Rationality and Society, 1998, Vol. 10, Issue 1: 5~46.

[34] Burt. R.S. Network items and the general social survey. Social Networks, 1984, Vol. 6, Issue 4: 293-339.

[35] Busenitz, L. W., West, G. P., Shepherd, D. Entrepreneurship research in emergence: Past trends and future directions. Journal of Management, 2003, Vol. 29, Issue3: 295~305.

[36] Busenitz, L.W., Barney, J.B. Differences between entrepreneurs and managers in large organizations: Bias and heuristics in strategic decision-making. Journal of Business Venturing, 1997, Vol. 12, Issue 1: 9~30.

[37] Bygrave W.D. The entrepreneurship paradigm: A philosophical look

at its research methodologies. Entrepreneurship Theory and Practice, 1989, Vol. 14, Issue 1: 7~23.

[38] Bygrave, W.D., Hofer, C.W. Theorizing about entrepreneurship. Entrepreneurship Theory and Practice, 1991, Vol. 16, Issue 2: 13~22.

[39] Campbell, K.E., Marsden, P.V., Hurlbert, J.S. Social resources and socioeconomic status. Social network, 1986, Vol. 8, Issue 1: 97~117.

[40] Carlsson, B. The rise of small business: Causes and consequences. In: Adams, W.J., eds. Singular Europe, economy and policy of the European community after 1992. Ann Arbor: MI: University of Michigan Press, 1992.

[41] Carroll, G.R., Delacroix, J. Organizational mortality in the newspaper industry of Argentina and Ireland: An ecological approach. Administrative Science Quarterly, 1982, Vol. 27, Issue 1: 169~198.

[42] Carter, N.M., Gartner, W.B., Reynolds, P.D. Exploring start-up events sequences. Journal of Business Venturing, 1996, Vol. 11, Issue 3: 151~166.

[43] Cassar, G. Entrepreneur opportunity cost and intended venture growth. Journal of Business Venturing, 2006, Vol. 21, Issue 5: 610~632.

[44] Chandler, G. N., Dahlqvist, J., Davidsson, P. Opportunity recognition processes: A taxonomy and longitudinal outcomes. Paper presented at Academy of Management Meeting. Seattle, U.S.A, 2003.

[45] Chandler, G.N., Hanks, S.H. Market attractiveness, resource-based capabilities, venture strategies, and venture performance. Journal of Business Venturing, 1994, Vol. 9, Issue 4: 331~349.

[46] Churchill, G.A. A paradigm for developing better measures of marketing constructs. Journal of Marketing Research, 1979, Vol. 16, Issue 1: 64~73.

[47] Cohen, J., Cohen, P., West, S.G., et al. Applied multiple regression/correlation analysis for the behavior sciences (3rd ed.). Mahwah, NJ: Lawrence Erlbaum Association, 2003.

[48] Cohen, W.M., Levinthal, D.A. Absorptive capacity: A new perspective on learning and innovation. Administrative Science Quarterly, 1990, Vol. 25, Issue 1: 128~152.

[49] Colman, J.S. Foundations of social theory. Cambridge, MA: Harvard

University Press, 1990: 304~305.

[50] Corbett, A.C. Experiential learning within the process of opportunity identification and exploitation. Entrepreneurship Theoy and Practice, 2005, Vol. 29, Issue 2: 473~491.

[51] Covin, J.G., Slevin, D.P., Heeley, M.B. Pioneers and followers: Competitive tactics, environment, and firm growth. Journal of Business Venturing, 2000, Vol. 15, Issue 2: 175~210.

[52] Dabbs, J.M. Making things visible. In: Maanen, J.V., eds. Varieties of Qualitative Research. Beverly Hills, CA: Sage, 1982.

[53] Dahlqvist, J., Chandler, G.N., Davidsson, P. Patterns of search and the newness of venture ideas. In: Zahra, S.A., et al., eds. Frontiers of Entrepreneurship Research. Wellesley, MA: Babson College, 2004.

[54] David, R.J., Han, S.K. A systematic assessment of the empirical support for transaction cost economics. Strategic Management Journal, 2004, Vol. 25, Issue 1: 39~58.

[55] Davidsson, P. The entrepreneurial process as a matching problem. In proceedings of academy of management conference, Hawaii, U.S.A., 2005.

[56] Davidsson, P., Honig, B. The role of social and human capital among nascent entrepreneurs. Journal of Business Venturing, 2003, Vol. 18, Issue 3: 301~331.

[57] Delmar, F., Shane, S. Does the order of organizing activities matter for new venture performance. In: Reynolds, R.D., et al., eds. Frontiers of Entrepreneurship Research, Wellesley, MA: Babson College, 2003.

[58] Delmar, F., Shane, S. Legitimizing first: Organizing activities and the survival of new ventures. Journal of Business Venturing, 2004, Vol. 19, Issue 3: 385~410.

[59] Dollinger, M.J. Entrepreneurship: Strategies and resources. Prentice Hall, 2003.

[60] Donckels, R., Lambrecht, J. Networks and small business growth: An explanatory model. Small Business Economics, 1995, Vol. 7, Issue 4: 273~289.

[61] Dubini, P., Aldrich, H.E. Personal and extended networks are central

to the entrepreneurial process. Journal of Business Venturing, 1991, Vol. 6, Issue 5: 305~313.

[62] Duchesneau, D.A., Gartner, W.B. A profile of new venture success and failure in an emerging industry. Journal of Business Venturing, 1990, Vol. 5, Issue 5: 297~312.

[63] Dyer, J.H., Singh, H. The relational view: Cooperative strategy and sources of interorganizational competitive advantage. Academy of Management Review, 1988, Vol. 23, Issue 4: 660~679.

[64] Eckhardt, J.T., Shane, S.A. Opportunity and entrepreneurship. Journal of Management, 2003, Vol. 29, Issue 3: 333~349.

[65] Fiet, J.O. The informational basis of entrepreneurial discovery. Small Business Economics, 1996, Vol. 8, Issue 6: 419~430.

[66] Florin, J., Lubatkin, M., Schulze, W. A social capital model of high-growth ventures. Academy of Management Journal, 2003, Vol. 46, Issue 3: 374~384.

[67] Fornell, C., Larcker, D. Evaluation structural equation models with unobservable variables and measurement error. Journal of Marketing Research, 1981, Vol. 18, Issue 1: 39~50.

[68] Fowler, F.J. Survey research methods. Newbury Park: Sage, 1988.

[69] Freeman, J. Venture capital as an economy of time. In: Leenders, R., Gabbay, S.M., eds. Corporate Social Capital and Liability (pp. 460~482), Boston: Kluwer Academic Publishing, 1999.

[70] Friedrich, R.J. In defense of multiplicative terms in multiple regression equations. American Journal of Political Science, 1982, Vol. 26, Issue 4: 797~833.

[71] Fukuyama, F. Trust: The social virtues and the creation of prosperity. New York: Free Press, 1995.

[72] Garguilo, M., Benassi, M. The dark side of social capital. In: Leenders, A.J., Gabbay, S.M. eds. Corporate social capital and liability. Boston: Kluwer Academic Publishers, 1999.

[73] Garnsey, E. A theory of the early growth of the firm. Industrial and Corporate Change, 2003, Vol. 7, Issue 3: 523~556.

[74] Gartner, W.B. Who is an entrepreneur is the wrong question. American Journal of Small Business, 1988, Vol. 12, Issue 4: 11~31.

[75] Gartner, W.B. Words lead to deeds: Towards an organizational emergence vocabulary. Journal of Business Venturing, 1993, Vol. 8, Issue 3: 231~239.

[76] Gartner, W.B. A conceptual framework for describing the phenomenon of new venture creation. Academy of Management Review, 1985, Vol. 10, Issue 4: 696~706.

[77] Gartner, W.B., Bird, B.J., Starr, J.A. Acting as if: Differentiating entrepreneurial from organizational behavior. Entrepreneurship Theory and Practice, 1992, Vol. 16, Issue 3: 13~31.

[78] Gartner, W.B., Gatewood, E. Thus the theory of description matters most. Entrepreneurship Theory and Practice, 1992, Vol. 17, Issue 1: 5~9.

[79] Gerbing, D.W., Anderson, J.C. An updated paradigm for scale development incorporating unidimensionality and its assessment. Journal of Marketing Research, 1988, Vol. 25, Issue 2:186~192.

[80] Gimemo, J., Folta, T.B., Cooper, A.C., et al. Survival or the fittest? Entrepreneurial human capital and the persistence of under performing firms. Administrative Science Quarterly, 1997, Vol. 42, Issue 3: 750~783.

[81] Granovetter, M. Economic action and social structure: The problem of embeddedness. American Journal of Sociology, 1985, Vol. 91, Issue 3: 481~510.

[82] Granovetter, M. Getting a job. Cambridge MA: Harvard University Press, 1974.

[83] Granovetter, M.S. The strength of weak ties. American Journal of Sociology, 1973, Vol. 78, Issue 6: 1360~1380.

[84] Grant, R.M. Contemporatory strategy analysis: Concepts, techniques, application. Cambridge, MA: Basis Blackwell, 1991.

[85] Greene, P., Brush, C., Hart, M. Resources in new ventures: Dimensions and a typology. In: Reynolds, P., et al., eds. Frontiers of Entrepreneurship Research. Babson Colledge, Wellesley, MA, 1997.

[86] Greve, A., Salaff, J.W. Social networks and entrepreneurship. Entrepreneurship Theory and Practice, 2003, Vol. 27, Issue 3: 1~22.

[87] Gustafsson, V. Entrepreneurial decision-making. Doctoral

Dissertation. Jönköping: Jönköping International Business School, Sweden, 2004.

[88] Hansen, E. Entrepreneurial networks and new organization growth. Entrepreneurship Theory and Practice, 1995, Vol. 19, Issue 4: 7~19.

[89] Hansson, B. Philosophy of science. Lund: Filosofiska Instituionen, 1993.

[90] Helena, Y., Autio, E., Sapienza, H. Social capital, knowledge acquisition, and knowledge exploitation in young technology-based firms. Strategic Management Journal, 2001, Vol. 22, Issue 6: 587~613.

[91] Herron, G., Shrader, R. The entrepreneur and initiation of new venture launch activities. Entrepreneurship Theory and Practice, 1992, Vol. 17, Issue 1: 49~55.

[92] Higgins, M.C., Gulati, R. Getting off to a good start: The effects of upper echelon affiliations on underwriter prestige. Organization Science, 2003, Vol. 14, Issue 3: 244~263.

[93] Hills, G., Lumpkin, G.T., Singh, R.P. Opportunity recognition: Perceptions and behaviors of entrepreneurs. In: Frontiers of Entrepreneurship Research (pp. 203~218). Babson College, Wellesley, MA, 1997.

[94] Hills, G.E., Lumpkin, G.T., Baltrusaityte, J. Opportunity recognition: Examining search formality, search process and the impact on firm founding. Paper presented at the Babson College/Kauffman Foundation Entrepreneurship Research Conference, Strathclyde, Scotland, 2004.

[95] Hoang, H., Antoncic, B. Network-based research in entrepreneurship: A critical review. Journal of Business Venturing, 2003, Vol. 18, Issue 2: 165~187.

[96] Honig, B., Karlsson, T. Institutional forces and the written business plan. Journal of Management, 2004, Vol. 30, Issue 1: 29~48.

[97] Jacobs, J. The death and life of great American cities. London: Penguin, 1965.

[98] Johannisson, B. Business formation: A network approach. Scandinavian Journal of Management, 1988, Vol. 31, Issue 4: 83~99.

[99] Johannisson, B. The dynamics of entrepreneurial networks. In: Reynolds, P., et al., eds. Frontiers of Entrepreneurship Research (pp. 253~267). Babson College, Wellesley, MA, 1996.

[100] Johnson, P.S., Parker, S.C., Wijbenga, F. Nascent entrepreneurship research: Achievements and Opportunities. Small Business Economics, 2006, Vol. 27, Issue 1: 1~4.

[101] Kaish, S., Gilad, B. Characteristics of opportunities search of entrepreneurs versus executives: Sources, interest, and general alertness. Journal of Business Venturing, 1991, Vol. 6, Issue 1: 5~61.

[102] Katz, J., Gartner, W.B. Properties of emerging organizations. Academy of Management Review, 1988, Vol. 13, Issue 3: 429~441.

[103] Kaulio, M.A. Initial conditions or process of development? Critical incidents in the early stage of new ventures. R&D Management, 2003, Vol. 33 Issue 2: 172.

[104] Kazanjian, R.K. Relation of dominant problems to stages of growth in technology-based new ventures. Academy of Management Journal, 1988, Vol. 31, Issue 2: 257~279.

[105] Keh, H.T., Foo, M.D., and Lim, B.C. Opportunity evaluation under risky conditions: The cognitive process of entrepreneurs, Entrepreneurship Theory and Practice, 2002, Vol. 27, Issue 2: 125~148.

[106] Kirzner, I. Competition and Entrepreneurship. Chicago: University of Chicago Press, 1973.

[107] Kirzner, I. Entrepreneurial discovery and the competitive market process: An Austrian approach. The Journal of Economic Literature, 1997, Vol. 35, Issue 1: 60~85.

[108] Kogut, B., Zander, U. Knowledge of the firm, combinative capabilities, and the replication of technology. Organization Science, 1986, Vol. 3, Issue 3: 383~397.

[109] Lane, P.J., Lubatkin, M. Relative absorptive capacity and Interorganizational learning. Strategic Management Journal, 1998, Vol. 19, Issue 5: 461~477.

[110] Larson, A. Network dyads in entrepreneurial settings: A study of the governance of exchange relationships. Administrative Science

Quarterly, 1992, Vol. 37, Issue 1: 76~104.

[111] Larson, A., Starr, J.A. A network model of organization formation. Entrepreneurship Theory and Practice, 1993, Vol. 17, Issue 2: 5~15.

[112] Larsson, E., Hedelin, L., Garling, T. Influence of expert advice on expansion goals of small business in rural Sweden. Journal of Small Business Management, 2003, Vol. 41, Issue 2: 205~212.

[113] Levinthal, D.A., March, J.A. The myopia of learning. Strategic Management Journal, 1993, Vol. 14, Special Issue: Organizations, Decision Making and Strategy: 95~112.

[114] Liao, J., Gartner, W.B. The effects of pre-venture plan timing and perceived environmental uncertainty on the persistence of emerging firms. Small Business Economics, 2006, Vol. 27, Issue 1: 23~40.

[115] Liao, J., Welsch, H. Roles of social capital in venture creation: Key dimensions and research implications. Journal of Small Business Management, 2005, Vol. 43, Issue 4: 345~362.

[116] Liao, J., Welsch, H. Social capital and entrepreneurial growth aspiration: A comparison of technology and non-technology-based nascent entrepreneurs. Journal of High Tech Management Research, 2003, Vol. 14, Issue 1: 365~385.

[117] Liao, J., Welsch, H. The temporal patterns of venture creation process: An exploratory study. In: Bygrave, W., et al., eds. Frontiers of Entrepreneurship Research, Babson College, Wellesley, MA, 2002.

[118] Lichtenstein, B.B., Brush, C.G. How do "resource bundles" develop and change in new venture? A dynamic model and longitudinal exploration. Entrepreneurship Theory and Practice, 2001, Vol. 25, Issue 2: 37~58.

[119] Lichtenstein, B.B., Dooley, K.J., Lumpkin, G.T. Measuring emergence in the dynamics of new venture creation. Journal of Business Venturing, 2006, Vol. 21, Issue 2: 153~175.

[120] Lin, N. Social networks and status attainment. Annual Review of Sociology, 1999, Vol. 25, Issue 1: 467~487.

[121] Lin, N. Social resources and social mobility: A structural theory of status attainment. In: Breiger, R.L., eds. Social Mobility and Social Structure (pp. 147~171), Cambridge, NY: Cambridge University

Press, 1990.

[122] Lin, N., Dumin, M. Access to occupations through social ties. Social Networks, 1986, Vol. 8, Issue 4: 365~385.

[123] Lin, N., Ensel, W.M., Vaughn, J.C. Social resources and strength of ties: Structural factors in occupational status attainment. American Journal of Sociological Review, 1981, Vol. 46, Issue 4: 393~405.

[124] Lin, N., Social capital: A theory of social structure and action. Cambridge: Cambridge University Press, 2001.

[125] Loury, G.C. A dynamic theory of racial income differences. In: Wallace, P.A., et al., eds. Woman, Minorities, and Employment Discrimination, Lexington, MA: Heath, 1977.

[126] Low, M., MacMillan, I. Entrepreneurship: Past research and future challenges. Journal of Management, 1988, Vol. 14, Issue 2: 139~161.

[127] MacMillan, I.C., Siegel, R., Subba Narasimha, P.N. Criteria used by venture capitalists to evaluate new venture proposals. Journal of Business Venturing, 1985, Vol. 1, Issue 1: 119~128.

[128] March, J.G. Exploration and exploitation in organizational learning. Organization Science, 1991, Vol. 2, Issue 1: 71~87.

[129] Maurer, I., Ebers, M. Dynamics of social capital and their performance implications: Lessons from biotechnology start-ups. Administrative Science Quarterly, 2006, Vol. 51, Issue 2: 262~292.

[130] McCullagh, P., Nelder, A.N. Generalized Linear Models. London: Chapman & Hall, 1989.

[131] McMullen, J.S., Plummer, L.A., Acs, Z.J. What is an Entrepreneurial Opportunity. Small Business Economics, 2007, Vol. 28, Issue 4: 273~283.

[132] Miller, D. The correlates of entrepreneurship in three types of firms. Management Science, 1983, Vol. 29 Issue 7: 770~791.

[133] Morris, M. H., Davis, D. L., Allen, J. W. Fostering corporate entrepreneurship: Cross-cultural comparisons of the importance of individualism versus collectivism. Journal of International Business Studies, 1994, Vol. 25, Issue 1: 65~89.

[134] Mosakowski, E. Entrepreneurial resources, organizational choices, and competitive outcomes. Organization Science, 1998, Vol. 9, Issue

6: 625~643.

[135] Murphy, G., Trailer, J., Hill, R. Measuring performance in entrepreneurship research. Journal of Business Research, 1996, Vol. 36, Issue 1: 15~23.

[136] Nahapiet, J., Ghoshal, S. Social capital, intellectual capital, and the organizational advantage. Academy of Management Review, 1998, Vol. 23, Issue 2: 242~266.

[137] Nunnally, J.C. Psychometric theory. New York: McGraw-Hill Book Company, 1978.

[138] Ostgaard, T.A., Birley, S. New venture growth and personal networks. Journal of Business Research, 1996, Vol. 36, Issue 1: 37~50.

[139] Penrose, E. T. The theory of the growth of the firm. White Plains, N. Y.: M. E. Sharpe, 1959.

[140] Perry-Smith, J. E., Shalley, C.E. The social side of creativity: A static and dynamic social network perspective. Academy of Management Review, 2003, Vol. 28, Issue 1: 89~106.

[141] Piore, M.J., Sabel, C.F. The second industrial divide. New York: Basic Books, 1984.

[142] Podsakoff, P., Organ, D. Self reports in organizational leader reward and punishment behavior and research: Problems and prospects. Journal of Management, 1986, Vol. 12, Issue 4: 531~544.

[143] Putnam, R.D. Making democracy work: Civic traditions in modern Italy. Princeton: Princeton University Press, 1993.

[144] Quinn, R. and Cameron, C. Organizational life cycles and shifts criteria of effectiveness: Some preliminary evidence. Management Science, 1983, Vol. 29, Issue 1: 33~51.

[145] Reynolds, P. D., Miller, B. New firm gestation: Conception, birth and implications for research. Journal of Business Venturing, 1992, Vol. 7, Issue 5: 405~417.

[146] Robson, C. Real world research: A resource for social scientist and practitioner-researchers. Oxford: Blackwell, 1993.

[147] Rowley, T., Behrens, D., Krackhardt, D. Redundant governance structures: An analysis of structural and relational embeddedness in the steel and semiconductor industries. Strategic Management Journal,

2000, Vol. 21, Issue 3: 369~386.
[148] Ruan, D. The content of the General Social Survey discussion networks: An exploration of GSS discussion name generator in a Chinese context. Social Networks, 1998, Vol. 20, Issue 3: 247~264.
[149] Samuelsson, M. Creating new ventures: A longitudinal investigation of the nascent venturing process. Doctoral dissertation. Jönköping: Jönköping International Business School, Sweden, 2004.
[150] Santos, R.A. Cronbach's Alpha: A tool for assessing the reliability of scales. Journal of Extension, 1999, Vol. 37, Issue 2: 1~15.
[151] Sapienza, H., Grimm, C. Founder characteristics, start-up process and strategy/structure variables as predictors of shortline railroad performance. Entrepreneurship Theory and Practice, 1997, Vol. 22, Issue 1: 5~24.
[152] Sarasvathy, S., Dew, N., Velamuri, R., et al. Three views of entrepreneurial opportunity. In: Acs. Z.J., Audretsch, D. B., eds. Handbook of Entrepreneurship Research, Dordrecht, and NL: Kluwer, 2003.
[153] Sarasvathy, S.D. Causation and effectuation: Toward a theoretical shift from economic inevitability to entrepreneurial contingency. Academy of Management Review, 2001, Vol. 26, Issue 2: 243~263.
[154] Schoonhoven, C. Problems with contingency theory: Testing assumptions hidden within the language of contingency theory. Amdinistrative Science Quarterly, 1981, Vol. 26, Issue 3: 347~377.
[155] Schumpeter, J.A. Capitalism, socialism and democracy. New York: Harper & Row Publishers, 1942.
[156] Schumpeter, J.A. Entrepreneurship as innovation. In: Swedberg, R., eds. Entrepreneurship: The Social Science View (pp. 51~88). New York: Oxford University Press, 2000.
[157] Scott, J. Social network analysis: A handbook. London: Sage Publications, 1991.
[158] Shane, S. Prior knowledge and the discovery of entrepreneurial opportunities. Organizational Science, 2000, Vol. 11, Issue 4: 448~469.
[159] Shane, S., Cable, D. Network ties, reputation, and the financing of

new ventures. Management Science, 2002, Vol. 48, Issue 3: 364~381.

[160] Shane, S., Delmar, F. Planning for the market: Business planning before marketing and the continuation of organizing efforts. Journal of Business Venturing, 2004, Vol. 19, Issue 6: 767~785.

[161] Shane, S., Stuart, T. Organizational endowments and the performance of university start-ups. Management Science, 2002, Vol.48, Issue 1: 154~170.

[162] Shane, S., Venkataraman, S. The promise of entrepreneurship as a field of research. Academy of Management Review, 2000, Vol. 25, Issue 1: 217~226.

[163] Sharma, S., Durand, R.M., Gur-Arie, O. Identification and analysis of moderator variable. Journal of Marketing Research, 1981, Vol.18, Issue.3: 291~300.

[164] Shaver, K.G., Scott, L.R. Person, process, choice: The psychology of new venture creation. Entrepreneurship Theory and Practice, 1991, Vol. 16, Issue 2: 23~45.

[165] Shepherd, D.A., DeTienne, D.R. Prior knowledge, potential financial reward, and opportunity identification. Entrepreneurship Theory and Practice, 2005, Vol. 29, Issue 1: 95~112.

[166] Singh, R. Entrepreneurial opportunity recognition through social network. Doctoral Dissertation, University of Illinois at Chicago, U.S.A., 1998.

[167] Smith, B. The search for and discovery of different types of entrepreneurial opportunities: The effects of tacitness and codification. In: Zahra, S.A., et al., eds. Frontiers of Entrepreneurship Research. Wellesley, MA: Babson College, 2005.

[168] Smith, B. The search for and discovery of different types of entrepreneurial opportunities: The effects of tacitness and codification. In: Zahra, S.A., et al., eds. Frontiers of Entrepreneurship Research. Wellesley, MA: Babson College, 2005.

[169] Solow, R.M. A contribution to the theory of economic growth. Quarterly Journal of Economics, 1956, Vol. 70, Issue 1: 65~94.

[170] Starr, J.A., MacMillan, I.C. Resource cooperation via social constracting: Resource acquisition strategies for new venture.

Strategic Management Journal, 1990, Vol. 11, Special Issue on Corporate Entrepreneurship: 79~92.

[171] Steiger, J. Structure model evaluation and modification: An interval estimation approach. Multivariate Behavioral Research, 1990, Vol. 25, Issue 2: 173~180.

[172] Stevenson, H. H., Gumpert, D. E. The heart of entrepreneurship. Harvard Business Review, 1985, Vol. 85, Issue 2: 85~94.

[173] Stevenson, H.H, Jarillo, J.C. A perspective of entrepreneurship: Entrepreneurial management. Strategic Management Journal, 1990, Vol. 11, Issue 1: 17~27.

[174] Stinchcombe, A.L. Social structure and organizations. In: March, J.G., eds. Handbook of Organizations (pp. 142~193). Chicago: Rand McNally, 1965.

[175] Stuart, R.W., Abetti, P.A. Start-up ventures: Towards the prediction of early success. Journal of Business Venturing, 1987, Vol. 2, Issue 3: 215~230.

[176] Stuart, T. Interorganizational alliances and the performance of firms: A study of growth and innovation rates in a high-technology industry. Strategic Management Journal, 2000, Vol. 21, Issue 8: 791~811.

[177] Stuart, T.E., Hoang, H., Hybels, R.C. Interorganizational endorsements and the performance of entrepreneurial ventures. Administrative Science Quarterly, 1999, Vol. 44, Issue 2, 315~349.

[178] Timmons, J. A. New venture creation-Entrepreneurship for the 21th century. 5th edition. Irwin Mcgram Hill, 1999.

[179] Timmons, J.A. New venture creation: Methods and models. In: Kent, C.A., Sexton, D.L., Vesper, K.H. eds. Encyclopedia of Entrepreneurship (pp.126~138), Englewood Cliffs, NJ: Prentice-Hall, 1982.

[180] Tornikoski, E.T., Newbert, S.L. Exploring the determinants of organizational emergence: A legitimacy perspective. Journal of Business Venturing, 2007, Vol. 22, Issue 2: 311~335.

[181] Uzzi, B. Social structure and competition in interfirm networks: The paradox of embeddedness. Administrative Science Quarterly, 1997, Vol. 42, Issue 1: 35~67.

[182] Van de Ven, A.H., Engleman, R.M. Event and outcome-driven explanations of entrepreneurship. Journal of Business Venturing, 2004, Vol. 19, Issue 3: 343~358.

[183] Watson, J. Modeling the relationship between networking and firm performance. Journal of Business Venturing, 2007, Vol. 22, Issue 6: 852~874.

[184] Welbourne, T.M., Andrews, A.O. Predicting performance of initial public offering: Should human resource management be in the equation? Academy of Management Journal, 1996, Vol. 39, Issue 4: 891~919.

[185] Westhead, P., Wright, M. Novice, portfolio, and serial founders: Are they different? Journal of Business Venturing, 1998, Vol. 13, Issue 1: 173~204.

[186] Wiklund, J. The sustainability of the entrepreneurial orientation-performance relationship. Entrepreneurship Theory and Practice, Vol. 24, Issue 3: 37~48.

[187] Witt, P. Entrepreneurs' networks and the success of start-ups. Entrepreneurship and Regional Development, 2004, Vol. 16, Issue 5: 391~412.

[188] Zhao, L., Aram, J.D. Networking and growth of young technology-intensive ventures in China. Journal of Business Venturing, 1995, Vol. 10, Issue 5: 349~370.

[189] Zimmerman, M.A., Zeitz, G.J. Beyond survival: Achieving new venture growth by building legitimacy. Academy of Management Review, 2002, Vol. 27, Issue 3: 414~431.

[190] Zucker, L.G. The production of trust: Institutional sources of economic structure, 1840-1920. In: Staw B.M., and Cummings L.L., eds. Research in Organizational Behavior (pp.53~111), Greenwich, CT: JAI Press, 1986.

附录

附录 A　调查问卷

本问卷是南开大学商学院在国家自然科学基金重点项目“新企业创业机理与成长模式研究”资助下展开的一项研究，旨在探索创业者社会资本构成及利用方式与新企业初期规模和绩效之间的作用关系。本问卷共有 27 项问题，主要涉及创业行为特征、创业者社会交往与社会关系利用情况等内容，恳请贵公司创办人根据实际情况作答。

本问卷调查纯属学术研究目的，内容不会涉及您的隐私以及贵企业的商业机密，我们会对问卷内容严格保密，所获信息也不会用于任何其他目的，请您放心并尽可能客观回答，并不要遗漏任何一题。烦请您花几分钟时间填写问卷，非常感谢您的热情参与和帮助！

本研究结果将会为创业管理实践、相关政策制定带来一些启示和建议，如果您对本研究的结论感兴趣，请在问卷最后注明，届时我们会将相关研究结果反馈给您。

南开大学商学院企业管理博士生　杨俊

指导教授　张玉利　博士

南开大学商学院副院长　博导

创业管理研究中心　主任

问卷编号：________________

发放日期：________________

发放地区：________________

回收日期：________________

一、创业者个人情况

1. 您的性别是：　□男　　□女
2. 您创办这家企业时的年龄是：
   □20岁以下　□21～30岁　□31～40岁　□41～50岁
   □51岁以上
3. 您创办这家企业时的教育程度为：
   □初中以下　□高中程度　□专科程度
   □本科程度　□研究生程度
4. 您在新企业所在地的居住时间有多长：
   □2年以下　□2年～5年　□5年～10年
   □10年～20年　□20年以上
5. 在这次创业之前，您是否有过在其他企业内的工作经验 □有□无
   如果有，有________年工作经验；
   其中，在新企业所在行业内的工作经验为________年（如果没有，请填写“0”）。
6. 在这次创业之前，您是否有过其他创业经历？（无论是您自己创业还是与他人合伙创业）
   □有　□无　如果有，有________次创业经历？

二、企业基本情况

1. 贵公司名称：________________________________
   贵公司所在地：________省（直辖市）________市（区/县）
2. 请问贵公司成立了多长时间：
   □不到6个月　□6个月～1年　□1年～2年　□2年以上（**请写明成立______年**）
3. 贵公司主业所属的行业为：
   □农、林、牧、渔业　□采掘业　□制造业　□电力、煤气、水的生产和供应业
   □建筑业　□房地产业　□交通运输　□仓储业
   □信息技术业　□批发和零售贸易　□金融保险业
   □房地产业　□社会服务业　□其他
4. 请问贵公司成立1年后的资产规模为：（如果成立时间还不到1年，请根据您的估计填写）
   □10万以下　□10万～50万　□50万～100万
   □100万～500万　□500万以上

5. 请问贵公司成立1年后的员工人数为：（如果成立时间还不到1年，请根据您的估计填写）

□5人以下　□5人～20人　□20人～50人　□50人～100人　□100人以上

6. 请问贵公司成立1年后的销售收入为：（如果成立时间还不到1年，请根据您的估计填写）

□20万以下　□20万～50万　□50万～100万　□100万～300万　□300万以上

三、社会交往情况

1. 今年春节期间，与您以各种方式（包括打电话、写信、送贺卡和登门造访）***相互拜年、交往***的亲属、亲密朋友和熟人大概有多少人？

亲属________人　亲密朋友________人　熟人________人

2. ***在与您相互拜年、交往的人中***，有没有从事下列职业的？（如果有，请在相应栏里划"√"）

职业类别					
科学研究人员		政府机关负责人员		党群组织负责人	
企事业单位负责人		行政办事人员		法律工作人员	
大学教师		工程技术人员		经济业务人员	
产业工人		会计		营销人员	
民警		司机		餐饮服务员	
中小学教师		护士		医生	
厨师、炊事员		保姆、计时工		其他（如无业人员）	

3. ***在与您相互拜年、交往的人中***，有没有在下列单位工作的？（如果有，请在相应栏里划"√"）

单位类别							
党政机关		国有事业单位		私营企业		股份制企业	
集体企业		集体事业单位		外资企业		中外合资企业	
国有企业		私立事业单位		个体经营		其他类型	

四、创业过程情况

1. 请您根据实际情况在每项对应的数字上划"√"。

在创业过程中……

我将大部分资金优先投入于研发活动	极不同意 1	 2	 3	 4	非常同意 5
我积极去申请专利、商标或版权保护	极不同意 1	 2	 3	 4	非常同意 5
我所提供产品或服务在市场上的独特性……	非常低 1	 2	 3	 4	非常高 5
我面临的竞争压力……	非常低 1	 2	 3	 4	非常高 5

2. 请您根据实际情况在空白栏里划“√”。

在开始创业以后，您花费多长时间……	**不到1个月**	**1～3个月**	**3～6个月**	**6个月～1年**	**1年以上**	**至今没有**
第一次成功销售新企业产品或服务						
第一次招募到新企业关键岗位员工						
从他人或组织那里筹集到第一笔资金						

3. 请您根据实际情况在每项对应的数字上划“√”。

在您看来，	**明显不足**	**不足**	**一般**	**可观**	**相当可观**
我的第一笔业务收入水平……	1	2	3	4	5
我首次招募到的关键岗位员工数量……	1	2	3	4	5
我筹集的第一笔外部资金水平……	1	2	3	4	5

五、利用社会关系情况

1. 您在赢得第一笔收入时，是否曾动用私人关系与首位客户联系过？以下哪种说法最符合您的实际情况，请在对应的方框上划“√”。

□ 您与客户本人认识，直接找他做生意

□ 您与客户不认识，通过朋友介绍做成生意

□ 您没有找过任何人帮忙，直接面向市场推销获得

2. 您在第一次雇佣关键岗位员工时，是否曾通过私人关系与关键岗位员工联系过？以下哪种说法最符合您的实际情况，请在对应的方框上划“√”。

□ 您与关键岗位员工本人认识，直接找他做您的下属

□ 您与关键岗位员工不认识，通过朋友介绍成为您的下属

□ 您没有找过任何人帮忙，直接面向人才市场公开招聘获得

3. 您在获取第一笔外部资金时，是否曾通过私人关系与资金提供者联系过？以下哪种说法最符合您的实际情况，请在对应的方框上划“√”。

□ 您与资金提供者本人认识，直接找他借钱做生意

□ 您与资金提供者不认识，通过朋友介绍借到钱

□ 您没有找过任何人帮忙，直接说服资金提供者借钱给您

4. 在从事上述<u>**三个**</u>活动过程中，如果您找过认识的朋友帮忙，您总共找过__________人帮忙（**如果确实没有，请填写“0”并跳到问题9作答**）。

在其中，有__________人是您在创业后才主动认识的朋友（如果确实没有，请填写“0”）。

5. 如果您在从事上述<u>***三个***</u>活动过程中找过人帮忙，请您回忆对您帮助最大的<u>***五个人***</u>的情况（如果不足五人，按照实际人数填写），依次记录在下表第一行（第一人所提供帮助最大，帮助大小依次递减），并回答表中的问题，在相应的方框中划“√”即可。

问题	第一人	第二人	第三人	第四人	第五人
您与他之间的关系是？	□家人 □亲戚 □朋友 □同事 □邻居 □其他	□家人 □亲戚 □朋友 □同事 □邻居 □其他	□家人 □亲戚 □朋友 □同事 □邻居 □其他	□家人 □亲戚 □朋友 □同事 □邻居 □其他	□家人 □亲戚 □朋友 □同事 □邻居 □其他
您与他之间的关系怎样？	□不熟 □不太熟 □一般 □比较熟 □非常熟	□不熟 □不太熟 □一般 □比较熟 □非常熟	□不熟 □不太熟 □一般 □比较熟 □非常熟	□不熟 □不太熟 □一般 □比较熟 □非常熟	□不熟 □不太熟 □一般 □比较熟 □非常熟
您与他在创业前认识吗？	□是　□否	□是　□否	□是　□否	□是　□否	□是　□否
您与他之间的信任	□谈不上信任 □不太信任	□谈不上信任 □不太信任	□谈不上信任 □不太信任	□谈不上信任 □不太信任	□谈不上信任 □不太信任

水平如何？	□一般 □比较信任 □非常信任	□一般 □比较信任 □非常信任	□一般 □比较信任 □非常信任	□一般 □比较信任 □非常信任	□一般 □比较信任 □非常信任
您与他之间交往频繁吗？	□经常来往 每周 1-2 次 □有时来往 每月 1-2 次 □很少来往 半年 1-2 次 □没有来往	□经常来往 每周 1-2 次 □有时来往 每月 1-2 次 □很少来往 半年 1-2 次 □没有来往	□经常来往 每周 1-2 次 □有时来往 每月 1-2 次 □很少来往 半年 1-2 次 □没有来往	□经常来往 每周 1-2 次 □有时来往 每月 1-2 次 □很少来往 半年 1-2 次 □没有来往	□经常来往 每周 1-2 次 □有时来往 每月 1-2 次 □很少来往 半年 1-2 次 □没有来往
您与他认识多久了？	______年 若少于 1 年填 0	______年 若少于 1 年填 0	______年 若少于 1 年填 0	______年 若少于 1 年填 0	______年 若少于 1 年填 0
您和他之间的亲密程度如何？	□谈不上亲密 □不太亲密 □一般 □比较亲密 □非常亲密	□谈不上亲密 □不太亲密 □一般 □比较亲密 □非常亲密	□谈不上亲密 □不太亲密 □一般 □比较亲密 □非常亲密	□谈不上亲密 □不太亲密 □一般 □比较亲密 □非常亲密	□谈不上亲密 □不太亲密 □一般 □比较亲密 □非常亲密

6. 这***五个人***有没有在下列单位工作的？（如果有，请在相应栏里划“√”）。

单位类别							
党政机关		国有事业单位		私营企业		股份制企业	
集体企业		集体事业单位		外资企业		中外合资企业	
国有企业		私立事业单位		个体经营		其他类型	

7. 这***五个人***有没有从事下列职业的？（如果有，请在相应栏里划“√”）

职业类别					
科学研究人员		政府机关负责人员		党群组织负责人	
企事业单位负责人		行政办事人员		法律工作人员	
大学教师		工程技术人员		经济业务人员	
产业工人		会计		营销人员	
民警		司机		餐饮服务员	
中小学教师		护士		医生	
厨师、炊事员		保姆、计时工		其他（如无业人员）	

8. 他们给您提供了哪些帮助？（可多选）

□提供信息和建议　　□提供资金　　□介绍客户

□引荐员工

□购买产品/服务　　□帮助解决问题　　其他（请注明）________________

9. 请您根据实际情况在相应的数字上划“√”。

在创业过程中……	极不同意	不同意	一般	同意	非常同意
花费大部分时间去维持已有关系	1	2	3	4	5
注重寻求与他人建立朋友关系为创业服务	1	2	3	4	5
花费大部分时间去建立新关系	1	2	3	4	5
频繁地与老朋友沟通交流	1	2	3	4	5
注重利用以前认识的老朋友为创业服务	1	2	3	4	5
花费于维持已有关系的资金更多	1	2	3	4	5
创业前认识的朋友对创业的帮助更大	1	2	3	4	5
频繁地与新朋友沟通交流	1	2	3	4	5
花费建立新关系的资金更多	1	2	3	4	5
创业后认识的朋友对创业的帮助更大	1	2	3	4	5

问卷到此结束，请您检查有无遗漏。再次感谢您的支持和帮助！如您和您的企业需要相关研究结论或其他服务，请您把您的电邮或其他联系方式惠赐如下：

电子邮箱：____________办公电话：____________手机电话：______

如果您对本研究有什么建议或问题，欢迎您通过以下途径与我联系：

电子邮箱：nkyangjun@163.com

再次感谢您的参与和支持，祝您事业蒸蒸日上！

附录B 不同来源样本的同质性检验结果

项目	F	Sig.	项目	F	Sig.
性别	0.734	0.534	竞争压力	0.303	0.823
年龄	2.062	0.109	首笔销售时间	3.308	0.023
教育程度	1.874	0.096	首次雇佣时间	3.439	0.019
居住时间	0.063	0.979	首笔融资时间	5.303	0.002
工作经验年限	2.266	0.085	首笔销售水平	0.083	0.480
创业经历次数	2.002	0.118	首次雇佣水平	1.040	0.127
新企业成立年限	1.733	0.169	首笔融资水平	0.382	0.766
新企业所属行业	0.879	0.454	帮助职业数量	3.959	0.010
资产规模	1.696	0.172	帮助职业声望	2.928	0.037
员工人数	0.185	0.906	帮助单位数量	1.854	0.142
销售收入	1.165	0.085	帮助单位声望	0.146	0.932
拜年亲属人数	0.649	0.585	社会资本利用方式1	1.797	0.152
拜年朋友人数	0.669	0.573	社会资本利用方式2	2.845	0.041
拜年熟人人数	2.937	0.036	社会资本利用方式3	0.968	0.410
拜年职业数量	0.428	0.733	社会资本利用方式4	2.310	0.080
拜年职业声望	0.781	0.507	社会资本利用方式5	2.823	0.042
拜年单位数量	0.222	0.881	社会资本利用方式6	0.515	0.673
拜年单位声望	0.356	0.785	社会资本利用方式7	3.799	0.012
研发地位	1.212	0.309	社会资本利用方式8	3.384	0.021
专利地位	1.907	0.132	社会资本利用方式9	2.027	0.114
产品独特性	5.146	0.002	社会资本利用方式10	0.886	0.451
首笔销售途径	2.057	0.110	首次雇佣途径	0.845	0.472
首笔融资途径	1.636	0.186	关系性质	1.013	0.386
熟悉程度	4.528	0.007	信任水平	3.117	0.029
交往频率	1.138	0.337	认识时间	0.606	0.613
亲密程度	4.581	0.005	帮助总人数	0.703	0.552

附录 C　关系强度、关系资源与中介变量的定序回归模型

	自变量模型			全模型		
	模型 2-1 资产规模	模型 2-2 员工人数	模型 2-3 销售收入	模型 3-1 资产规模	模型 3-2 员工人数	模型 3-3 销售收入
性别	0.507	-0.427	0.513	0.797	-0.242	0.732
年龄	0.439	-0.292	0.185	0.896	0.017	0.466
学历	0.006	-0.098	0.260	-0.243	-0.237	0.027
产业	-0.002	1.726***	0.708*	-0.381	1.599***	0.449
地区	-0.731	0.162	-1.103**	-0.781	0.080	-1.220***
人力资本	-0.040	-0.046	-0.093	-0.066	-0.072	-0.115**
机会创新水平	0.022***	0.020**	0.004	0.024***	0.021**	-0.005
重要帮助人数	-0.411***	-0.275	-0.205	-0.352**	-0.04	-0.128
关系资源	0.069***	0.065***	0.043***	0.059***	0.056***	0.030***
关系强度	0.005	-0.003	0.001	0.005	-0.001	0.001
资源整合效率				-0.252	-0.111	-0.172
资源整合效果				0.375***	0.290**	0.367***
1.10 万以下	-1.051			1.044		
2.10 万到 50 万	1.462			3.782***		
3.50 万到 100 万	3.115***			5.602***		
4.100 万到 500 万	5.406***			8.127***		
1.5 人以下		-0.451			1.615	
2.5 人到 20 人		3.173**			5.465***	
3.20 人到 50 人		5.416***			7.784***	
4.50 人到 100 人		7.131***			9.435***	
1.20 万以下			-1.196			1.084
2.20 万到 50 万			0.238			2.687**
3.50 万到 100 万			1.512			4.062***
4.100 万到 300 万			2.787**			5.378***
Chi-Square	51.263***	49.970***	27.073***	68.483***	58.656***	43.611***
-2 Log Likelihood	281.195	212.225	328.785	263.975	203.539	312.248
Cox and Snell	0.362	0.355	0.21	0.452	0.402	0.318
N	114	114	114	114	114	114

注：联结函数为 logit，表中列示的是回归系数，*表示 P<0.1，**表示 P<0.05，***表示 P<0.01。

附录D 关系强度、关系资源与资源整合效率的定序回归模型

	因变量：三项资源整合活动的完成时间		
	模型 2-1 首笔销售	模型 2-2 首次雇佣	模型 2-3 首笔融资
性别	-0.395	-0.326	-0.008
年龄	0.719	-1.167*	-0.661
学历	0.139	-0.354	-0.330
产业	-0.017	-0.365	-0.042
地区	0.811*	0.733	0.909*
人力资本	-0.093	0.050	-0.001
机会创新水平	-0.011	-0.002	0.016**
首笔销售途径	-0.570		
首次雇佣途径		0.177	
首笔融资途径			1.862***
关系资源	-0.018	0.006	0.000
关系强度	0.022**	0.003	0.038***
1.1 年以上	-3.857***		
2.6 个月到 1 年	-1.901*		
3.3 个月到 6 个月	-0.528		
4.1 个月到 3 个月	0.907		
1.1 年以上		-2.854***	
2.6 个月到 1 年		-1.676*	
3.3 个月到 6 个月		-0.329	
4.1 个月到 3 个月		1.068	
0.至今没有			3.043***
1.1 年以上			3.639***
2.6 个月到 1 年			4.410***
3.3 个月到 6 个月			5.659***
4.1 个月到 3 个月			6.599***
Chi-Square	23.038**	14.779	47.048***
-2 Log Likelihood	299.137	302.358	339.714
Cox and Snell	0.183	0.122	0.338
N	114	114	114

注：联结函数为 logit，表中列示的是回归系数，*表示 P<0.1，**表示 P<0.05，***表示 P<0.01。

附录E　假设检验情况表

假设	内容	结论
假设1	创业者社会资本水平与所识别创业机会的创新水平正相关	部分支持
假设1-1	创业者所嵌入的网络规模与所识别创业机会的创新水平正相关	支持
假设1-2	创业者所嵌入的网络资源与所识别创业机会的创新水平正相关	支持
假设1-3-1	创业者所嵌入的网络密度与所识别创业机会的创新水平正相关	不支持
假设1-3-2	创业者所嵌入的网络密度与所识别创业机会的创新水平负相关	不支持
假设2	创业者人力资本正向调节着社会资本与机会创新性的作用关系	部分支持
假设2-1	创业者人力资本正向调节着网络规模与机会创新性的作用关系	不支持
假设2-2	创业者人力资本正向调节着网络资源与机会创新性的作用关系	不支持
假设2-3	创业者人力资本正向调节着网络密度与机会创新性的作用关系	支持
假设3	创业者社会资本利用水平与新企业初期绩效之间正相关	部分支持
假设3-1	创业者所利用关系强度与新企业初期绩效之间正相关	不支持
假设3-2	创业者所利用关系资源与新企业初期绩效之间正相关	支持
假设4	创业者社会资本利用水平与资源整合效果之间正相关	部分支持
假设4-1	创业者所利用关系强度与资源整合效果之间正相关	不支持
假设4-2	创业者所利用关系资源与资源整合效果之间正相关	支持
假设5	创业者社会资本利用水平与资源整合效率之间正相关	部分支持
假设5-1	创业者所利用关系强度与资源整合效率之间正相关	部分支持
假设5-2	创业者所利用关系资源与资源整合效率之间正相关	不支持
假设6	创业者资源整合行动效率与新企业初期绩效之间正相关	不支持
假设7	创业者资源整合行动效果与新企业初期绩效之间正相关	支持
假设8	创业者资源整合行动效率和效果在创业者社会资本利用水平与新企业初期绩效的正向作用关系中起到中介作用	部分支持
假设9	社会资本利用方式是一个多维度概念	支持
假设10	开发式利用与新企业初期绩效之间正相关	支持
假设11	探索式利用与新企业初期绩效之间正相关	不支持
假设12	在开发低创新性创业机会时，探索式利用与新企业初期绩效之间负相关	部分支持
假设13	在开发中度创新性创业机会时，探索式利用对新企业初期绩效的正向作用较弱	部分支持
假设14	在开发高创新性创业机会时，探索式利用对新企业初期绩效的正向作用较强	部分支持
假设15	创业机会创新水平对探索式利用与新企业初期绩效之间的作用关系起着非线性调节作用	部分支持

附录F 国外学者姓名英汉对照表

A

亚历詹德罗·波茨（Alejandro Portes）
安德里亚·拉尔森（Andrea Larson）

B

芭芭拉·伯德（Barbara J. Bird）
贝吉特·约翰尼森（Bengt Johannisson）
本森·洪尼格（Benson Honig）
布雷特·吉尔伯特（Brett A. Gilbert）
布雷特·史密斯（Brett R. Smith）
布莱恩·乌兹（Brian Uzzi）
布鲁斯·巴林格（Bruce R. Barringer）

C

坎迪德·布鲁西（Candida G. Brush）
查尔斯·霍夫（Charles W. Hofer）
克劳迪亚·史古文（Claudia B. Schoonhoven）

D

丹尼·米勒（Danny Miller）
丹尼尔·凯布尔（Daniel Cable）
戴维·麦克莱兰（David McClelland）
戴维·摩尔（David G. Moore）
丹尼斯·奥甘（Dennis Organ）

E

伊丽莎白·盖特伍德（Elizabeth Gatewood）
埃里克·汉森（Eric L. Hansen）

F

弗雷德里克·德尔玛（Frédéric Delmar）
弗朗西斯·福山（Francis Fukuyama）
弗兰克·奈特（Frank Knight）

G

盖伦·钱德勒（Gaylen N. Chandler）
加文·卡斯（Gavin Cassar）
吉尔伯特·丘吉尔（Gilbert A. Churchill, Jr.）
杰拉德·西尔斯（Gerald E. Hills）
高利·墨菲（Gregory Murphy）

H

哈罗德·威尔斯（Harold Welsch）
霍华德·阿尔德瑞奇（Howard E. Aldrich）
霍华德·史蒂文森（Howard Stevenson）

I

伊恩·麦克米伦（Ian C. MacMillan）

J

詹姆斯·科尔曼（James Coleman）
詹姆斯·马奇（James March）
简·亚克布斯（Jane Jacobs）
加维尔·吉蒙姆（Javier Gimeno）
让·巴蒂斯特·萨伊（Jean Baptiste Say）
杰弗里·蒂蒙斯（Jeffry Timmons）
杰罗姆·卡兹（Jerome Katz）
约翰·阿拉姆（John D. Aram）
约翰·维克伦德（John Wiklund）
约瑟夫·熊彼特（Joseph Schumpeter）

L

廖建文（Liao Jianwen）
林南（Lin Nan）
路易斯·雷（Louis Rea）
洛厄尔·布森尼兹（Lowell W. Busenitz）

M

麦海士·毕海伍（Mahesh Bhave）
马克·格拉诺维特（Mark Granovetter）
马特·考利欧（Matti A. Kaulio）
马克·卡森（Mark Casson）
马丁·吕夫（Martin Ruef）
迈克尔·莫里斯（Michael Morris）
迈克尔·萨缪尔森（Michael Samuelsson）
默里·洛（Murray B. Low）

O

奥维斯·柯林斯（Orvis F. Collins）

P

庞基·古拉蒂（Panjay Gulati）
保罗·雷诺兹（Paul Reynolds）
派·戴维森（Per Davidsson）
菲利浦·潘德斯科夫（Philip Podsakoff）
帕·阿瑞鲁斯（Pia Arenius）
皮埃尔·布迪厄（Pierre Bourdieu）

R

理查德·康狄龙（Richard Cantillon）
理查德·帕克（Richard Parker）
罗伯特·巴隆（Robert A. Baron）
罗伯特·普特南（Robert Putnam）
罗伯特·西格（Robert P. Singh）

罗纳德·博特（Ronald Burt）

S

桑卡兰·文卡塔若曼（Sankaran Venkataraman）
萨拉思·萨拉瓦蒂（Saras Sarasvathy）
斯科特·谢恩（Scott Shane）
莎伦·阿瓦瑞日（Sharon A. Alvarez）
萨布哈斯·莎玛（Subhash Sharma）
休·伯瑞利（Sue Birley）

T

托马斯·卡尔森（Tomas Karlsson）
托恩·奥斯加德（Tone, A. Ostgaard）

V

维罗尼卡·古斯塔夫（Veronica Gustafsson）

W

威廉·拜格列夫（William D. Bygrave）
威廉·加特纳（William B. Gartner）

Z

赵黎明（Zhao Liming）

后 记

本书是在我的博士学位论文的基础上修改而成的。回顾十年南开的学习生活，恩师们一直鼓励支持我追随心中的梦想，家人默默支持我度过艰难求学岁月，同学和朋友的深情厚意更是常常令我感动。

首先要感谢我的导师张玉利教授。论文自选题开始就得到张老师的指导和帮助，在写作过程中我经历多次犹豫甚至动摇，张老师的鼓励给我增添了信心，促使我最终完成了这个选题。在六年的学习期间，张老师一直无微不至地关心着我的学习和生活。张老师引导我步入学术研究的殿堂；鼓励我战胜学习中的困惑；帮助我解决生活中的难题。张老师严谨治学的科研精神、宽厚仁和的为人风范、从容不迫的处事风度、乐观积极的生活态度都使我深受启发，将让我终生受益。桃李不言，下自成蹊。我唯有在今后的工作中更加努力才能回报师恩。

感谢加拿大约克大学谭劲松教授在我博士学习中所给予的宝贵学习机会和指导意见。与谭教授合作撰写英文学术论文的经历让我受益匪浅。在两年的时间里，谭教授给我发送了 38 封电子邮件，进行过 9 次面谈，电话交流更是不计其数。谭教授的教诲不仅让我在学术上得以锻炼和成长，而且让我更深刻地体会到了什么是学术人格与科研精神。

感谢南开大学商学院所提供的良好学习条件和学术氛围。感谢商学院韩经纶先生、张金成先生、王迎军教授、戚安邦教授、薛有志教授、崔勋教授、范秀成教授、申光龙教授、李季教授、赵学峰老师、张芙蓉老师等以不同方式给予我的指教和帮助。

在论文构思过程中，我先后得到许多人的帮助：张玉利教授为我提供了参与申报国家自然科学基金重点课题的宝贵锻炼机会；美国北卡罗莱纳大学霍华德·阿尔德瑞奇（Howard Aldrich）教授、瑞典延学平国际商学院迈克尔·萨缪尔森（Michael Samuelsson）博士、香港科技大学边燕杰教授、中国科学技术发展战略研究院赵延东博士、南开大学任兵博士、胡望斌博士、牛芳博士、薛红志博士等都无私地奉献了他们的创意和建议。

在论文数据收集过程中，先后得到了天津市科技创业服务中心马凤岭主任和杨晓非博士、天津市国际创业中心孙大勇先生、内蒙古科技大学赵英副教授、浙江省委办公厅王文滋先生、山东经济学院杨立峰副教授、山东财政学院陈寒松教授、中国海洋大学李志刚博士、南开大学张仁江博士等人的热情支持与帮助。在数据分析过程中，先后得到了南开大学任兵博士、牛芳博士、中国科学技术发展战略研究院赵延东博士等的帮助与启迪。在此谨表谢意。

感谢这些年给予我无私关心和帮助的同学和朋友。在与陈忠卫博士、谭新生博士、陈寒松博士、李乾文博士、李政博士、陈颉博士、杨晓非博士、陈立新博士、王伟毅、李华晶博士、胡军、李静、李剑力、赵都敏、杜国臣、张仁江博士、王晓文、蒲明、杜运周、尹珏林、田莉、田新、郭永清、李晓庆、李海月、于好等学友的交流中，我得到了许多有益的启示，收获了无数的想法。感谢雷涛先生、卢玉亮先生、刘延辉先生、蔡萍女士、章明博士、左昊华博士、林泉博士等朋友在学习与论文写作过程中给予我的鼓励与关怀。

感谢南开大学出版社胡晓清老师在本书出版过程中给予的大力支持和付出的辛劳以及提出的宝贵意见。最后还要感谢我的家人，父母含辛茹苦地把我抚养长大，毫无怨言地支持我多年求学，与我共沐风雨、一路前行。

转眼之间，博士毕业已经4年了，在这期间，在博士论文核心观点基础上衍生的论文也已经发表在学术刊物上。学术之路，没有止境。鉴于本人能力和水平有限，书中难免有纰漏之处，欢迎大家批评指正，也希望本书能够抛砖引玉，共同深化本领域研究。

杨 俊

2012年5月于南开园